《祖庭事苑》
語言及相關問題研究

鄭莉娟◎著

四川大學出版社
SICHUAN UNIVERSITY PRESS

項目策劃：徐　凱
責任編輯：徐　凱
責任校對：毛張琳
封面設計：墨創文化
責任印製：王　煒

圖書在版編目（CIP）數據

《祖庭事苑》語言及相關問題研究 / 鄭莉娟著．—
成都：四川大學出版社，2021.8
ISBN 978-7-5690-5020-2

Ⅰ．①祖⋯ Ⅱ．①鄭⋯ Ⅲ．①佛學—著作—研究
Ⅳ．① B948

中國版本圖書館 CIP 數據核字（2021）第 195202 號

書名	《祖庭事苑》語言及相關問題研究
著　者	鄭莉娟
出　版	四川大學出版社
地　址	成都市一環路南一段 24 號（610065）
發　行	四川大學出版社
書　號	ISBN 978-7-5690-5020-2
印前製作	四川勝翔數碼印務設計有限公司
印　刷	四川盛圖彩色印刷有限公司
成品尺寸	170mm×240mm
印　張	14.75
字　數	242 千字
版　次	2021 年 10 月第 1 版
印　次	2021 年 10 月第 1 次印刷
定　價	72.00 圓

◆ 讀者郵購本書，請與本社發行科聯繫。
　　電話：(028)85408408/(028)85401670/
　　(028)86408023　郵政編碼：610065
◆ 本社圖書如有印裝質量問題，請寄回出版社調換。
◆ 網址：http://press.scu.edu.cn

四川大學出版社
微信公眾號

前　言

　　《祖庭事苑》由北宋僧人睦庵善卿所纂，全書擇取唐、北宋禪師的十八種著作中的兩千四百餘條詞語，校勘訛誤字形，解釋意義並標注字音，注明出處，是中國歷史上最早解說禪宗語録詞語的辭書。本書以《祖庭事苑》爲研究對象，深入探討了《祖庭事苑》在音韻、文字、訓詁、校勘等方面的成就與不足。全書分以下幾個部分：

　　緒論主要對睦庵善卿及《祖庭事苑》的情况（包括作者、内容、體例、價值、研究狀况）作簡要介紹，同時闡述了研究内容及方法。

　　第一章對《祖庭事苑》的反切注音進行描述、歸納。筆者通過窮盡性的考察，發現《祖庭事苑》的反切注音一部分來自韻書（《廣韻》《集韻》）與字書（《玉篇》《類篇》），其中以《廣韻》注音爲主；另一部分爲睦庵善卿根據當時的讀音所注，筆者將這些注音與《廣韻》注音作了對比，發現善卿的這部分注音存在兩種情况，一種與《廣韻》反切用字不同，而讀音相同；另一種則符合中古語音的演變現象，如濁聲母清化、輕重唇音分化等。

　　第二章對《祖庭事苑》注釋中涉及的文字現象進行歸納辨析。共分兩節，第一節以善卿所校訂的文字内容爲基礎，將《祖庭事苑》中校訂的文字分爲正俗字、古今字和通假字，其中以通假字居多；第二節總結了善卿在校訂文字方面的不足，主要表現在苛求本字、排斥俗字、不辨字形三個方面。

　　第三章以《祖庭事苑》的注釋内容爲依托，分三節對《祖庭事苑》的訓詁内容、訓詁成就和訓詁特色展開論述。訓詁内容包括方俗語詞、雅語文言詞、佛經詞語和宗門語詞；訓詁成就主要體現在糾正學人解讀禪籍時的錯誤，探究事物命名的規律及通過辨析詞語的音形釋義，同時對"古之重語"有了更深刻、細緻的認識；認爲《祖庭事苑》的訓詁特色主要表現在四個方面：重視語言規範；廣征博引，古今並蓄；嚴謹求實，言而有據；訓詁與佛學、禪學相結合。

第四章以《祖庭事苑》注釋的詞語爲研究對象，主要做了以下四項工作：第一，對《祖庭事苑》所涉及的异形詞及其他禪宗文獻所收的詞形作了全面梳理；第二，將《祖庭事苑》收録的詞語放回原文並綜合其他禪籍用例，以補證其釋義之不足；第三，對《祖庭事苑》釋義有誤之處進行商榷；第四，對詞語的來源再次進行梳理。

第五章探討了善卿在古籍整理方面的兩個成就：第一，利用《祖庭事苑》校勘的條目對現有禪録的版本進行校勘；第二，收集了《祖庭事苑》中一些今已佚失的文獻，並探討這些文獻的價值。

第六章從辭書編纂的角度探討《祖庭事苑》存在的不足，主要表現在如下四個方面：立目隨意、割裂詞語、體例疏漏、言論主觀。

目　录

緒　論

第一節　《祖庭事苑》概貌

一、《祖庭事苑》的内容

睦庵善卿，北宋僧人，生卒年不詳（活躍於 1050—1108 年）。俗姓陳，字師節，生於東越。[①] 幼年便出家，師從開元慈惠禪師（生卒年不詳），後四處訪學參道。元符年中（1098—1100），善卿因母親年邁，不忍心再遠遊他方而歸隱。善卿聽聞以前睦州[②]有一陳姓尊宿，"親老無所歸，織蒲履鬻以自給"（《祖庭事苑·序》），因爲仰慕他的德行，故命居所爲睦庵，慕效前賢。

善卿雲遊參訪之際，見學人"援引釋教因緣，儒書事迹"，不知宗門語詞的來龍去脉，往往含糊其辭，胡謅亂説。善卿對此頗有感觸，認爲禪林如此行徑，必會貽誤後學。《祖庭事苑·序》對時弊評云：

> 曩游叢林，竊見大宗師陞堂入室之外。復許學者記誦，所謂雲門、雪竇諸家禪録，出衆舉之，而爲演説其緣，謂之請益。學者或得其土苴緒餘，輒相傳授。其間援引釋教之因緣，儒書之事迹，往往不知其源流，而妄爲臆説，豈特取笑識者，其誤累後學，爲不淺鮮。

---

① 東越即今福建省。參永井政之：《祖庭事苑の基礎的研究》，《駒沢大学仏教学部論集》第 4 號，1973 年，第 78 頁。

② 約今浙江建德。

爲杜絕此種弊病，善卿廣泛瀏覽群經，咨詢博學之人，將收集到的材料熟記在心，付諸筆端，再利用這些材料與其他古籍進行核對，以校訂正誤，歷經二十年終於撰成《祖庭事苑》。其在序中提到了編寫過程："因獵涉眾經，遍詢知識，或聞一緣，得一事，則録之於心，編之於簡。而又求諸古録，以較其是非，念兹在兹，僅二十載，總得二千四百餘目。"①

善卿深知於諸家禪録中校勘其訛誤是有違達摩西來傳心之意的作爲，但爲了學人能通過閱讀《祖庭事苑》，明白釋教之因緣或儒書之事迹的源流而不亂下結論，更希望學者能從《祖庭事苑》受益，又不局限於語言文字而體會到深刻的禪意，從而"推一而適萬，會事以歸真"。

全書以唐、北宋禪師的語録或單篇作品爲收詞範圍，共收録了二千四百多條詞目，以辭書的形式來解釋一些詞語的深難語義和特殊字音，揭示語源，並利用所見的不同版本校勘訛誤字形。全書共分八卷，各卷內容見表0-1：

表0-1　《祖庭事苑》各卷內容

卷一	《雲門録》上、《雲門録》下、《雲門室中録》、《雪竇洞庭録》、《雪竇後録》
卷二	《雪竇瀑泉集》《雪竇拈古》《雪竇頌古》
卷三	《雪竇祖英集》上
卷四	《雪竇祖英集》下、《雪竇開堂録》、《雪竇拾遺》
卷五	《懷禪師前録》《懷禪師后録》《池陽百問》
卷六	《風穴眾吼集》《法眼録》
卷七	《蓮華峰録》《八方珠玉集》《永嘉證道歌》
卷八	《十玄談》、釋名譏辨、語緣、雜志

善卿爲宋人，其所見單行本禪録與今入藏本語録內容或詳略有別，或有的古本今已亡佚，無從對勘。現將各卷所收禪録的現存情況介紹如下：

卷一所收的《雲門録》（上、下）、《雲門室中録》爲雲門宗創始者雲門文偃禪師的語録。有關《雲門録》的版本，現存最早的古本是收於《古

---

① 《祖庭事苑》的作序者爲四明法英。據黃繹勛考證，四明法英爲明州大梅祖鏡禪師。詳參《宋代禪宗辭書〈祖庭事苑〉之研究》，佛光出版社，2011年，第12～14頁。

尊宿語録》卷一五至卷一八的《雲門匡真禪師廣録》，刊於宋咸淳丁卯年
（1267），存於我國台灣地區圖書館。另外，我們常見的《大正藏》本《雲
門匡真禪師廣録》以德富猪一郎氏的五山版《雲門匡真禪師廣録》爲底
本，以日本宮内省圖書寮藏五山版、明萬曆四十三年（1615）刊增上寺報
恩藏本《古尊宿語録》和寬永十七年（1640）刊大谷大學藏本爲校本。①
《祖庭事苑》所收《雲門録》大部分條目可見於《大正藏》本《雲門匡真
禪師廣録》。

　　卷一《雪竇洞庭録》《雪竇後録》，卷二《雪竇瀑泉集》《雪竇拈古》
《雪竇頌古》，卷三、卷四《雪竇祖英集》（上、下）、《雪竇開堂録》合稱
爲雪竇七集，還有《雪竇拾遺》，皆爲雪竇重顯禪師的語録。現今普遍流
通的版本爲《大正藏》本《明覺禪師語録》②，共收六卷，未收《雪竇頌
古》。《雪竇頌古》的單行本很少見，今所見主要是明代道霖性福編的《雪
竇頌古直注》。③ 但《碧岩録》中所用雪竇百則頌古的次序與《雪竇頌古
直注》略有不同。

　　卷五《懷禪師前録》《懷禪師後録》爲天衣義懷禪師的語録，將其與
現存《續古尊宿語要·天衣懷和尚語》《禪林僧寶傳》《續傳燈録》《五燈
會元》中部分義懷禪師的語句相比對，發現善卿所見的《懷禪師録》皆不
存於這些分散的資料，故推斷善卿所見的《懷禪師録》今已逸失。④《池
陽問》爲天衣義懷的問答集成，今亦不存。

　　卷六《風穴眾吼集》爲風穴延昭禪師之語録。該語録的内容今可見於
《大正藏》第51冊《景德傳燈録》卷一五《汝州風穴延沼禪師》和《卍續
藏》第78冊《天聖廣燈録》卷一五《汝州風穴山延沼禪師》。但將《祖庭
事苑》收録的條目與之比對，仍有部分條目不見於其中。《法眼録》和卷
七《蓮華峰語録》分別爲法眼文益與其徒天台德韶的語録，二者今皆
不存。

---

①　學者 Urs App 研究發現，目前的《雲門匡真禪師廣録》（《大正藏》第47冊）三卷内容是由
原本形成於不同時期的文獻彙集編訂而成的。轉引自黃繹勳：《宋代禪宗辭書〈祖庭事苑〉之研究》，
佛光出版社，2011年，第13頁。

②　《大正藏》，第47冊。

③　《卍續藏》，第67冊。

④　參黃繹勳：《宋代禪宗辭書〈祖庭事苑〉之研究》，佛光出版社，2011年，第243～244頁。

　　《八方珠玉集》爲 320 則諸家禪語的集録，《卍續藏》本《拈八方珠玉集》[①]以此爲基礎，由宋僧祖慶重編集成。《永嘉證道歌》是永嘉玄覺的著作，現存最早的寫本爲巴黎博物館所藏敦煌本《禪門秘要集》，内容與《證道歌》相同。此外，較常見的爲《大正藏》本《永嘉證道歌》，亦是本書討論《永嘉證道歌》條目的依據。

　　卷八《十玄談》爲同安常察禪師所作，見於《大正藏》第 51 册《景德傳燈録》卷二九《同安察禪師玄談十首》。《釋名》《語緣》《雜誌》是善卿在注解十七部禪宗典籍后，綜合不同禪書和僧史上的用語額外收集的條目。其中，《釋名》和《語緣》主要詮釋禪宗祖師的一些偈識和禪家的習語，《雜誌》主要解釋禪林的名物制度，相比之下，《雜誌》的學術價值更高。

　　本書在對《祖庭事苑》的條目進行研究時，盡可能地將這些條目放在現有的版本中，以便更準確地討論。

二、《祖庭事苑》的體例

　　《祖庭事苑》收録的詞目包括正字、注音、釋義、引證、案語五項。雖然每一詞條之後的五項内容不一定全部具備，但基本保持一致。[②]這五項的情况大致如下：

（一）正字

　　禪録在傳抄刊刻中頗多訛誤，《祖庭事苑》對這類訛字一般都有形體辨析。借辨析字形來闡明詞義，這是善卿的重要任務之一。因此，正形在《祖庭事苑》中是占最多條目内容的類型。一字如有异體、古體、俗字或通假字也一一指出，多數採用《説文》的説解詳細辨析。下面分别介紹。

　　辨析通假字。如：

　　　【异儻】當作异黨。黨，羣、類也。儻，它郎切，非義。（卷一《雲門録》上）

---

① 《卍續藏》，第 67 册。
② 這五項内容有時五項皆具備，有時只有引文或釋義，有時有正字、注音、辨義。

【爍】下當从金，作鑠，書藥切，銷金也。鑠，灼鑠，光也，非義。（卷三《雪竇祖英》上）

指出古體、异體。如：

【烞烞】與赫同，呼格切，火赤貌。（卷五《懷禪師後録》）

【嗅】與齅同，許救切，鼻就臭也。（卷六《法眼》）

【善卷】善或作單。武陵德山有善卷壇。（卷四《雪竇祖英》下）

【雋】當作俊，才千人也。或从人作儁。雋，粗兗切，非義。（卷六《風穴眾吼集》）

注出正體。如：

【喻筏】房越切，正作橃。（卷一《雲門録》上）

【叵耐】上正作叵，不可也。（卷四《雪竇開堂録》）

（二）注音

《祖庭事苑》的注音多以反切法爲主，有時也用直音法。

採用反切法的，如：

【攫浪】一獲切，手取也。（卷一《雲門室中録》）

【憤悱】上扶粉切，怒也。下孚匪切，欲有所問而未能宣也。（卷二《雪竇瀑泉》）

【睥睨】上匹詣切，下奴計切，視也。（卷三《雪竇祖英》上）

一字注兩種反切的，如：

【撞搦】下尼角切，又昵格切，持也。（卷二《雪竇拈古》）

【賺】當作詀，佇陷切，被誑也。餘倣此。（卷三《雪竇祖英》上）

【賺舉】賺當作詀，直陷切，被誑也。賺，市物失實，非義。（卷五《懷禪師前録》）

採用直音法的，如：

【舆人】音歟，眾也。（卷二《雪竇瀑泉》）

【眩目】上音縣，目無常主也。（卷五《懷禪師前錄》）

【措口】音醋，置也。（卷六《風穴眾吼集》）

有的字用直音法的同時並注出聲調，如：

【拯】蒸字，上聲呼，舉也。（卷四《雪竇祖英》下）

【廝兒】上音斯，從使者也，方言，入聲呼。（卷七《八方珠玉集》）

在使用直音和反切注音時，善卿並不是單一地使用一種注音法，有時也將兩者結合運用。如：

【蜘蟟】上子悉切，下音寮。皆蟲名。（卷一《雲門錄》上）

【鷓鴣】上之夜切，下音姑。形似雉，生江南。（卷二《雪竇拈古》）

【平闐】上房連切，下音田。平闐，盛貌。（卷三《雪竇祖英》上）

此外，善卿重視讀音表現在不僅注出正字的音，也會對誤字注音。如：

【躇躃】當作躊躇。音儔除，行不前也。躇躃，非義。躃，音厨。（卷一《雲門錄》上）

【傻傻】當作灑灑。聲下切。傻，沙瓦切，俏也，不仁貌，非義。（卷一《雪竇後錄》）

對引書和釋文中的難字字音善卿也予以標注。如：

【罔象】當作象罔。黃帝遊於赤水之北，登乎昆崙之丘而望，還歸，遺其玄珠。使智索之而不得，使離朱索之而不得，使喫詬索之而不得。乃使象罔，象罔得之。見《莊子》。喫，口懈切。詬，口豆切。（卷三《雪竇祖英》上）

【彪炳】或問：君子言則成文，動則成德，何以也？以其弸中而彪外也。彪，必幽切。弸，蒲萌切，滿也。（卷四《雪竇祖英》下）

（三）釋義

《祖庭事苑》在解釋詞義時一般採用已有的成說定論，多述而不作，根據自己的標準採取引經據典的方式解釋詞語，旁征博引中也蘊含着刻意的取捨甄別，兼有辨正闡析。如：

> 【相之南】相，去聲呼，謂色相之。譚，徒南切，當作談，徒甘切，謂言談也。或作湘之南，潭之北，其說鑿矣。嘗讀《遠浮山九帶》，向云："相之南，談之北。"亦誤。乃是"牛頭南，馬頭北"。然遠老匠也，深達宗旨，後世學者宜審思之。（卷二《雪竇頌古》）

> 【學唐步】按《莊子·注》："壽陵，燕之邑。邯鄲，趙之郡。弱齡未壯，謂之餘子，猶孺子也。趙郡之地，其俗能行，故燕國少年來學步，既乖本性，未得趙國之能，舍己効人，失壽陵之故，是以用手踞地，匐匍而還也。"雪竇云："者僧不是邯鄲人，爲甚學唐步？"此語甚非，事亦倒置，乃燕人學步於邯鄲，非邯鄲學步於燕也。據《莊子》："燕學趙步。"此云唐步，此蓋誤用風穴"羅越學唐步"之語也。（卷二《雪竇頌古》）

解釋單字字義。如：

> 【矚】之欲切。視也。（卷三《雪竇祖英》上）
> 【斥】昌石切。逐也。（卷四《雪竇祖英》下）

解釋複音詞，善卿多分別注音釋義，或先分釋再總釋其詞義。如：

> 【貶剝】上方撿切，退也。下北角切，削也。（卷二《雪竇頌古》）
> 【桎梏】上之日切，在足曰桎。下古沃切，在手曰梏。桎梏，紂所作。（卷五《懷禪師前録》）
> 【眸眨】上莫浮切，目瞳子也。下側夾切，目動也。天目本不瞬，目動即衰也。（卷六《風穴眾吼集》）

解釋引書中的詞。如：

> 【灌溪】志閑禪師。僧問："久嚮灌溪，到來只見個漚麻池。"師云："汝只識漚麻池，且不識灌溪。"僧云："如何是灌溪？"師云：

"劈箭急。"玄沙聞，云："更參三十年未會禪。"漚，於候切，久漬
也。（卷二《雪竇頌古》）

【搏風】《莊子》："北冥有魚，其名曰鯤。鯤之大，不知其幾千
里。化而爲鳥，其名曰鵬。鵬之背，不知其幾千里，怒而飛，其翼若
垂天之雲。是鳥也，海運則將徙於南冥。南冥者，天池也，水激三千
里，搏扶摇而上者九萬里，去以六月息也。"搏，鬥也。扶摇，旋風
也。（卷四《雪竇祖英》下）

解釋詞目注釋中的詞。如：

【麈鹿】麈以制字，从主，从鹿。鹿之大者曰麈。群鹿隨之，皆
視麈尾所轉爲準。古之談者，揮之良有是也。其尾辟塵以置蒨帛中，
能令歲久，紅色不靤，又以拂游不盡。盖蠅點變白，麈尾留紅，而狐
白貂鼠之類燕見之，即毛脱。物有相制，其异如此。蒨，倉甸切。
靤，子定切，青黑色也。（卷二《雪竇頌古》）

【愈風】魏陳琳，字孔章。太祖曹操令作檄書，草成乃呈太祖，
讀曰："愈我頭風。"檄，刑狄切，二尺書也。从才敫聲。檄，宜①布
明白其事。字从木者，古未有紙，書文字於木，又插鳥羽於上，以示
速。又檄書者，罪責當伐者也。又陳彼之惡，説此之德，曉慰書也。
敫，音擊。（卷四《雪竇祖英》下）

探尋詞源，介紹相關知識。如：

【炎宋】上於廉切。宋以火德王天下，故曰炎宋。本朝祖宗受禪，
自宋而起，故稱宋也。（卷三《雪竇祖英》上）

【國器】昔唐相始興公張九齡，方爲童，其家人携拜六祖，祖撫
其頂曰："此奇童也，必爲國器。"國器者，言其器用重大，可施於國
政也。（卷四《雪竇祖英》下）

指明典故出處。如：

【刻舟】《吕氏春秋》曰："楚人有涉江行舟，自舟遺劍，遽刻其

---

① "宜"當作"宣"。

舟，曰：'吾於此墜劍，求必得之。'其迷有如此者。"（卷一《雲門録》下）

【女媧補天】《淮南子》云："共工氏兵强凶暴，而與堯帝争功，戰敗力窮，乃以頭觸不周山而死，天柱爲之折。女媧煉五色石而補天，故東傾而水流。"又《列子》云："陰陽失度，二辰盈縮名缺，不必形虧名補。女媧煉五行、五常之精，以調和陰陽，晷度順序不同，氣質相補。"（卷五《懷禪師前録》）

善卿根據這些詞條在禪籍中出現的先後順序依次作音義訓解，有些後出的條目僅注明前面某卷已釋，不再重複釋義。如：

【歷魏游梁】見"少林"。（卷三《雪竇祖英》上）

【師資】見《雲門録》上。（卷四《雪竇祖英》下）

【花巾結】見《雪竇瀑泉》花巾。（卷六《法眼》）

《祖庭事苑》這種注明"見××"的方法，實際上就是現代辭書中的詞目"互見"法，既便利了讀者查閱，又避免了重複繁冗，在有限的篇幅内爲讀者提供了更多的信息。

（四）引證

書證是釋義不可或缺的内容，它的作用在於佐證釋義，爲詞語釋義提供切實的例證。善卿在疏解禪宗典籍時，往往大量引用古代典籍，或證其所述，或標明詞語出處，力求言而有徵。按《祖庭事苑》所引文獻的情況，可分爲直引、節引、意引、合引、改字、增字、省字几方面，現分別舉例説明。

直引是説直接引用典籍原文，字、詞、句完全與原典籍文獻相同，善卿所引的典籍大部分是直接引用的。

【清風】丞民之詩云："吉甫作誦，穆如清風。"鄭氏云："吉甫作此工歌之誦，其調和人之性，如清風之養萬物。"（卷三《雪竇祖英》上）

按：善卿所引與《詩·大雅·烝民》同。又"鄭氏云"爲鄭玄所作的注。

【銅駝】《北涼録》云：先酒泉南有銅駝出，言虜犯者，大雨雪，沮渠蒙遜遣工取之，得銅數萬斤。（卷三《雪竇祖英》上）

按：善卿所引該段話内容與《藝文類聚》卷二同。

節引是説善卿在引用文獻時並不是原封不動地照搬照抄，而是有選擇地摘引文句，這種節引有些是爲了節約篇幅，避免枝節，有些是脱文。如：

【白蘋】宋玉《風賦》："夫風生於地，起於青蘋之末，浸淫溪谷，緣太山之阿，舞於松栢之下。"（卷三《雪竇祖英》上）

按：《文選》卷一三《風賦》："夫風生於地，起於青蘋之末，浸淫溪谷，盛怒於土囊之口，緣泰山之阿，舞於松柏之下。"善卿節略了"盛怒於土囊之口"。

【泪如車軸】時世尊已入般涅槃，四天王天與諸天眾悲哀流泪，各辦無數香花投如來前，悲哀供養，五天如是，倍勝於前。色界、無色界諸天亦如是，倍勝於前。（卷五《池陽問》）

按：《大般涅槃經後分》卷上："爾時，四天王與諸天眾悲哀流，各辦無數香花、一切供養等，三倍於前，悲泣流泪，來詣佛所，投如來前，悲哀供養，五天如是，倍勝於前。色界、無色界、諸天亦如是，倍勝供養。"善卿省略了"一切供養等，三倍於前，悲泣流泪，來詣佛所"，當是脱文。

【萬行】清凉曰："萬法不離自心，一念萬法行備。心不起，止也；知不起，觀也；不緣萬境，捨也；止妄不生，戒也；安心諦理，忍也；心無間斷，進也；心體離念，法也；心之本覺，佛也；體相無人，僧也。"（卷七《證道歌》）

按：《圓覺經大疏釋義鈔》卷一："故清凉大師云：'所説萬行並不離心，但能覺了自心現量，畢竟清净，即一念之中萬行備足。心不起，止也；知不起，觀也；不緣萬境，捨也；止妄不生，戒也；安心諦理，忍也；心無間斷，進也；心體離念，法也；心之本覺，佛也；體相無違，僧也。"善卿節略了"但能覺了自心現量，畢竟清净"。

意引是指徵引文獻時，爲了節省篇幅，對原徵引文獻作歸納概括的處理，只舉稱大義。

【韓信臨朝底】漢吕后因人告韓信欲反，后與蕭相國詐謀，謂信曰："雖病，可强入賀。"信臨朝，吕后使武士縛信，斬之長樂鍾室。信方斬，曰："吾不用噲通，反爲女子所詐。"（卷四《雪竇開堂録》）

按：《漢書·淮陰侯列傳》："漢十年，豨果反。高帝自將而往，信病不從。陰使人之豨所，而與家臣謀，夜詐赦諸官徒奴，欲發兵襲吕后、太子。部署已定，待豨報。其舍人得罪信，信囚欲殺之，舍人弟上書變，告信欲反狀於吕后。吕后欲召，恐其黨不就。乃與蕭相國謀，詐令人從帝所來，稱豨已破，群臣皆賀。相國紿信曰：'雖病，强入賀。'信入，吕后使武士縛信，斬之長樂鍾室。信方斬，曰：'吾不用蒯通計，反爲女子所詐，豈非天哉！'"

善卿對上述內容作歸納概括，指出了"韓信臨朝底"的出處。

合引是指在徵引文獻時，爲了説明一個問題，徵引一些有價值的語言材料，而這些材料往往來源不同。

【大僊】《般若論》云："聲聞、菩薩亦名仙，佛於中最尊上故，已有一切波羅蜜多功德善根彼岸，故名大僊。"漢明帝問摩騰法師："佛道中亦有仙號不？"曰："仙者並修梵行，多諸技術，是以爲世所尚。佛初成道時，坐於菩提樹下，世人未識是佛，光明顯照，咸言摩訶大仙，生未曾有也。舍利弗、目連等坐卧空中，神化自在，各相謂言：'此是大仙弟子也。'佛以隨機應顯，仙號生焉。"（卷二《雪竇瀑泉》）

按：《釋氏要覽》卷中："《般若燈論》云：'聲聞、菩薩等亦名仙，佛於中最尊上故，已有一切波羅蜜多功德善根彼岸，故名大仙。'"善卿云"般若論"當是脱"燈"字。又《續集古今佛道論衡》："帝曰：'佛道之中亦有仙號已不？'法師對曰：'仙者並傳梵行，多諸技術，是以爲世所尚。佛初成道時，坐於菩提樹下，世人未識是佛。光明顯照，咸言摩訶大仙生，未曾有也。舍利弗、目連等坐卧空中，神化自在，各相謂言：'此是大弟子天仙也。'佛以隨機應顯，佛號生焉。"善卿雖對原文有小改動，但此處當是引用了《釋氏要覽》《續集古今佛道論衡》。

【名翼】《管子》："管仲復於桓公曰：'無翼而飛者，聲也。'"謂出言門庭，千里必應，故曰無翼而飛。又《唐聖教序》記云："名無翼而長飛，道無根而永固。"（卷二《雪竇瀑泉》）

按：《管子·内言》："管仲復於桓公曰：'無翼而飛者，聲也。'"房玄齡注："謂出言門庭，千里必應，故曰無翼而飛。"又《廣弘明集》卷二二《述三藏聖教序》："名無翼而長飛，道無根而永固。"善卿所引當爲《管子》原文、注文及《廣弘明集》的合引。

改字是對徵引文獻的文字作了改動，並不影響文意的理解。善卿多用同義詞置換原文用詞。

【上決浮雲】《莊子·説劍》云："天子之劍，直之無前，舉之無上，案之無下，運之無旁，上決浮雲，下絕地紀。此劍一用，匡諸侯，天下服矣。"（卷五《池陽問》）

按：《莊子·説劍》："此劍，直之無前，舉之無上，案之無下，運之無旁，上決浮雲，下絕地紀。此劍一用，匡諸侯，天下服矣。"善卿用同義詞"天子之劍"代替"此劍"，有意爲之，以使文意清晰明了。

【演若】《楞嚴經》云："佛言：'汝豈不聞：室羅城中演若達多忽於晨朝以鏡照面，愛鏡中頭眉目可見，嗔責己頭不見面目，以爲魑魅，無狀狂走。'"（卷一《雪竇後録》）

按：唐般刺蜜帝譯《大佛頂如來密因修證了義諸菩薩萬行首楞嚴經》作"佛告富樓那"，善卿改作"佛言"。

【擬寒山】擬，比擬也。寒山子詩云："白鶴銜苦桃，千里作一息。欲往蓬萊山，將此充粮食。未達毛摧落，離群情慘惻。却歸舊來巢，妻子不相識。"（卷三《雪竇祖英》上）

按：《寒山詩》："白鶴銜苦桃，千里作一息。欲往蓬萊山，將此充糧食。未達毛摧落，離群心慘惻。却歸舊來巢，妻子不相識。"善卿改"心"

爲“情”，近義置換。

增字是對所引文獻增加文字。

【日角】朱建平相書云：“頟有龍犀入髮，左角日，右角月，皆極貴也，上可以王天下。”（卷四《雪竇祖英》下）

按：蕭統《六臣注文選》卷五四：“朱建平相書曰：‘頟有龍犀入髮，左角日，右角月，王天下也。’”可知“皆極貴也，上可以”當是善卿增加的文字。

省字是指省略原引文中無關緊要的字而不影響文意的情況。

【離微】《寶藏論》：“其出微，其入離。知入離，外塵無所依；知出微，内心無所爲。内心無所爲，諸見不能移；外塵無所依，萬有不能羈。又離者，體不與物合，亦不與物離，五色不能污，五音不能亂；微者，體妙無形，無色無相，應用萬端，而不見容。離、微二字，道之妙也。”（卷三《雪竇祖英》上）

按：“又離者”，《寶藏論》作“夫所以言離者”，“微者”，《寶藏論》作“所以言微者”。① 善卿省略了“夫所以言”“所以言”，但不影響文意。

【如來藏】如來成就過於恒沙，具解脱智不思議法，説名法身。世尊如是，法身不離煩惱，名如來藏。如來藏即是如來空性之智，一切聲聞、獨覺所未曾見，亦未曾得，唯佛了知，及能作證。此如來藏空性之智，復有二種：謂空如來藏，所謂離於不解脱智一切煩惱；不空如來藏，具過恒沙佛解脱智不思議法。（卷七《證道歌》）

按：《大寶積經》卷一一九：“如來成就過於恒沙，具解脱智不思議法，説名法身。世尊，如是法身不離煩惱，名如來藏。世尊，如來藏者，即是如來空性之智，如來藏者，一切聲聞、獨覺所未曾見，亦未曾得，唯佛了知，及能作證。世尊，此如來藏空性之智，復有二種，何等爲二，謂空如來藏，所謂離於不解脱智一切煩惱；世尊，不空如來藏，具過恒沙佛解脱智不思議法。”

---

① 《大正藏》第45册。

善卿省略了兩處"世尊"和一處"如來藏者"，但不影響對文意的理解。

（五）案語

善卿一般是引用前人典籍來注音、辨形、釋義，使用案語的情況不多，主要有存疑和作旁證兩種情況。

存疑是說善卿所見到的與詞目相關的一些記載內容存在差异，善卿皆錄入，以供學者辨析。如：

> 【孫賓】按本傳，孫賓，孫武子後。善兵法，設減竈之術，敗龐涓於馬陵，以此名顯天下。世傳其兵法，今禪家流謂設鋪市卜，不知於何而得是說，學者詳焉。賓因臏其足，故更名焉。（卷五《懷禪師前録》）

按：善卿對禪家將孫賓當作開鋪占卜的人產生了質疑。檢禪籍可見，禪録中多有此種表述。如《宏智禪師廣録》卷三："枯龜妙在孫賓手，一灼爻分十字文。"《景德傳燈録》卷一六《澧州樂普山元安禪師》："師上堂，謂眾曰：'孫賓收鋪去也，有卜者出來。'時有僧出曰：'請和尚一掛。'師曰：'汝家爺死。'僧無語。《長靈守卓禪師語録》："師云：'崇慧禪師，如鐘在架，扣之則鳴，善則善矣，及乎斷卦。要且未能端的，祗如未出門時，是凶是吉。大眾孫賓開鋪也，汝等諸人，亡羊多岐，一夜東西尋覓不得，何不出來卜一卜看？'良久云：'若無孫賓，自卜去也。'"然根據《史記·孫臏列傳》記載，孫賓乃軍事家，而禪録此種說法不知起於何處，故善卿録於此，以供學者辨究。

> 【示寂偈】白雲本無羈，明月照寰宇。吾今七十三，天地誰爲侶？此偈乃會稽思一禪者出示。按呂夏卿塔碑云："師將示滅。或曰：'師獨無頌辭世。'而師曰：'吾平生患語之多矣。'遂亡。"想必有一偈，然其頌頗類雪竇之作。疑呂之説非，故録之云。（卷四《雪竇拾遺》）

按：善卿所列該目是對呂夏塔銘中有關雪竇重顯禪師的"無頌"説法產生了懷疑。根據該頌的風格，善卿認爲當屬雪竇之作。《法門鋤宄》亦肯定了善卿的觀點，現摘録如下："且呂碑云：'師將示滅。或曰：師獨無頌辭世。'師曰：'吾平生患語之多矣。'遂亡。然睦庵曰：'《雪竇拾遺録》師示寂偈曰：白雲本無羈，明月照寰宇。吾今七十三，天地誰爲侶。此偈會稽思一禪者出示然，吕之説非，故録之云。'余又謂雪竇垂滅，師資取訣，正是切要之時也。吕説言或曰踈謬也，甚矣。豈又以欠末後一句爲救平日之饒舌耶。《事苑》所糾，尤爲切當，況彼不諳宗脉不足怪耳。"

作旁證。如：

【黄巢】黄巢爲雪竇開山和上，蓋俗流妄傳，不足考信也。按《唐書》傳："巢，曹州冤何人，本以販鹽爲事。乾符中，仍歲凶荒，人飢爲盗，河南尤甚。巢與弟黄揆昆仲八人，率盗數千依里人尚讓。月餘，眾至數萬，讓乃與群盗推巢爲王，曰：'衝天大將軍'，仍署宫屬，藩鎮不能制。以至於竊據京師，燔掠宫廟，天子爲之奔走，國號稱齊，年稱金統。朝廷以李克用率官軍討之。中和四年五月，大敗之，賊散兗、鄆界。巢入泰山，官軍遣將捕之。至狼虎谷，巢將林言斬巢及二弟鄴、揆等七人首，並妻子函送徐州。"今禪門應問機緣，亦一期指示學者，以意逆志爲得之矣。然祖塔非黄巢明矣。（卷二《雪竇瀑泉》）

按：《明覺禪師語録》卷四："一日同僧遊山次，到開山和尚塔頭。僧云：'見説開山便是黄巢。'師云：'黄巢是草頭天子，爲什麽却作住山人？'僧云：'忌辰也好與他設粥。'"可知禪家確有以黄巢爲雪竇開山和尚之事。善卿案語節引《唐書》有關黄巢的記載，以證黄巢非雪竇開山和尚，"蓋流俗之誤，不足信"。

【萬歲】呼萬歲，自古至周，未有此禮。按《春秋後語》：趙惠王得楚和氏璧，秦昭王聞之，遺五書，願以十五城易之。趙遣藺相如奉璧入秦，秦王見相如奉璧，大喜，左右呼萬歲。又田單守即墨，使老弱女子乘城上，僞約降，燕軍皆呼萬歲。馮瑗之薛，召諸民債者合券。券既合，瑗乃矯孟嘗君之命，所債賜諸民，因燒其券，民皆呼萬歲。至秦始皇殿上上壽，群臣皆呼萬歲，見《優孟傳》。蓋七國之時，眾所喜慶於君，皆呼萬歲。自漢已後，臣下對見於君及拜恩慶賀，以爲常制。又謂山呼者，漢武帝至中嶽，翌日親登崇高，御史乘屬在廟

旁，吏卒盛聞呼萬歲者三。山呼萬歲者，自漢武始也。（卷五《懷禪師前録》）

按："自古至周"當指"自古至西周"，善卿言該時間内未見"萬歲"一詞，而後用一段案語對"萬歲"來源作了梳理。《史記·廉頗藺相如列傳》："趙惠文王時，得楚和氏璧。秦昭王聞之，使人遺趙王書，願以十五城請易璧。……趙王於是遂遣相如奉璧西入秦，秦王坐章臺見相如，相如奉璧，奏秦王，秦王大喜，傳以示美人及左右，左右皆呼萬歲。"《史記·田單列傳》："田單知士卒之可用，乃身操版插與士卒分功，妻妾編於行伍之間，盡散飲食饗士，令甲卒皆伏，使老弱女子乘城，遣使約降於燕，燕軍皆呼萬歲。"又《戰國策·齊策四》："於是約車治裝，載券契而行。辭曰：'責畢收，以何市而反？'孟嘗君曰：'視吾家所寡有者驅而之薛。'使吏召諸民當償者悉來合券，券遍合，起矯命，以責賜諸民，因燒其券，民稱萬歲。"可知"萬歲"一詞最早用於戰國，表慶賀歡呼。善卿節引《事物紀原》"萬歲"一條"蓋七國時，衆所喜慶於君者，皆呼萬歲。秦漢以來臣下對見於君，拜恩慶賀，率以爲常"作爲論據。又《漢書·武帝紀》："至於中嶽……翌日親登崇嵩，御史乘屬在廟旁，吏卒咸聞，呼萬歲者三。"《事物紀原》"山呼歲"一條："後人以呼萬歲爲山呼者，其事蓋起於漢武時。迄今三呼以爲式而號山呼也，又太始三年二月，禮日成山，登之罘山稱萬歲。"可見，漢代以後"萬歲"成了帝王的專稱。

三、《祖庭事苑》流传与版本①

《祖庭事苑》於宋大觀二年（1108）由趙仲爰開印②，接着由九頂澄公（生卒年不詳）於紹興二年（1154）重新刊印。但自宋至清朝的歷代藏經均未將《祖庭事苑》收入其中。究其原因蓋如玉津比丘紫雲《祖庭事

---

① 關於《祖庭事苑》的流傳和版本，本書内容具體參見黄繹勛《宋代禪宗辭書〈祖庭事苑〉之研究》，佛光出版社，2011 年，第 18～21 頁。

② 趙仲爰的名字見於日本國立國會圖書館所藏五山版《祖庭事苑》跋文最後一句"仲爰謹題"；又《宋史》中有關於趙仲爰的簡短記載，可推知趙仲爰的生卒年爲 1054—1123 年，符合《祖庭事苑》的初版之年。詳參黄繹勛：《宋代禪宗辭書〈祖庭事苑〉之研究》，佛光出版社，2011 年，第 15～17 頁。

苑·後序》所述："睦庵道人集《祖庭事苑》刊行於世，於茲有年，或謂前輩以聾瞽後進，嘗毀之。"可知《祖庭事苑》常被反對者毀壞。在此期間，僅見《祖庭事苑》被引用的痕迹，如宋圓悟克勤的《碧岩録》和明清時期白岩净符的《法門鋤宄》均有引用《祖庭事苑》的内容。①

　　幸運的是紹興二年的本子流傳到了日本。據日本駒澤大學圖書館所編《新修禪籍目録》記載，日本水户彰考館原本收藏了紹興二年《祖庭事苑》的重刊本，但永井政之在其論文中説此重刻本已經在戰火中燒毀。② 現在我們所見到的日本收藏的《祖庭事苑》有五山版、活字版、町版。五山版是指日本鎌倉時代（1192—1333）和室町時代（1338—1573）以佛教寺院爲中心的刻版印本，現收藏於日本國立國會圖書館。之後陸續沿襲五山版重刻的有日本寬永年中（1624—1644）京都中村長兵衛所刊的活字版、正保四年（1647）田原仁左衛門刊的木活版，以及寶歷八年（1758）的町版，其中活字版和木活版現收藏於日本京都大學圖書館，町版現收藏於日本駒澤大學圖書館。

　　國内使用的《祖庭事苑》版本有《卍續藏》本，還有台灣佛光大藏經編修委員會所編《佛光大藏經·禪藏·雜集部》中的《祖庭事苑》。本書選用《卍續藏》本《祖庭事苑》作爲研究的底本。根據永井政之的説法，該版來自"渡邊千秋藏書"，其所依據的底本當是沿襲駒澤大學圖書館所

---

　　① 《碧岩録》卷一○："《祖庭事苑》載《孝子傳》云：楚王夫人嘗夏乘凉，抱鐵柱感孕，後産一鐵塊。楚王令干將鑄爲劍，三年乃成雙劍，一雌一雄。干將密留雄，以雌進於楚王。王秘於匣中，常聞悲鳴。王問群臣。臣曰：'劍有雌雄，鳴者憶雄耳。'王大怒，即收干將殺之。干將知其應，乃以劍藏屋柱中，因囑妻莫耶曰：'日出北户，南山其松。松生於石，劍在其中。'妻後生男，名眉間赤。年十五問母曰：'父何在?'母乃述前事，久思惟剖柱得劍，日夜欲爲父報讎。楚王亦募覓其人。宣言：'有得眉間赤者厚賞之。'眉間赤逃走。俄有客曰：'子得非眉間赤邪。'曰：'然。'客曰：'吾甑山人也，能爲子報父讎。'赤曰：'父昔無辜，枉被荼毒。君今惠念，何所須邪?'客曰：'當得子頭并劍。'赤乃與劍並頭，客得之進於楚王。王大喜。客曰：'願煎油烹之。'王遂投於鼎中。客詒於王曰：'其首不爛。'王方臨視。客於後以劍擬王頭墮鼎中，於是二首相囓。客恐眉間赤不勝，乃自刎以助之。三頭相囓，尋亦俱爛。"《大正藏》，第48册。《法門鋤宄》："然睦庵曰：'《雪竇拾遺録》師示寂偈曰：白雲本無羈，明月照寰宇。吾今七十三，天地誰爲侣。此偈會稽思一禪者出示然，吕之説非，故録之云。'余又謂雪竇垂滅師資取訣正是切要之時也，吕説言或曰瞞謬也，甚矣。豈又以欠末後一句爲救平日之饒舌耶?《事苑》所糾尤爲切當，况彼不諳宗脉不足怪耳。"《卍續藏》，第86册。

　　② 參永井政之：《祖庭事苑の基礎的研究》，《駒沢大学仏教学部論集》第4號，1973年，第77頁。

藏的五山版。①

第二節 《祖庭事苑》的價值

《祖庭事苑》是一部關於禪宗語録詞語解説的著作，它的出現標志着禪宗研究在形音義訓釋和校勘方面進入了一個新的時期，爲推動禪宗語言的研究起了一定的作用。周裕鍇指出："從語源學的角度看，最早的關於禪宗語録詞語的解説，可追溯到北宋末禪僧睦庵善卿編寫的《祖庭事苑》。"② 雷漢卿亦談到："就中國本土而言，最早研究禪宗語録詞語的著作當屬北宋末年睦庵善卿編寫的《祖庭事苑》。"③ 足見《祖庭事苑》在禪宗文獻語言研究史上的地位。不僅如此，該書對文本輯佚、考訂古籍、研究古代的文字、音韻、訓詁都有重要的參考價值，是批讀校訂禪宗典籍的珍貴參考資料。其價值主要表現在以下三個方面。

一、語言學價值

《祖庭事苑》的語言學價值主要體現在音韻、文字、訓詁三個方面。

（一）音韻方面

《祖庭事苑》的注音以《廣韻》爲參照，以反切法爲主要注音方式，除了與《廣韻》注音相同外，另一部分與《廣韻》不同的注音則在一定程度上反映了北宋的聲韻系統。④ 如：

> 【嗄】所嫁切，聲變也。今借爲夏音，詐疑之意。如㖿，本音斜聲也，今借爲耶音。（卷一《雲門録》上）

善卿標出其反切爲"所嫁切"，但因其"聲變"之故，善卿所處之宋

---

① 永井政之：《祖庭事苑の基礎的研究》，《駒沢大学仏教学部論集》第 4 號，1973 年，第 78頁。
② 周裕鍇：《禪宗語言研究入門》，復旦大學出版社，2009 年，第 3 頁。
③ 雷漢卿：《禪宗方俗詞研究》，巴蜀書社，2009 年，第 5 頁。
④ 詳見本書第一章第二節。

代初年需借爲"夏"音。①

　　【吉嘹】下音料。北人方言，合音爲字。吉嘹，言繳。繳，斜戾也，繳其舌，猶縮却舌頭也，如呼窟籠爲孔，窟馳爲窠也。又或以多言爲吉嘹者，嶺南有鳥似鸜鵒，籠養，久則能言，南人謂之吉嘹。開元初，廣州獻之，言音雄重如丈夫，委曲識人情性，非鸚鵡、鸜鵒之比。雲門居嶺南，亦恐用此意。（卷一《雲門録》上）

　　"吉"，中古聲母爲見母，善卿言"合音爲字"，念"繳"，這是一種複聲母的結構。按竺家寧的分析，發音爲［kl］屬於帶舌尖邊音［l］的複聲母，複聲母結構現代漢語雖已不存在，却存在於上古漢語中，如"孔"發音爲"窟窿"。② 這些字的注音亦可反映出中古語音的一系列變化。

（二）文字方面

　　《祖庭事苑》以《説文》系字書、韻書的正統文字作爲禪籍的用字標準，全書大量使用"當作"校訂文字，實際上是對禪宗文獻用字的整理，同時也顯示出善卿强烈的正字觀念。如：

　　【塊圖】當作貴圖。（卷一《雲門室中録》）
　　【塊圖】當作貴圖。（卷二《雪竇拈古》）

　　該條目分別對應《雲門匡真禪師廣録》卷中："我當時若見，一棒打殺與狗子喫却，貴圖天下太平。"《明覺禪師語録》卷三："當時若見，一棒打殺與狗喫却，貴圖天下太平。"均與善卿所改同。

　　按："貴圖"，當爲同義並列複詞。意爲希望，謀求。貴，欲，要。《戰國策·東周策》："魏王以國與先生，貴合於秦以伐齊。"鮑彪注："貴，猶欲。"由"欲，要"可引申出"希望，謀求"義。禪籍中有該義項用例，如《五燈會元》卷一〇《天台山德韶國師》："天台德韶：'若祇貴答話揀辨，有甚么難？但恐無益於人，翻成賺誤。'""圖"有"謀劃"義，此不贅述。

---

① "夏"的中古音爲"胡雅切"。參李珍華：《漢字古今音表》，中華書局，1999年，第315頁。
② 參竺家寧：《聲韻學》，五南圖書出版公司，1991年，第599~650頁。

"媿"，《説文·女部》："媿，慚也。从女，鬼聲。""媿"與"愧"通。世俗文獻已見用例。如《荀子·儒效》："眾人媿之。"楊倞注："媿或爲愧。"

(三) 訓詁方面

《祖庭事苑》收録了禪師著作中的方俗語詞、佛經語詞，宗門語詞。善卿在解釋這部分詞語時十分重視對詞語語源的探究，值得稱贊的是《祖庭事苑》中有關名物詞得名緣由的探究。如：

【黃頭】梵云迦毗羅，此言黃頭，以佛生迦毗羅國，就生處而稱佛爲黃頭大士也。（卷三《雪竇祖英》上）

善卿以佛的出生地釋"黃頭"，甚是。迦毗羅即城名。佛出生於迦毗羅城，迦毗羅譯作黃色，又該地本是黃頭仙人的住處，故稱釋迦牟尼爲"黃頭"。《華嚴經探玄記》卷一九："正云迦毗羅婆窣堵，此云黃物城。則往古黃頭仙人先在此處，後於此作城，故立斯號，亦名寂靜住處。"《大方廣佛華嚴經疏》卷五八："第一婆珊婆演底夜神，寄歡喜地，城名迦毗羅者，此云黃色。往昔黃頭仙人依此處故，黃是中色，表契中道故。又此是佛生之城，表初地生佛家故。"釋迦牟尼佛又稱"黃面""黃面老子"。[①]《佛果圜悟禪師碧岩録》卷一〇："黃頭老，乃黃面老子也。"

另外，《祖庭事苑》中有關俗語詞的注釋十分注重對詞形、語音的辨析，以求做到形音義的統一。如：

【玉耬】當作玉耬。謂耬犁也。耕人用耬，所以布子種。禪録所謂看耬打耬，正謂是也。《魏略》曰："皇甫陰爲燉煌太守，民不曉耕種，因教民作耬犁，省力過半。"然耬乃陸種之具，南人多不識之，故詳出焉。音樓。（卷七《八方珠玉集》）

《卍續藏》本《拈八方珠玉集》："遵云：'便是和尚家風也無。'莫山

---

① 丁福保《佛學大辭典》"黃面老子"一條："（佛名）指釋迦而言。如來爲金色身，故云黃面。無門關曰：'黃面瞿曇，傍若無人。'又曰：'黃面老子，誰呼閭閻。'"筆者認爲以釋迦牟尼身有金色而稱名黃面並非"黃面老子"的真正命名之由，該處一並改之。

云：'耕夫製玉漏，不是行家作。'"仍作"玉漏"。

按：善卿校釋甚確。耬，農具。《廣韻·侯韻》："耬，種具。"《玉篇·耒部》："耬，耬犁也。"耬犁，用於播種，用人力或畜力牽引，开沟下种。耬，音樓。"樓"爲"耬"的同音借字，故禪籍中可見"看樓打樓"。"打"有"打造""製造"義，歐陽修《歸田録》卷二："工造金銀器，亦謂之打。"吳自牧《夢粱録·嫁娶》："若富家官户多用金銀打造魚筋各一雙。""看樓打樓"來自農業耕作的經驗，意謂照着耬犁的樣子製作耬犁，與"依樣畫葫蘆"相似。[1] 禪籍多用來比喻根據來機不同，採取相應的施設。[2] 如《宗門拈古彙集》卷一〇："雲峰看樓打樓，徑山因孔著楔。"又同書卷一六："趙州以楔出楔，雲門看樓打樓。""看樓打樓"與"因孔著楔""以楔出楔"義同，根據耬的大小制作耬，根據孔的大小打入木楔。又作"看簍打簍"，如《三宜盂禪師語録》卷一一："只得看簍打簍，相車造車，管教你進了，出不得關了。"《觀濤奇禪師語録》卷二："看簍打簍，依樣畫樣。山僧是江西割禾客，三點如流水，曲似刈茅鐮，祇要使得快。"亦作"相樓打樓"，如《宏智禪師廣録》卷一："三祖自倒自起，二祖相樓打樓，今晚海陵善友。"

除此之外，《祖庭事苑》的注釋亦辨明了禪録中出現的訛誤，爲學者提供了正確的典教因緣，而不至於"誤累後學"。如：

【石頭洪注】按唐丘玄素作《天王道悟禪師碑》。天王嗣馬祖，而非石頭弟子。然考其碑，悟生荆州，得法於江西馬大師。師囑之曰："汝若住持，莫離舊處。"由是返荆州，結茅於渚宮之上。荆師以居處荒榛，而怒投之於水中，已而天王神發火光於師庭，師感悟，爲之建寺。今荆州天王寺存焉。今作天皇者，誤矣。又復考《傳燈》謂："師，婺州東陽人也，年十四，依昭州僧剃髮，受具杭州。"與荆州碑全異。今據丘玄素碑，天王嗣馬祖明矣，非石頭洪注也。（卷一《雲門録》上）

---

① 滕志賢：《試釋"看樓打樓"》，《俗語言研究》創刊號，禪籍俗語言研究會編，日本京都文化研究所，1994年，第117頁。

② 關於該條釋義又可參周裕鍇：《禪宗語言》，浙江人民出版社，1999年，第330頁。

善卿立此目主要是爲了説明天王道悟禪師是馬祖的法嗣而不是石頭希遷的法嗣，並指出今人致誤的原因當是混淆了天王道悟禪師與天皇道悟禪師。按：今唐丘素作天王碑已失，但《全唐文》卷七一三載有邱元素撰《天王道悟禪師碑》，另卷六九一又載有《荆州城東天皇寺道悟禪師碑》（這裏不再轉録）。將兩個碑文進行比較，可以發現兩位禪師有許多相似之處，如名均爲道悟，活動年代基本相同，住持地又都在荆州，其寺名又僅在"王""皇"一字之差，故易混淆。但二者又有區别：天王道悟俗姓崔，渚宫人，"謁馬祖"後"於言下大悟"，嗣法於馬祖道一禪師；天皇道悟俗姓張，婺州東陽人，"參石頭，乃大悟"，嗣法於石頭希遷禪師。[①] 其他典籍亦記載了兩位禪師的事迹。覺夢堂《重校五家宗派序》亦云："緣同時道悟有兩人：一曰江陵城西天王寺道悟者，渚宫人也，崔子玉之後嗣馬祖，元和十三年四月十三日化。……一曰江陵城東天皇寺道悟者，婺州東陽人也，姓張氏嗣石頭，元和二年丁亥化。"[②]《五燈會元》卷七《天皇道悟禪師》條下注云："按《景德傳燈録》稱：青原下出石頭遷，遷下出天皇悟，悟下出龍潭信，信下出德山鑒，鑒下出雪峰存，存下出雲門偃、玄沙備，備再傳爲法眼益，皆謂雲門、法眼二宗來自青原石頭。雖二家兒孫，亦自謂青原石頭所自出，不知其差悮[③]所從來久矣。道悟同時有二人，一住荆南城西天王寺，嗣馬祖；一住荆南城東天皇寺，嗣石頭。其下出龍潭信者，乃馬祖下天王道悟，非石頭下天皇道悟也。"

二、文獻學價值

（一）輯佚方面

《祖庭事苑》詞目的編排是按該詞在相關禪宗典籍中出現的先後爲序，這種方式在一定程度上爲禪宗文獻的輯佚提供了有益的佐證。如：《祖庭事苑》所提到的《雲門録》的版本有"懷和尚本""天衣古本""雲門古

---

① 陳國燦：《關於唐丘玄素撰〈天王道悟禪師碑〉》，《魏晋南北朝隋唐史資料》，1997 年第 00 期。

② 《景德傳燈録》卷一四，《大正藏》，第 51 册。

③ "悮"當作"誤"。

録”“印本”等，這些今皆不存，但利用《祖庭事苑》校勘的隻字片語，可以大致了解各版本的概貌[①]；又如《八方珠玉集》現已不存，現代學者需要透過《拈八方珠玉集》來研究這 320 則古則，《祖庭事苑》所解釋的内容就成爲研究《八方珠玉集》最寶貴的資料。另外，《祖庭事苑》收録的語詞可與現存文獻進行比對，可窺知或復原當時禪籍的内容。又如《風穴眾吼集》雖現已不存，但是，對比《祖庭事苑·風穴眾吼集》257 則條目後，確認其中有 18 則條目可於《景德傳燈録》中找到相應的詞目，有 172 則條目可於《天聖廣燈録》中找到相應的詞目，二者合併之後，只缺 67 則條目的内容，可復原《風穴眾吼集》約 73% 以上的内容。[②]《祖庭事苑》還收録了一些失載的頌詩偈贊、機緣語句。如卷四《雪寶拾遺》爲雪寶七集所未編的内容，裏面包含的代別 1 篇、疏古 1 篇、偶作 1 篇、寄贈 3 篇、餞送 7 篇、吊悼 4 篇、真贊 5 篇和示寄偈 1 篇現皆不可見。[③] 又如卷五《懷禪師前録》、《懷禪師后録》所釋條目與現存的《續古尊宿語要·天衣懷和尚語》《禪林僧寶傳》《續傳燈録》《五燈會元》中的懷禪師語句相比照，有大部分内容不見於這些文獻。可知善卿於宋代所見的《懷禪師語録》現已佚失。

（二）校勘方面

《祖庭事苑》的校勘内容亦具有很高的文獻價值，它不僅有益於禪宗史的研究，同時對禪録的補遺和整理也有十分重要的作用。該書所使用的底本皆爲當時的版本，善卿利用其他版本對底本進行校勘，這些校勘成果亦可用於現傳版本的考訂。如：

> 【五爻】當作五行，見《傳燈》。浮石在漳州。（卷七《八方珠玉集》）

卍續藏本《拈八方珠玉集》：“浮石云：‘山僧開个卜鋪子，能斷人貧富生死。’僧便問：‘離却貧富生死，不落五爻，請師直指。’石云：‘金木

---

① 詳見本書第五章第二節。
② 黃繹勳：《宋代禪宗辭書〈祖庭事苑〉之研究》，佛光出版社，2011 年，第 257 頁。
③ 詳見本文第五章第二節。

水火土。'"與善卿所見底本同。

按：上文中浮石和尚回答的"金木水火土"是"五行"的内容，而非
"五爻"。又大正藏本《景德傳燈録》卷一一《漳州浮石和尚》作"五行"。
故善卿改"五爻"爲"五行"，甚是。

【天仙】一本作仙天。師嗣潭州大湖，亦目^①大川。（卷七《八方
珠玉集》）

卍續藏本《拈八方珠玉集》："天仙有僧到，繞禮拜。仙云：'這野狐
兒，見個什麽？'便禮拜。僧云：'這老和尚，見個什麽。'便恁麽道。仙
云：'苦哉！苦哉！天仙今日忘前失後。'僧云：'要且得時終不補失。'仙
云：'争不如此。'僧云：'誰甘。'仙大笑云：'遠之遠矣。'"仍作"天
仙"。按：仙天爲潭州川禪師法嗣。^②《五燈會元》卷五《仙天禪師》及
《高峰原妙禪師語録》卷上《拈古》均爲"仙天"。善卿依《八方珠玉集》
另一版本校"天仙"爲"仙天"，甚是。

三、辭書學價值

《祖庭事苑》中有關禪門規制、職名、衣著、器具和禪師行止等條目
的訓釋内容多次被禪學辭書或現代佛教辭書直接採用。如南宋法雲《翻譯
名義集》卷二"悉伽羅"條："《祖庭事苑》云：'野干形小尾大，狐即形
大。'"明清時期的《禪林疏語考證》採用了12條《祖庭事苑》的條目^③，
現代的丁福保《佛學大辭典》亦可見到《祖庭事苑》的釋義。如"巡寮"：
"《校定清規》云：'侍者上堂時，先使行者掛巡寮牌，住持巡寮自東廊第
一寮巡起，寮衆各出外迎接，仍送出。衆寮人多處，唯寮元一人迎送出
入，大衆只立門外。'見《象器箋》九。僧只云：'世尊以五事故，五日一
按行僧房。一恐弟子著有爲事，二恐著俗論，三恐著睡眠，四爲看病僧，
五令年少比丘觀佛威儀庠序，生歡喜故。'見《祖庭事苑》八。"^④

---

① "目"當爲"曰"之誤字。
② 參《五燈會元目録》卷上，《卍續藏》，第80册。
③ 如卷三"曦烏"：《事苑》曰："曦光謂日也，堯命羲氏和氏掌之，故以日爲曦光。烏謂日，
曰陽烏，中有三足烏。"《卍續藏》，第63册。
④ 丁福保：《佛學大辭典》，上海書店出版社，2011年。

第三節 《祖庭事苑》研究狀況

目前，學界尚未見有專門的著作對《祖庭事苑》的文字、音韻、訓詁、校勘等方面進行全面、系統的研究，只是零星地、片面地介紹《祖庭事苑》的内容或利用其内容作爲相關問題的補證。經過搜集，現將《祖庭事苑》的研究狀況介紹如下。

關於《祖庭事苑》的研究，可追溯到日本僧人無著道忠（1653—1744），他一生的禪學著作多達 374 部，911 卷。[①] 其中《葛藤語箋》[②]《禪林象器箋》[③]《盌雲靈雨》[④] 充分利用了《祖庭事苑》的材料。據粗略統計，《葛藤語箋》引用《祖庭事苑》達 55 次，其中採用《祖庭事苑》釋義並進一步加以解説論證的用例共有 22 條。如"廉纖"條：

> 《雲門録》中曰："法身清净。一切聲色盡是廉纖，語話不涉廉纖，作麼生是清净?"《事苑》一曰："廉纖，猶檢斂細微也。"劉熙《釋名》四曰："廉，斂也，自檢斂也。"忠曰："廉纖者，心涉微細造作也。"《碧岩》一："垂示曰：'恁麼也得，不恁麼也得，太廉纖生。'"《韓文》九《晚雨詩》曰："廉纖晚雨不能晴。"忠曰："此但微細義。"《虛堂寶林録》曰："一絲不掛猶涉廉纖，獨脱無依未爲極則。"《正宗贊》四《法眼宗》："法眼贊曰：'當機擊碎，猶涉廉纖。'"

無著先列《雲門録》用例，再引《祖庭事苑》"廉纖"的解釋，又引《釋名》"廉"之義，繼而指出"廉纖"的意義。從無著所述及引例足見其釋義是對《祖庭事苑》釋義的補充。

---

① 參雷漢卿：《日本無著道忠禪學研究著作整理與研究芻議》，《漢語史研究集刊》第十六輯，巴蜀書社，第 82 頁。又據柳田圣山統計爲 255 部，873 卷。參柳田圣山：《無著道忠的學術貢獻》，《俗語言研究》創刊號，禪籍俗語言研究會編，日本京都禪文化研究所，1994 年。

② 無著道忠：《葛藤語箋》，日本花園大學禪文化研究所，1992 年。

③ 無著道忠：《禪林象器箋》，《佛光大藏經·禪藏·雜集部》，佛光大藏經編修委員會，1994 年。

④ 無著道忠：《盌雲靈雨》，花園大學禪文化研究所、禪文化研究複印本。

　　無著還糾正了《祖庭事苑》中一些不甚妥帖的説法，這樣的用例共有33條。如"靠倒"條：

　　　　《碧岩録》九："維摩不二法門。頌曰：'請問不二門，當時便靠倒。'"《正字通·戌中》曰："靠，口到切，音犒。《説文》：'理相違也。'今俗依附曰倚靠。"忠曰："今用依附義。靠倒者，譬如大柱依附於小柱，則小柱爲之倒也。小理爲大理所屈，此靠倒也。"《虛堂寶林録》曰："師云：'老僧被你靠倒。'"又同《佛祖賛》《寒山賛》曰："靠倒，維摩記得無，至今一默宣天地。"《事苑》三曰："苦到切，相違也。"①忠曰："此訓今不用。"

　　無著先引《碧岩録》中雪竇頌的内容，再引《正字通》"靠"之釋義，進而指出"靠"乃"依附"義，以"大柱小柱""大理小理"爲譬喻，以證善卿釋義之誤。

　　《禪林象器箋》引用《祖庭事苑》的内容有60多次，借以解釋禪林之規矩、行事、器物等相關用語，足見無著對《祖庭事苑》的重視，其中約有50條採用了善卿的釋義。如"檀越"條：

　　　　《敕修清規普説》云："有檀越特請者，有住持爲眾開示者，則登法座。"《首楞嚴嚴經》云："阿難心中初求，最後檀越以爲齋主。"《長水疏》："檀越，此云施者。"《翻譯名義集》云："稱檀越者，檀即施也，此人行施，越貧窮海。"又見"檀那"處。《祖庭事苑》云："檀那，此云施者。越，謂度越彼岸。"忠曰："或越爲漢語，或兼越爲梵語，以余觀之，兩字爲梵語者近是。"又唐時安、秀諸師對天子稱檀越。"

　　無著以《祖庭事苑》的内容輔助解釋"檀越"，並對"越"之"梵語"作了補充説明。

　　《盋雲靈雨》引用《祖庭事苑》的條目達29條，其中有24條或爲批判善卿的釋義或言論，或是對善卿"未見所出"的内容進行考證。如"誕訓育"條：

---

　　① 《卍續藏》本《祖庭事苑》作"若到切"。

《事苑》解《祖英集》曰："誕，徒旱切，育也。"道忠曰："育也，訓且依俗说，非也。"《詩經·生民篇》："誕彌厥月，先生如達。"注："誕，發語辭，誕生字出於此，誕，虚字也。"《品字箋》曰："誕，按《詩·生民章》上文言載生載育，故下文言誕彌厥月。誕，訓大，非訓生育也。今人生辰直謂誕日，似亦誤會其義。"

無著於該目下指出了善卿訓"誕"爲"育"的錯誤。

自無著道忠之後，該書在很長一段時間内無人問津。直到 20 世紀七八十年代，才有零星文章對《祖庭事苑》進行研究。首先要提到的是日本學者永井政之。他在 1973 年就發表了《祖庭事苑の基礎的研究》一文，概略地介紹了《祖庭事苑》的作者和各卷情況，統計出《祖庭事苑》的條目實爲 2502 條，共引用 247 種外典和 85 種内典。[1] 三十年后，衣川賢次《禪籍の校讎學》使用俞樾《古書疑義舉例》的體例，將《祖庭事苑》中的 442 條校勘記載分爲十二個類型（俗字舉正、因形似而誤、偏旁變易增減、因音同而誤、因音近而誤、因字誤而失其韻、誤倒、誤衍、誤脱、專名舉正、避諱、刻工不慎而誤）並舉例説明；又從漢語史研究的角度討論其中一些有關常用虛詞和方言詞的注釋，其目的是窺知 20 世紀初流布的禪籍的文字表達情況，了解睦庵善卿禪籍校讎學的學術價值。[2]

在我國，禪宗研究起步相對較晚，《祖庭事苑》鮮有學者關注，僅在個別著作中可見有關《祖庭事苑》的簡要概述。周裕鍇《禪宗語言研究入門》一書介紹了睦庵作《祖庭事苑》的緣由及收詞的大致内容。[3] 雷漢卿《禪宗方俗詞研究》一書則側重列舉《祖庭事苑》注解的方俗詞，如"名邈""賺""老倒""鈍置""吉嘹""終諸""麄圖""野盤""和盲悖訴""嘍囉""廝兒"等。[4]

與大陸學者相比，台灣地區學者對《祖庭事苑》的關注相對多一點，如黄繹勳先生。他的《論〈祖庭事苑〉之成書、版本與體例——以卷一之〈雲門録〉爲例》一文從三個方面對《祖庭事苑》進行了探討：第一，介

---

① 永井政之：《祖庭事苑の基礎的研究》，《駒沢大学仏教学部論集》第 4 號，1973 年。
② 衣川賢次：《禪籍の校讎學》，《田中良昭博士古稀紀念論集》，大東出版社，2003 年。
③ 周裕鍇：《禪宗語言研究入門》，復旦大學出版社，2009 年，第 3 頁。
④ 雷漢卿：《禪宗方俗詞研究》，巴蜀書社，2009 年，第 5 頁。

紹了《祖庭事苑》作者睦庵善卿的生平事迹及著書動機，考辨了作序者法英和開版者趙仲爰的真實性。第二，詳述了《祖庭事苑》版本的演變與組織結構，並以《雲門錄》爲例，將《祖庭事苑》的詞條分爲六項：詞目、正形、注音、釋義、引證和案語，分別説明《雲門錄》的條目内容。最後，討論了在學術研究上運用《祖庭事苑》輔助解讀《雲門錄》的優缺點。[①] 2010 年他又發表了《禪宗典籍中的華嚴思想——以〈祖庭事苑〉爲中心》一文，主要分析了《祖庭事苑》中"正受三昧""曦光""六相""想變體殊"四條目的華嚴思想，並搜尋禪宗典籍提供具體實例，闡明了華嚴義理文句從唐到宋初被禪宗祖師作爲機峰對答或闡明悟境的作用。[②]其著作《宋代禪宗辭書〈祖庭事苑〉之研究》以《祖庭事苑》所解釋的禪宗典籍爲主題，梳理了各卷所釋禪籍文獻的現存情況，將《八方珠玉集》《懷禪師錄》《池陽問》《風穴衆吼集》《法眼錄》《蓮華峰錄》都歸爲逸書，在每章中以《祖庭事苑》各卷的部分條目内容分別探討禪宗典籍中所蘊含的各禪師之思想、家風或修證内容。[③]

可以看出學界有關《祖庭事苑》的研究成果甚少，因此對《祖庭事苑》進行全面、系統的研究是十分必要的。

第四節　研究内容及方法

一、研究内容

本書從《祖庭事苑》的語言材料出發，參照其他禪宗文獻語言材料，並借鑒前輩學者和當代學者的研究方法和成果，對《祖庭事苑》進行全面、系統的研究，主要分爲兩部分：其一，對《祖庭事苑》的文字、音

---

① 黄繹勛：《論〈祖庭事苑〉之成書、版本與體例——以卷一之〈雲門錄〉爲例》，《佛學研究中心學報》第 12 期，臺大佛學研究中心，2006 年。

② 黄繹勛：《禪宗典籍中的華嚴思想——以〈祖庭事苑〉爲中心》，《新世紀宗教研究》第 8 卷第 4 期，2010 年。

③ 黄繹勛：《宋代禪宗辭書〈祖庭事苑〉之研究》，佛光出版社，2011 年。

韻、訓詁及校勘情況作全面的整理與歸納，以便全面認識《祖庭事苑》的價值；其二，探討《祖庭事苑》在文字、訓詁及編纂等方面存在的不足，補釋了一些《祖庭事苑》釋義未詳或未確的詞語。

二、研究方法

本書從《祖庭事苑》語言問題出發，在探討《祖庭事苑》文字、音韻、訓詁、詞彙、校勘等方面的成就與不足時，主要採用以下研究方法：

一是描寫與歸納相結合。既對《祖庭事苑》的文字、音韻、詞彙進行微觀、系統的描寫分析，又對材料進行歸納統計，從而得出可靠的結論。

二是微觀與宏觀相結合。既重視對《祖庭事苑》個案的調查分析，又注重對禪宗語言的整體把握與研究，以專書研究爲基礎對禪宗文獻與語言進行綜合研究。

三是訓詁與校勘相結合。訓詁方面，運用傳統的訓詁學理論和方法，對該書中的文言詞、方俗詞、禪宗行業詞的釋義進行分析，判斷正誤。校勘方面，採用傳統的對校法、本校法、他校法、理校法對書中的訛誤現象進行梳理。

第一章　《祖庭事苑》音韻研究

　　語音是語言的外部形式，人們通過語音達到交際的目的。① 漢語的語音不是孤立的現象，形、音、義是一個統一的整體，注音是釋義的前提。只有語音搞清楚了，纔能有助於準確地解釋詞義。從傳統的訓詁資料來看，人們對語音的認識是一個漫長的過程，注音方法也經歷了從粗疏到精密的不斷演變。《顏氏家訓・音辭篇》："夫九州之人，言語不同，生民已來，固常然矣。自《春秋》標齊言之傳，《離騷》目《楚辭》之經，此蓋其較明之初也。后有揚雄著《方言》，其言大備。然皆考名物之同異，不顯聲讀之是非也。逮鄭玄注《六經》，高誘解《吕覽》《淮南》，許慎造《説文》，劉熹②製《釋名》，始有譬況假借，以證音字爾。而古語與今殊別，其間輕重清濁，猶未可曉；加以内言、外言、急言、徐言、讀若之類，益使人疑。孫叔然創《爾雅音義》，是漢末人獨知反語。至於魏世，此事大行。"

　　這段話簡要地説明了訓詁著作中注音方法的産生及其發展過程：鄭玄以前的書面訓詁著作中基本上不標音，從鄭玄、高誘、許慎、劉熙等人開始，訓詁著作中出現了譬況發音的内容，東漢末年孫炎的《爾雅音義》開創反切注音先河，到曹魏時大行於世。③

　　反切注音法即用兩個漢字給一個漢字注音。反切上字表示被切字的聲母，反切下字表示被切字的韻母和聲調，通過上下字的拼合來標注被切字的讀音。這種注音方法有效地彌補了讀若、直音等注音法的不足，同時避免了使用生僻字注音，不僅是注音方法的進步，而且在語音分析上也是一

---

① 陳炳迢：《辭書編纂學概論》，復旦大學出版社，1991年，第123頁。

② "熹"當作"熙"。

③ 賈璐：《朱熹訓詁研究》，復旦大學博士學位論文，2011年，第53頁。

個很大的進步。

通過對《祖庭事苑》注音的考察，我們發現，《祖庭事苑》大量使用反切注音法。下面從兩個方面來談《祖庭事苑》反切注音法的運用。

第一節 《祖庭事苑》反切來源

《祖庭事苑》的反切注音主要依據《廣韻》，同時參考了《集韻》及有關字書《玉篇》和《類篇》來豐富詞目的注音。

《廣韻》全稱《大宋重修廣韻》，宋真宗大中祥符元年（1008），由陳彭年、丘雍等奉命在前代韻書的基礎上編寫而成，是我國第一部官修韻書。

大中祥符六年（1013），陳彭年、吳銳、丘雍等依據"孫強增字本"奉詔重修《玉篇》。這就是流傳至今的《大廣益會玉篇》，也叫宋本《玉篇》。宋本《玉篇》刪去原書大量的字形説解、書證，新增了正字數目，使《玉篇》更爲實用，又是奉詔修訂，具有一定的權威性。

《廣韻》成書后三十三年，宋仁宗又下詔編寫了《集韻》。《集韻》是對《廣韻》的增訂。王應麟在《玉海》中説："真宗時，令陳彭年、丘雍因法言韻就爲刊益。……太常博士直史館宋祁、鄭戩建言：'彭年、雍所定多用舊文，繁略失當。'因詔祁、戩與直講賈昌朝、王洙同修定，知制誥丁度、李淑典領，令所撰集務從該廣。凡字訓悉本許慎《説文》；慎所不載則引他書爲解。凡古文見經史諸書可辨識者取之，不然則否。字五萬三千五百二十五，新增二萬七千三百三十一字，分十卷。詔名曰《集韻》。"

《類篇》是繼《玉篇》之後的一部收字完備的大型字書。宋仁宗寶元二年（1039），丁度等奏稱："今修《集韻》，添字既多，與顧野王《玉篇》不相參協，欲乞委修，韻官將新韻添入，別爲《類篇》，與《集韻》相副施行。"故命王洙、胡宿等人另撰此書，最後由司馬光等整理而成。該書繼承了《説文解字》和《玉篇》的系統，與《集韻》相輔而行。

以上四部韻書、字書均爲官修，具有很高的權威性。《祖庭事苑》的注音以上述四部韻書、字書爲依據。全書采用 344 條《廣韻》注音，26 條《集韻》注音，12 條《玉篇》注音，40 條《類篇》注音。[①] 一方面是因爲該四部書爲官修，具有正統地位；另一方面也與善卿强烈的正音意識分不開。字的讀音以何爲正，善卿認爲這是必須明確的。從《祖庭事苑》的整體注音來看，該書以《廣韻》反切注音爲主[②]，《廣韻》没有的注音，采用《集韻》，《集韻》没有的注音，則采用《玉篇》和《類篇》。由此可見，善卿並未以某一部韻書或字書作爲注音的依據，而是根據當時的通語讀書音注音。《廣韻》《集韻》《玉篇》《類篇》的基本音系皆爲當時的讀書音，彼此之間雖有异同，但也頗多一脉相承之處。

另外，宋代是韻書、字書編纂的發展時期，這時期的韻書、字書編纂有一個顯著的特點，即"篇韻"並行。"篇韻"即字書和韻書的合稱，韻書配字書，字書輔韻書，相輔相成，互相補充。[③] 趙振鐸先生指出："《廣韻》和《大廣益會玉篇》是宋代第一套雙軌並行的韻書和字書，《集韻》和《類篇》是第二套相配的字書和韻書，《五音集韻》和《篇海》是第三套相配的字書和韻書。"[④] 魯國堯認爲顧野王的《玉篇》和陸法言的《切韻》是第一代"篇韻"，《廣韻》和《大廣益會玉篇》是第二代"篇韻"，《類篇》和《集韻》是第三代"篇韻"。[⑤] 二位學者雖在"韻篇"的搭配上略有不同，但都認同"篇韻"並行的模式。《祖庭事苑》的注音既依據《廣韻》《集韻》兩部韻書，又參照《玉篇》《類篇》兩部字書，將字書、韻書結合注音，一定程度上受到了宋代既修韻書又輔修字書模式的影響。

---

① 詳細注音見本書附表。

② 日本學者衣川賢次在《禪籍の校讎學》一文中説："《祖庭事苑》中的音義一般來自《集韻》。"《田中良昭博士古稀紀念論集》，大東出版社，2003 年。然根據筆者統計，此種説法不實。

③ 參王進安：《字書韻書編纂中"篇韻"並行的模式探索》，《中國音韻學暨黄典誠學術思想國際學術研討會論文集》，廈門大學中文系、中國音韻學會編，2014 年，第 243 頁。

④ 詳參趙振鐸：《中國語言學史》，河北教育出版社，2000 年，第 241~243 頁。

⑤ 詳參魯國堯：《〈盧宗邁切韻法〉述論》，《魯國堯語言學論文集》，江蘇教育出版社，2003 年，第 341~345 頁。

第二節　《祖庭事苑》异切辨析

《祖庭事苑》所注反切，除了上節所提到的主要依據《廣韻》的注音外，並非所有的注音都完全與《廣韻》相同。所注异讀的一種情況是反切上下字用字不同，注音没有變化，實際表達的仍是同一詞的詞義，只是同一詞義用字的替代；另一種情況則是反切上下字用字不同，注音有變化。

一、音義地位相同的反切

據統計，與《廣韻》相比，《祖庭事苑》的异切中有 88 個反切只是反切用字的改换，其反切的音義地位則是相同的。反切用字不同，所切之音無异的情況有兩種：有的屬於反切上字或反切下字用字不同，有的屬於反切上下字都不同。其中反切上字用字不同的有 57 個，反切下字用字不同的有 23 個，反切上下字用字都不同的有 11 個。

（一）聲母用字不同

表 1-1

	《祖庭事苑》	《廣韻》	聲母
塀（卷一）	滂丁切	普丁切	滂母
倜（卷一）	它歷切	他歷切	透母
儻（卷一）	它郎切	他郎切	透母
灼（卷一）	隻略切	之若切	章母
診（卷一）	止忍切	章忍切	章母
騾（卷一）	盧戈切	落戈切	來母
挫（卷一）	子卧切	則卧切	精母
氛（卷一）	敷文切	撫文切	敷母
憻（卷一）	忙果切	亡果切	明母
燀（卷二）	齒善切	昌善切	昌母
好（卷二）	虚到切	呼到切	曉母

續表1-1

	《祖庭事苑》	《廣韻》	聲母
茸（卷二）	如容切	而容切	日母
著（卷二）	知略切	張略切	知母
劈（卷二）	溥擊切	普擊切	滂母
盼（卷二）	普莧切	匹莧切	滂母
霈（卷二）	鋪蓋切	普蓋切	滂母
舍（卷二）	式夜切	始夜切	書母
攭（卷二）	屋虢切	一虢切	影母
中（卷二）	知仲切	陟仲切	知母
陬（卷三）	將侯切	子侯切	精母
菡（卷三）	戶感切	胡感切	匣母
剔（卷三）	它歷切	他歷切	透母
釐（卷三）	理之切	里之切	來母
靡（卷三）	母彼切	文彼切	明母
遺（卷三）	余貴切	以醉切	以母
靦（卷三）	它典切	他典切	透母
刺（卷三）	郎達切	盧達切	來母
樂（卷三）	魚教切	五教切	疑母
嚬（卷四）	弼真切	步真切	並母
龕（卷四）	苦含切	口含切	溪母
廞（卷四）	虛金切	許金切	曉母
贏（卷四）	餘輕切	以成切	以母
侗（卷四）	它孔切	他孔切	透母
窟（卷四）	枯骨切	苦骨切	溪母
戲（卷四）	許其切	香義切	曉母
瘼（卷四）	莫各切	慕各切	明母
鷺（卷四）	魯故切	洛故切	來母
閼（卷四）	於葛切	烏葛切	影母
悰（卷四）	才宗切	藏宗切	從母

續表 1-1

	《祖庭事苑》	《廣韻》	聲母
刱（卷四）	楚亮切	初亮切	初母
殷（卷四）	於謹切	倚謹切	影母
陟（卷四）	中力切	竹力切	知母
揉（卷四）	人久切	耳由切	日母
綻（卷四）	直筧切	丈莧切	澄母
捻（卷五）	諾協切	奴協切	泥母
岌（卷五）	逆及切	魚及切	疑母
朝（卷六）	知遥切	陟遥切	知母
荷（卷六）	下可切	胡可切	匣母
忒（卷六）	惕德切	他德切	透母
睳（卷六）	玄圭切	户圭切	匣母
謔（卷六）	呼訝切	虛約切	曉母
溟（卷六）	忙經切	莫經切	明母
湯（卷六）	它浪切	他浪切	透母
晡（卷七）	奔孤切	胡孤切	幫母
蹭（卷七）	七登切	千登切	清母
蹬（卷七）	唐豆切	徒亘切	定母
稱（卷七）	尺證切	處陵切	昌母

（二）韻母用字不同

表 1-2

	《祖庭事苑》	《廣韻》	韻母
瀝（卷一）	郎狄切	郎擊切	錫韻
峭（卷一）	七笑切	七肖切	宵韻
翕（卷二）	許汲切	許及切	緝韻
蕪（卷三）	武扶切	武夫切	虞韻
冪（卷三）	莫歷切	莫狄切	錫韻
彤（卷三）	徒宗切	徒冬切	冬韻

續表1-2

	《祖庭事苑》	《廣韻》	韻母
抑（卷三）	於棘切	於力切	職韻
覿（卷三）	徒的切	徒歷切	錫韻
慷（卷三）	苦郎切	苦朗切	唐韻
驪（卷三）	郎奚切	郎溪切	齊韻
鵬（卷三）	步登切	步崩切	曾韻
丁（卷三）	中耕切	中莖切	耕韻
殽（卷三）	胡交切	胡茅切	肴韻
倒（卷三）	盧考切	都皓切	豪韻
隈（卷三）	烏灰切	烏恢切	灰韻
魑（卷四）	蘇刀切	蘇遭切	豪韻
稽（卷四）	古兮切	古奚切	齊韻
旆（卷四）	蒲蓋切	蒲盍切	盍韻
蒭（卷四）	測虞切	測隅切	虞韻
殿（卷五）	都殿切	都甸切	先韻
眨（卷六）	側夾切	側洽切	洽韻
騰（卷七）	徒燈切	徒登切	登韻
該（卷七）	古開切	古哀切	咍韻

（三）聲母、韻母用字都不同

表1-3

	《祖庭事苑》	《廣韻》	聲母	韻母
散（卷一）	桑擔切	蘇旰切	心母	寒韻
劈（卷一）	匹歷切	普擊切	滂母	錫韻
那（卷一）	乃賀切	奴個切	泥母	歌韻
諕（卷一）	許亞切	虛訝切	曉母	麻韻
挨（卷二）	乙諧切	於駭切	見母	虞韻
晡（卷三）	奔謨切	胡孤切	幫母	模韻
從（卷三）	墻從切	疾容切	從母	鐘韻

	《祖庭事苑》	《廣韻》	聲母	韻母
駢（卷四）	蒲眠切	部田切	並母	先韻
瞥（卷六）	匹篾切	普蔑切	滂母	屑韻
見（卷六）	形練切	胡甸切	匣母	先韻
兆（卷六）	直紹切	治小切	澄母	宵韻

　　以上所列各表將《祖庭事苑》和《廣韻》所注反切作了比較，可以發現雖然這些反切用字不同，但是每個上字所代表的聲母、每個下字所代表的韻母都相同，所以按照今讀條例拼讀都能得到相同的結果。《祖庭事苑》的這些異切大多是隨文注音，由於依據的是當時的實際讀音，故儘管反切用字不同，其音韻地位都是相同的。

二、字形訛誤的反切

　　《祖庭事苑》屬於字形訛誤的反切有如下 14 個（見表1-4）。

表 1-4

	《祖庭事苑》	《廣韻》
襃①（卷一）	搏毛切（幫母）	博毛切（幫母）
摘（卷二）	尹知切（以母）	丑知切（徹母）
戽②（卷二）	芫故切（疑母）	荒故切（曉母）
戾（卷三）	即計切（精母）	郎計切（來母）
潦（卷三）	雲晧切（云母）	盧晧切（來母）
襲③（卷三）	以入切（以母）	似入切（邪母）
霅（卷三）	史甲切（生母）	丈甲切（澄母）
杼④（卷四）	文呂切（微母）	直呂切（澄母）
儱（卷四）	方董切（非母）	力董切（來母）

---

① 卷三"譏襃"條："下搏毛切。""搏"當是筆誤或刊刻致誤。
② 卷七"戽"條："芫故切。""芫"與"荒"形近致誤。
③ 同卷"襲爾"條："似入切。""似"當是脱落"亻"旁而誤。
④ 丈、直同紐，"文"當爲"丈"之訛。

續表 1-4

	《祖庭事苑》	《廣韻》
躍（卷四）	足輒切（精母）	尼輒切（娘母）
潷（卷四）	正備切（章母）	匹備切（滂母）
繇（卷四）	尹知切（以母）	丑知切（徹母）
幢（卷六）	賓江切（幫母）	宅江切（澄母）
韸（卷六）	呼評切（庚韻）	呼訝切（麻韻）

表 1-4 所列《祖庭事苑》的這些異切多爲傳抄或翻刻時因字形相近而訛誤。

三、音韻地位不同的异切

反切上下字用字不同，所代表的古聲母或韻母也不同，而被切字的音也發生了變化。宋代處於漢語語音由中古音系向近代音系轉變的過渡階段，上承中古漢語末期，下啓元代早期"官話"，是漢語語音系統發生大變動的歷史時期。[1] 在這短短的三百年裏，語音系統中許多重要的音變發生、發展、完成，如輕重唇音分化、濁音清化、知照合流、韻母的重新整合、濁上變去等。《祖庭事苑》記載了禪籍用字的反切異讀，這些反切異讀反映了正在分化的將變而尚未完成音變的讀音演變現象。

（一）輕重唇聲母异切

等韻學家將《切韻》幫組字概括爲幫、滂、並、明和非、敷、奉、微八母，以幫、滂、並、明爲重唇音，以非、敷、奉、微爲輕唇音。清代古音學家錢大昕證明，上古無輕唇音，只有重唇音。《切韻》時代不分輕、重唇音。[2] 7 世紀中期，輕、重唇音開始分化，到 8 世紀末 9 世紀初，輕、重唇音分化已經完成。[3]

通過對比《祖庭事苑》與《廣韻》的注音，我們發現《祖庭事苑》存

---

① 鄧强：《〈通鑒釋文〉的语音史研究价值和研究现状》，《西南學刊》，2012 年第 2 期。
② 這裏的《切韻》時代，依陸法言云"昔開皇初"，當是公元 6 世紀末。
③ 參黃淬伯：《慧琳一切經音義反切考》，中華書局，2010 年，194 頁。

在輕唇音與重唇音异切的用例。詳見表 1—5：

表 1—5

	《祖庭事苑》	《廣韻》
渺（卷六）	綿沼切（明母）	亡沼切（微母）
杪（卷六）	彌沼切（明母）	亡沼切（微母）
彌（卷六）	民卑切（明母）	武移切（微母）
鄙（卷三）	襃美切（幫母）	方美切（非母、奉母）

表 1—5 中，《廣韻》用輕唇字"亡、武、方"作反切上字，《祖庭事苑》用重唇字"綿、彌、民、襃"作反切上字，從中可以看出善卿以當時的實際讀音注音，一定程度上反映了輕重唇音混切、分化趨勢還不明顯的現象。至於明母演變成輕唇音的時間則比較遲，楊劍橋在《漢語現代音韻學》中説："顏師古的《漢書》注中，幫、滂、並和非、敷、奉已經分化，但明和微相混。到八世紀末九世紀初，明母開始演變爲微母。"[①]

（二）清聲母與濁聲母异切

清濁原本是古代音樂中的常用術語，在一定的語音環境中，"清"相當於"高"，"濁"相當於"低"。[②] 用"清濁"作爲發音方法分析的術語源自梵音。在古代音韻學中，有"全清""次清""全濁""次濁"的説法。"清音"是指聲門開張，氣流可以不發生改變，凡是如此形成的音叫清音。"濁音"是指兩個聲帶靠得很近而且在顫動着，氣流未到口腔，已處在很快的一斷一續的狀態中，凡有這種成分的音就叫濁音。[③] 濁音清化是語音史上的一個重要音變。在語音發展演變中，全濁聲母逐漸清化，直至全部消失。清濁聲母相混，魏晉南北朝已有。《經典釋文》《博雅音》《漢書音義》《文選音義》《文選音決》《晉書音義》《五經文字》中都存在清濁音相

---

① 楊劍橋：《漢語現代音韻學》，復旦大學出版社，1996 年，第 144 頁。
② 李葆嘉：《當代中國音韻學》，廣東教育出版社，1998 年，第 53 頁。
③ 董同龢：《漢語音韻學》，中華書局，2001 年，第 109 頁。

混的現象。①

　　拿《祖庭事苑》中的音切與中古音《廣韻》音系比較，可發現一些清聲母與濁聲母異切的用例（見表1—6）。

表 1—6

	《祖庭事苑》	《廣韻》
霧（卷二）	薄郎切（並母）	普郎切（滂母）
萉（卷三）	薄巴切（並母）	普巴切（滂母）
頇（卷四）	河干切（匣母）	許干切（曉母）
抶（卷二）	知栗切（知母）	丑栗切（徹母）
撐（卷五）	丈庚切（澄母）	丑庚切（徹母）
從（卷四）	七從切（清母）	疾容切（從母）

　　表1—6中，從《廣韻》音系的角度看，有並母與滂母的異切，曉母與匣母的異切，澄母與知母、徹母的異切，從母與清母的異切，這些均是濁聲母與清聲母相混的例子，可以看出善卿的改切往往是清濁聲母混用，反映了濁聲母開始清化的痕跡。

　　（三）船母與禪母異切

表 1—7

	《祖庭事苑》	《廣韻》
蝕（卷四）	垂力切（禪母）	乘力切（船母）
淑（卷六）	神六切（船母）	殊六切（禪母）

　　在《切韻》時代，禪母爲塞擦音，船母爲擦音。② 禪母的仄聲後來變作擦音，平聲保持塞擦音，只是止攝的"時"等讀擦音。船母平聲基本還

---

　　① 曹潔：《裴務齊正字本〈刊謬補缺切韻〉的特殊"音注"與"字形"考》，《中國文字研究》，2014年第19輯。
　　② 陸志韋、邵榮芬皆有所考。分別參見陸志韋：《古音説略》，《陸志韋語言學著作集》，中華書局，1985年，第102頁；邵榮芬：《切韻研究》，中國社會科學出版社，1982年，第93頁。

讀擦音，但是"脣、乘、船、承"等字讀作塞擦音。[1] 表1—7中《祖庭事苑》和《廣韻》反切上字的差異大體上反映了禪母、船母混用的狀態。

（四）止攝各韻合流

之、脂、支從上古音中經過不斷分化、合併、類聚，形成了《切韻》系統中三韻鼎立的局面，在《切韻》以後的唐代，它們又表現出合一的趨勢。[2] 玄應所撰《一切經音義》中的反切即表現出之、脂、支三韻合而不分的現象。顏師古注《漢書》的音讀也混合了玄奘譯經，顯示了支、脂、之、微不分的情況。因此，周祖謨說："止攝支脂之微四韻通用，自唐代已然。"[3]

對比《祖庭事苑》和《廣韻》的注音，亦可發現此種現象（見表1—8）。

表1—8

	《祖庭事苑》	《廣韻》
蟻（卷二）	魚豈切（微韻）	魚倚切（支韻）
遺（卷三）	余貴切（微韻）	以醉切（脂韻）
㰥（卷四）	許其切（之韻）	香義切（支韻）

表1—8中，善卿對反切下字的改動說明宋初的之、脂、支、微已經合流。

（五）仙韻重紐三等讀入元韻

表1—9

	《祖庭事苑》	《廣韻》
緬（卷二）	彌遠切（元韻）	彌兗切（仙韻）

---

[1]　船、禪在《中原音韻》的支思韻和魚模韻的 iu 類韻中全部變作擦音，所以"時""殊"讀擦音是規則的變化。船、禪在《中原音韻》先天韻和真文韻的合口平聲字中全變作塞擦音，所以"船""脣"讀塞擦音也是規則的。轉引自徐時儀：《玄應和慧琳〈一切經音義〉研究》，上海世紀出版集團，2009 年，第 236 頁。

[2]　參李新魁：《上古音"之"及其發展》，《李新魁音韻學論集》，汕頭大學出版社，1997 年，第 10 頁。

[3]　周祖謨：《宋代汴洛方音考》，《問學集》（下冊），中華書局，1966 年，第 197 頁。

《廣韻》注“緬”爲仙韻重紐三等字，《祖庭事苑》改用元韻字“遠”
作其反切下字。善卿的改切反映了音韻學中仙韻重紐三等讀入元韻的現
象。黄淬伯在《唐代關中方言音系》中已指出唐代關中方言的仙韻重紐三
等字一律並入元韻，仙韻重紐四等字則並入先韻。[①]

　　另外，比較《祖庭事苑》與《廣韻》的注音，還可以發現先韻和元韻
的混用（見表1-10）。

表 1-10

	《祖庭事苑》	《廣韻》
偃（卷三）	於殄切（先韻）	於憲切（元韻）

　　表1-10中用韻的差異反映了先、仙、元三韻合併的現象。《切韻》
音系中，先、仙二韻與元韻字間韻讀不同。在唐五代的西北方音韻系演變
中，仙元韻在八九世紀同讀作［iæn］和［iɑn］，先韻作［ien］和
［yen］，到10世紀仙、元、先就合併爲［iæn］和［yæn］。[②] 周祖謨先生
亦指出：“蓋宋代語音寒桓删山先仙元皆相近，故通合無礙，惟略分洪細
而已。”[③]

---

　　① 黄淬伯：《唐代關中方言音系》，江蘇古籍出版社，1988年，第29頁。
　　② 錢學烈：《寒山詩韻部研究》，《學海拾零——語言文學論集》，中央文獻出版社，2007年，
第38頁。
　　③ 周祖謨：《宋代汴洛方音考》，《問學集》，中華書局，1966年，第581頁。

第二章 《祖庭事苑》文字研究

古代典籍文本的訛誤問題由來已久，在俗文獻中尤其如此。張涌泉指出："先秦兩漢古籍流傳到今天，必然要經過宋代以前一次又一次的手抄相傳的過程，其間六朝以迄晚唐五代俗字的泛濫不能不在這些古籍身上留下深深的印記"，"民間書寫，務趨簡易，以淺近易寫爲特點的俗字便很能迎合這一需要。加上書未刊刻，人們書寫無定體可循，手寫之體，勢不能出於一致，授受既异，俗體隨之滋生"。① 禪宗典籍作爲研究唐宋俗語言的重要語料之一，一般認爲使用大量的俗字是其主要特征。禪師所操語音各有土風，寫錄者審音不準或用字習慣不同，同音替代字、异體字、訛錯字便紛然雜陳。② 面對雜亂的禪籍用字，《祖庭事苑》校訂了當時通行的十七部禪籍的文字，旨在掃清禪籍中的文字障礙，爲學者解讀禪籍帶來便利。

本章針對《祖庭事苑》全書的校字加以分類研究③，以窺知禪籍文字記錄的實際情况，了解睦庵的禪籍校改文字的學術價值。據統計，《祖庭事苑》所校改的文字多達 442 條，全書使用"當作""當從""正作""與……同"等術語對文字進行系統整理。下面從善卿校字的成就與不足兩個方面來論述。

這裏需要説明的是《祖庭事苑》校訂的内容皆有所出，在研究本章文字（包括第三、四、五、六章）時，首先利用現有版本的内容盡可能恢復

---

① 張涌泉：《試論漢語俗字研究的意義》，《著名中年語言學家自選集》（張涌泉卷），上海教育出版社，2011 年，第 105、103 頁。
② 雷漢卿：《禪籍方俗詞研究》，巴蜀書社，2009 年，第 43 頁。
③ 《祖庭事苑》的文字校正主要是因善卿强烈的正字觀，與文獻校勘無關，故將文字研究單列一章，其文獻文本問題的校勘則在第五章討論。

這些條目所在的文句①，以免出現歪曲原典或曲解本義的錯誤。清人段玉裁在《經韻樓集·與諸同志論校書之難》中指出："必先定其底本之是非，而后可斷其立説之是非。""不先正注疏釋文之底本，則多誣古人；不斷其立説之是非，則多誤今人。"

第一節　文字分類辨析

通過對《祖庭事苑》用字的分析，我們發現善卿所分析的禪籍用字包括正俗字、古今字和假借字。

一、正俗字

俗字是"漢字史上各個時期與正字相對而言的主要流行於民間的通俗字體"②。從民間產生，流行於民間，與傳統經典用字不同，但相襲沿用既久，致使後人意識不到它們本是"俗字"。《祖庭事苑》中的部分條目對禪籍中所用俗字進行了辨析，用"正作""當作"指明該字所對應的正字。

1. 拯—抍

【抍濟】正作拯。拯，蒸之上聲呼，上舉也。（卷一《雲門錄》上）

按：《古今韻會舉要》卷一六"上聲"："拯，或作抍。古《易》：'不抍其隨。'今作拯。""抍"爲"拯"之异體。又俗書"木"旁、"扌"旁相混不分，拯又可寫作"揯"。《五經文字》卷上："拯作揯，訛。"由此可見，"拯"爲正，"抍""揯"並爲俗。

---

　　① 《祖庭事苑》所校釋的詞語皆有所出，本書在論述本章，包括第三、四、五、六章的内容時盡可能地找到原詞目的出處，恢復其所在文獻的原貌，部分未見出處的詞目在不影響文意、其他禪籍又習見的情況下亦作討論。
　　② 張涌泉：《敦煌俗字研究》，上海教育出版社，1996年，第2頁。

2. 蟇—蟆

【蝦蟆】下正作蟇，音麻。（卷一《雲門録》上）

按："蟇"爲正，"蟇""蟆"均爲俗。慧琳《一切經音義》卷三八："蝦蟇，二字並從虫，叚莫皆聲也。蟇，正作蟇，或作蟆。"《正字通·蟲部》："蟇，同蟇。漢武紀元鼎五年，黿蝦蟇門。""蟆，俗蟇字。舊注引杜詩蝦蟆動半輪，按杜本作蟇，俗譌作蟆。"又《六藝之一録》卷一八八："蟇，從虫莫聲，俗作蟆。"同書卷二〇五："蟇，莫遐切。蝦、蟇，黿屬。從虫莫聲，俗作蟆。"

3. 洟—涕

【涕唾】上正作洟，音替，鼻液也。（卷一《雲門録》上）

按："涕"之"鼻液"義來自"洟"，"涕""洟"形近而訛。[1] 洟，《説文·水部》："洟，鼻液也。"段注："古書弟、夷二字多相混，於是謂自鼻出者曰洟，而自目出者別製泪字。""洟"又作"涕"。慧琳《一切經音義》卷六七："洟唾，《周易·齊咨》：'涕洟，自目曰涕，自鼻曰洟。'論文從口作涕，又作洟，並非體也。"綜上，"洟"爲正，"涕""涕"當爲俗。

4. 橃—筏

【喻筏】房越切。正作橃。《説文》云：海中大船也，亦作筏。（卷一《雲門録》上）

按：慧琳《一切經音義》卷八："橃諭，煩轙反。《考聲》：'縛竹木浮於水上謂之橃也。'《説文》從木，發聲也。《廣雅》從舟作艬，皆正也。經作筏，或有作栰，並俗字，皆非也。"同書卷一〇："筏諭，夫轙反，俗字也，正體從木從發，作橃。《集訓》云：'縛竹木浮於水上，或運載名之爲撥。'南土吳人或謂之簿，即筏也。音排。經中從伐作栰，或從竹作筏，皆非也。"又《説文通訓定聲·泰部》釋"橃"："《廣韻》：'橃，筏也。'

本韻集筏作橃。《説文》無筏。筏，俗字。"綜上，"橃"爲正體，"筏"
"栰"爲俗體。"筏"與"橃"同有船之用，故可以互訓。

5. 捩—捩

【關捩】下正作捩，音戾，可撥物也。（卷一《雲門録》上）

該詞見於《雲門匡真禪師廣録》卷上："牛頭橫説竪説，不知有向上
關捩子，如何是向上關捩子？"① 與善卿所改同。按：關捩，本指一種能
够轉動的木製機關。唐蘇鶚《杜陽雜編》卷中："（韓志和）善雕木作鸞鶴
鴉雀之狀，以關捩置於腹内，發之則凌雲奮發。""捩"，本義扭動。《玉
篇·手部》："捩，拗捩。"與"木製機關"義無關。《正字通·木部》：
"捩，關捩，機捩也。""捩"爲正，俗書中"扌"旁與"木"旁常易相混，
"捩"又作"捩"。禪宗用來指禪機至極玄妙之處，悟道之關鍵。②

6. 弔—吊

【死而不吊】吊，當作弔。多嘯切。《説文》曰："問終也。古之
葬者，厚衣之以薪。从人持弓，會毆禽獸。"《禮記》："死而不弔者有
三：畏、壓、溺。"溺，謂憑河者也。（卷一《雲門録》下）

該詞見於《雲門匡真禪師廣録》卷下："上堂。大衆集定云：'有理不
伸，死而不弔；有理能伸，罕遇奇人，置將一問來？'代云：'過。'"與善
卿所改同。按："吊"爲"弔"之俗體。善卿引《説文》《禮記》説明
"弔"義及來源。張有《復古編·去聲》："弔，問終也。从人持弓。别作
吊，非。"李文仲《字鑒》卷四"去聲"："弔，多嘯切。《説文》問終也，
从人持弓。隷作弔，俗作吊。"又《俗書刊誤》卷三三"效"："弔，俗
作吊。"

<hr />

① 按《雲門録》現見於《大正藏》第 47 册《雲門匡真禪師廣録》，《雪竇洞庭録》《雪竇後録》
《雪竇瀑泉集》《雪竇拈古》《雪竇頌古》《雪竇祖英集》《雪竇開堂録》現見於《大正藏》第 47 册《明
覺禪師語録》，《雪竇頌古》部分條目又見於《卍續藏》第 67 册（明）天奇本瑞注《雪竇顯和尚頌
古》，《八方珠玉集》現見於《卍續藏》第 67 册《拈八方珠玉集》，《永嘉證道歌》現見於《卍續藏》
第 63 册《永嘉證道歌注》，兹於此説明，下不贅述。

② 參袁賓、康健：《禪宗大詞典》，崇文書局，2010 年，第 153 頁。

7. 罽—罽

【罽賓】上正作罽，居例切。五天國名也。正云迦濕彌羅，此言賤種，又云買得，其國在北印土。（卷一《雪竇後録》）

按：罽賓，國名，其國土在北印度。慧琳《一切經音義》卷二四："《漢書》云：'罽賓者，古譯訛略也。'正梵音羯濕弭羅，北天竺國也。""罽"爲"罽"之俗字。慧琳《一切經音義》卷五一："罽賓，《漢書》曰：'罽賓，西域國名也。'古今正字從厥聲。"又《漢語大字典》第八册所附"異體字表"以"罽"爲正字，以"罽"爲"罽"的异體字，可知"罽"可省寫成"罽"。①

8. 隙—隟

【隟】正作隙，乞逆切，壁際孔也。（卷一《雪竇後録》）

按：《干禄字書》："隟隙：上通下正。"又慧琳《一切經音義》卷六七："隙，論文作隟，俗字也。""隟"當爲"隙"之俗字。張涌泉《敦煌俗字研究》："'隟'蓋'隙''隟'進一步訛變的産物。'隟'，《箋注本切韻》一聲'陌韻'：'隟，壁孔，綺戟反。又作此隟。'《隋明質墓誌》：'隙作隟。'《龍龕手鏡·阜部》：'隙，俗作隟。'"②

9. 筋—筋

【筋】正作筋，舉欣切。（卷一《雪竇後録》）

按："筋"爲"筋"之俗字。《玉篇·竹部》："筋，俗筋字，肉之力也。"《干禄字書》："筋筋，上通下正。"

10. 楔—楣

【拔楣】當作楔，音薛，櫼。楣，門限也，非義。③（卷一《雪竇

---

① 梁曉虹、徐時儀、陳五雲：《佛經音義與漢語詞彙研究》，商務印書館，2005年，第355頁注釋。

② 張涌泉：《敦煌俗字研究》，上海教育出版社，1996年，第613頁。

③ 《佛光大藏經》之《祖庭事苑》該條爲"當作楔，音薛。櫼楣，門限也，非義。"標點誤。"櫼"當爲"楔"的釋義，應與"楣"斷開。

後録》)

該詞見於《明覺禪師語録》卷一："進云：'和尚豈無方便。'師云：'腦後拔楔。'"與善卿所見底本同。按："楣"，門限。《説文·木部》："楣，限也。""楔"，本義爲楔子。《説文·木部》："楔，櫼也。"二者本義不同。"拔楔"即"拔去木楔"。在表"木楔"義上，"楣"與"楔"同，"楔"爲正。玄應《一切經音義》卷一〇："以楔，楔，又作楣，同。"《正字通·木部》："楣，俗楔字。""拔楔"字面義爲"拔出木椿"，禪籍中多見"拔楔"與"抽釘"連用，作"拔楔抽釘"或"抽釘拔楔"，比喻驅除俗情迷障，澄清疑念妄想。[1]《續傳燈録》卷三四："雲門大師具逸群三昧擊節叩關，於閃電光中出一隻手，與人解粘去縛，拔楔抽釘。"《大慧普覺禪師語録》卷三〇："如擔百二十斤擔子，從獨木橋上過，腳蹉手跌，則和自家性命不可保，況復與人抽釘拔楔救濟他人耶？"

11. 乾—乹

【西乹】正作乾。西乾即天竺國五印土，或云西天。西乾皆譯師之義立。（卷二《雪竇瀑泉》）

按："乹"當爲"乾"之俗體字。《干禄字書》："乹乹乾，上俗中通下正。"《集韻·寒韻》："乾，俗作乹。"又《正字通·乙部》："乹，俗乾字。"

12. 帚—菷、篲

【菬菷】菬，音絛，草也。菷，正作帚，止酉切。（卷二《雪竇拈古》）

【誦篲】正作帚。（卷三《雪竇祖英》上）

"菬菷"見於《明覺禪師語録》卷三："州云：'拄杖不在，菬帚柄聊與三十。'師云：'睦州只有受擘之心，且無割城之意。'"與善卿所改同。"誦篲"可見於《明覺禪師語録》卷五："毋厚辨之奪席，毋薄愚之誦篲。"與善卿所用底本同。按：《説文》收"帚"，訓"糞也"。"菷"，《玉篇·艸

---

① 袁賓、康健：《禪宗大詞典》，崇文書局，2010年，第6頁。

部》："幂，炙久切，俗帚字。""幂"爲"帚"之俗字。又慧琳《一切經音義》卷五三："埽帚，經文從竹作箒，俗字也。"《玉篇·竹部》："箒，俗帚字。""箒"亦爲"帚"之俗字。

13. 籤—簽

【簽瓜】簽當作籤，七廉切，割也。（卷二《雪竇拈古》）

該詞見於《明覺禪師語録》卷三："保福簽瓜次，太原孚上座到來。福云：'道得與爾瓜喫。'孚云：'把將來。'福度一片瓜與孚。孚接得便去。"與善卿所見底本同。"簽瓜"即切瓜。此則"保福簽瓜"公案，在《佛果擊節録》《聯燈會要》《五燈會元》中亦有記載。按："簽"爲"籤"的俗字。《復古編·下平聲》："籤，驗也。一曰銳也，貫也，從竹韱，別作簽。"《正字通·竹部》："簽，同籤，俗省。舊本籤注引正譌，別作簽，非此。又云：簽書文字前後自相矛盾，從籤爲正。"《俗書刊誤》卷一"二十二鹽"："籤，俗作簽。"

14. 橈—撓

【撓】當从木，作橈，如招切。（卷二《雪竇拈古》）

該詞見於《明覺禪師語録》卷三："山云：'和尚溜麽道得？某甲爲什麽不得？'沙云：'我得爾不得。'師云：'只解貪觀白浪，不知失却手橈。'"與善卿所改同。按：橈，船槳。手橈，手櫓。俗書從扌從木的字常相混，"橈"亦作"撓"。橈，《小爾雅·廣器》："楫謂之橈。"《楚辭·九歌·湘君》："薜荔柏兮蕙綢，蓀橈兮蘭旌。"王逸注："橈，舩小楫也。"這裏喻爲悟禪之時機，禪機。

15. 簣—籄

【一簣】正作簣，求位切，土籠也。《尚書·旅獒》："不矜細行，終累大德。爲山九仞，功虧一簣。"（卷二《雪竇拈古》）

該詞見於《明覺禪師語録》卷三："將成九仞之山，不進一簣之土。"與善卿所改同。

按：《類篇·竹部》："籄簣，求位切，土籠也。或省簣。"《正字通·

竹部》：“隸省作簣，俗作籚。”“籚”當爲“簣”之俗字。

16. 攫—攫、攨

【攨】正作攫，屋虢切，握也。（卷二《雪竇頌古》）

按：“攫”作“攫”。《周禮·天官·獸人》：“時田，則守罟。”“備獸觸攫”，陸德明釋文：“攫，俱縛反，又俱碧反，又作攫。”《正字通·手部》：“攫，亦作攫。”《洪武正韻·陌韻》：“攫，握也，手取也，亦作攫。”又“攨”與“攫”同。《字彙補·爪部》：“攨與攫同。”“攨”“攫”皆是“攫”之俗字。

17. 恓—悽

【恓恓】正作悽悽，音妻，愴也。恓恓，書無此字。（卷二《雪竇頌古》）

按：“恓”，《説文》未載。“悽”，《説文·心部》：“悽，痛也。”《玉篇·心部》：“悽，悽愴也，傷也。”《正字通·心部》：“恓，與悽同。”“恓”爲“悽”之俗字，與“栖”爲“棲”之俗字相類似。“棲”，《説文·西部》：“棲，西或从木、妻。”“棲”又作“栖”。《莊子·至樂》：“陵鳥得鬱棲。”《列子·天瑞》：“棲作栖。”《玉篇·木部》：“棲，亦作栖也。”

18. 齧—嚙

【嚙】正作齧，五結切，噬也。（卷三《雪竇祖英》上）

按：“嚙”，《説文》未載。“齧”，《説文·齒部》：“齧，噬也。”“嚙”當爲“齧”之俗體。《正字通·口部》：“嚙，作齧字加口。”《篇海類編·身體類·口部》：“嚙，噬也，與齧同。”

19. 廛—鄽

【入鄽】正作廛，直連切，市廛。（卷五《懷禪師前録》）

按：“廛”，《説文·广部》：“廛，一畝半，一家之居。”“鄽”“鄽”，《説文》均未收。“廛”亦作“鄽”。《類篇·邑部》：“鄽，澄延切。一畝半一家之居曰廛，市物邸舍亦曰鄽，文一。”又“鄽”作“鄽”。《玉篇·邑部》："酃，俗作郿。"因此，"郿"亦爲"廛"之俗字。《五音篇海》："郿，同廛。"柳宗元《與蕭翰林俛書》："買土一廛爲耕甿。"蔣之翹輯注："廛，一作郿。"

20．赫—烸

【烸烸】與赫同，呼格切，火赤貌。（卷五《懷禪師後録》）

按："赫"，《説文·赤部》："火赤貌。從二赤。"朱駿聲《説文通訓定聲》："赫，火赤貌。從二赤，會意字，亦作烸。"《集韵·陌韵》："赫，或從火，亦作烸。"又《正字通·火部》："烸，俗赫字。""烸"當爲"赫"之俗字。

21．髆—膊

【膊】當作髆，音博，肩甲也。（卷六《風穴衆吼集》）

按："髆"，《説文·骨部》："髆，肩甲也。""膊"，《説文·肉部》："薄脯，膊之屋上。""髆"與"膊"義近，因骨與肉近，或從肉旁的俗作月旁。"膊"當爲"髆"之俗字。慧琳《一切經音義》卷一五："臂膊，下補莫反，俗字也。正體從骨從博，省聲也。經文從月作膊。"同書卷八一："覆髆，下音博，作膊，俗字也。"又如"髁"與"胯"，慧琳《一切經音義》卷一四："腰髁，經作胯，俗字，誤也。"同書卷四〇："縵髁，經本作胯，俗字也。"

22．顰—嚬

【嚬蹙】上當作顰，音頻。顰，亦蹙也。下子六切，通促也。（卷六《風穴衆吼集》）

該詞見於《天聖廣燈録》卷一五《汝州風穴山延昭禪師》："若立一塵，家國興盛，野老嚬蹙。"與善卿所見底本同。按："顰"，俗作"嚬"。"顰"，《説文·瀕部》："顰，涉水顰蹙。從頻，卑聲。"段玉裁注："顰，又或作嚬。""嚬"，《説文》未收。又慧琳《一切經音義》卷四〇"顰蹙"："上音頻，正體字也。"同書卷七七"顰蹙"："譜作嚬，笑也，俗字也"。又《正字通·頁部》："顰，嚬並同。"

綜上可知，《祖庭事苑》所謂正字多以《説文》系字書收字爲正體，善卿不僅指出正字形體，還進行了注音釋義。

二、古今字

古今字主要是指一個詞的不同書寫形式，通行時間往往有先後。先用的字爲古字，后用的字爲今字。所謂"古""今"只是一個相對的概念。段玉裁在《説文解字注》中説："古今無定時，周爲古則漢爲今，漢爲古則晉宋爲今，隨時异用者謂之古今字。"《祖庭事苑》中多用"與……同"指出二者的古今字關係。

1. 率—率

【率】與率同。（卷四《雪竇祖英》下）

按："率""率"，古今字。《説文》收"率"，訓"捕鳥畢也"。《集韻·質韻》："率率，朔律切，古作率。"又《類篇·率部》："率，凡率之屬皆从率，古作率。"

2. 鑰—闑

【鑰】與闑同，音藥，關下牡也。（卷五《懷禪師後録》）

按："闑"，《説文·門部》："闑，關下牡也。"段玉裁注："然則關下牡謂之鍵，亦謂之闑。闑即闑之假借字……古無鎖鑰，蓋古祇用木爲，不用金鐵。"又《集韻·藥部》："或从金。"《孝經·五刑》"五刑之屬三千"，鄭玄注："開人闑闑者臏。"陸德明釋文："音藥。字或作鑰。""闑""鑰"當爲古今字。

3. 稺—稚

【稚子】與稺同，幼禾也，直利切。（卷六《風穴衆吼集》）

按：《國語·晉語九》："趙襄子使新稚穆子伐狄。"宋庠本稚作稺。又《列子·天瑞》："純雌其名大膋，純雄其名稺蜂。"張湛注："稺，古稚字。""稚"爲"稺"之今字。

4. 齅—嗅

【嗅】與齅同，許救切，鼻就臭也。（卷六《法眼》）

按："齅"，《説文·鼻部》："以鼻就臭也。"朱駿聲《説文通訓定聲》："齅，字亦作嗅。"《漢書·叙傳上》"不齅驕君之餌"，顔師古注："齅，古嗅字也。"又《六藝之一録》卷二五四："齅，古嗅字。""齅""嗅"當爲古今字。

5. 柬—揀

【料揀】上音寮，量也；下與柬同，分別揀之。（卷七《蓮華峰録》）

按："柬"，《説文·束部》："柬，分別簡之也。"這個意義後來寫作"揀"。《集韻·産韻》："柬，或從手。"

三、假借字

古代漢語的書面語中普遍存在假借現象，不了解這種假借現象，讀古書時就難免望文生訓，誤解原意。假借字是用音同音近的字來記録意義原本没有關係的兩個詞的現象，這是漢字特有的。"假借可以按照所表示的詞是否有本字，區分爲無本字、本字後起和本有本字三類。"① 假借有廣狹之分，狹義的假借字指本無其字的假借；廣義的假借還包括通假字，即本有其字的假借。我們這裏採用廣義的假借字概念。

禪籍文獻中存在大量的假借字，保存了極爲豐富的語音現象。但從文獻本身來説，大量的假借字必然會妨礙對禪宗義理的理解。王引之在《經義述聞》中説："至於經典文字，聲近而通，則又不限於無字之假借者，往往本字見存，而古本則不用本字，而用同聲之字。學者改本字讀之，則怡然理順，依借字解之，則以文害辭。"《祖庭事苑》已注意到了禪籍中存在大量假借字的現象，善卿在辨析字形時，十分注重對這類通假現象的揭示，多通過破假借以求本字。下面詳細論述之。

---

① 裘錫圭：《文字學概要》，中華書局，1988 年，第 181 頁。

1. 勳—熏

【氣勳】當作熏，許云切，火氣盛貌。勳，功勳也，非義。（卷一
《雲門録》上）

《雲門匡真禪師廣録》卷上："師云：'雖然屎臭氣熏我，我且問爾，
晝行三千夜行八百，爾鉢盂裏什麼處著？' 無對。"與善卿所改同。按：
"勳"與"熏"通。"熏"，《説文·屮部》："熏，火烟上出也。"《廣韻·文
韻》："熏，火氣盛貌。""勳"，《説文·力部》："勳，能成王功也。"《玉
篇·火部》："勳，功勳也。"《龍龕手鏡·火部》："煮，或作熏、勳，二
正，許云反，火氣盛貌也。三，勳，同上，功勛也。"

2. 烈—列

【烈派】烈，當依列，言行列也。（卷一《雲門録》上）
【烈作】當作列，行列也。烈，炎也，非義。（卷三《雪竇祖英》
上）

上述二詞相對應的禪録分别爲《雲門匡真禪師廣録·序》："必若列派
分宗，不免將錯就錯。"《明覺禪師語録》卷五："掩勝潛奇列作屏，堆青
寫碧深如黛。"均與善卿所改同。

按："列派""列作"的"列"均爲"行列"義，善卿所言甚是。"烈"
與"列"自古通用。《戰國策·韓策二》"亦列女也"，吳師道注："列、烈
通。"《詩·小雅·黍苗》："烈烈征師。"《左傳·襄公二十七年》杜注引烈
烈作列列，可爲其證。

3. 撒—散

【撒披】當作散披，桑担切。撒，音薩，非義。（卷一《雲門録》
上）

《雲門匡真禪師廣録》卷上："上堂云：'大眾汝等還有鄆州針麼？若
有試將來看，有麼？有麼？'眾無對。師云：'若無，散披衣裳去也。'便
下座。與善卿所改同。《古尊宿語録》卷一五《雲門匡真禪師廣録》亦作
散披。按：散披，當爲同義複詞。"散披衣裳"即未穿好衣服而使衣服散

亂。"散"，本作"散"。《説文·林部》："散，分離也"。"披"，《説文·
手部》："披，从旁持曰披。"引申爲"散開，分散"義。《廣韻·支韻》：
"披，散也。""撒"，《説文》未收。《集韻·曷韻》："㪔，放也。或作撒。"
"撒"當爲"散"之借字。

4. 梢—帩

【緊梢】當作帩。七笑切，縛也。梢，音矟，非義。（卷一《雲門
録》上）

《雲門匡真禪師廣録》卷上："進云：'未審師意如何？'師云：'緊帩
草鞋。'"與善卿所改同。按："梢"改"帩"，是。"帩"，《廣韻·笑韻》：
"帩，縛帩。"《集韻·笑韻》："帩，縛也。"緊帩，義謂系緊，縛緊。
"梢"，《説文·木部》："梢，木也。""梢"當爲"帩"之借字。禪籍中又
見"緊峭""緊悄"，如《五燈會元》卷九《益州覺城院信禪師》："僧問：
'如何是出身一路？'師曰：'三門前。'曰：'如何領會？'師曰：'緊峭草
鞋。'"《明覺禪師語録》卷一："問：'如何是祖師西來意？'師云：'山高
海闊。'進云：'學人不會。'師云：'緊悄草鞋。'""峭""悄"均爲"帩"
之借字。上述諸例皆比喻繼續行脚參學，以求悟道，是禪師譏斥未悟僧徒
的習語。[1]

5. 軫—診

【軫候】上當作診，止忍切，視也。軫，車後横木，非義。（卷一
《雲門録》上）

《雲門匡真禪師廣録》卷上："還如應病藥，診候在臨時。"與善卿所
改同。按："診候"，察病候脉，診斷病情。"軫"，《説文·車部》："軫，
車後横木也。从車，㐱聲。""診"，《説文·言部》："診，視也。从言，㐱
聲。""軫"當通"診"。

---

① 袁賓、康健：《禪宗大詞典》，崇文書局，2010年，第216頁。

6. 忘—妄

【忘想】當作妄，無放切，亂也。（卷一《雲門録》上）

《雲門匡真禪師廣録》卷上："爾欲得會麼？都緣是汝，自家無量劫來，妄想濃厚。"與善卿所改同。按："忘"，《説文·心部》："忘，不識也。從心，從亡，亡亦聲。""妄"，善卿引《説文》訓作"亂"，甚是。"忘"與"妄"通。世俗文獻已見其例。《大戴禮·衛將軍文子》："是故不忘。"《孔子家語·弟子行》忘作妄。又《莊子·盜跖》："故推正不忘邪。"《釋文》："忘或作妄。"

7. 贏—贏

【贏】當作贏，音盈，有餘貫利也。（卷一《雲門録》上）

按："贏"與"贏"通。世俗文獻已見。《國語·越語下》："贏縮轉化。"宋庠本贏作贏。又《韓非子·外儲説左下》："猶贏勝而履蹻。"《太平預覽》卷八二九引贏作贏。

8. 嚮—響、饗

【有嚮】當作有響。尚嚮，當作尚饗。（卷一《雲門録》上）

《雲門匡真禪師廣録》卷上："雖然如此，且有幾個到此境界，不敢望爾言中有響，句裏藏鋒，瞬目千差，風恬浪静，伏惟尚饗。"兩處與善卿所改同。按："嚮"與"響"早已通用。《左傳·昭公十二年》："今與王言如響。"《釋文》："響本作嚮。"《漢書·藝文志》："而以言其受命也如嚮。"顏師古注："嚮與響同。"《字彙·口部》："嚮即向字，又與響同。"禪録中亦見。《雲門匡真禪師廣録》卷上"言中有響"一語，《明覺禪師語録》卷一、《圓悟佛果禪師語録》卷一〇作"有響"，《列祖提綱録》卷一三、卷二七、《宗鑑法林》卷六七作"有嚮"。又"嚮"通"饗"。《書·洪範》："嚮用五福。"《漢書·谷永傳》引嚮作饗。禪録中亦多見。《雲門匡真禪師廣録》卷上"伏惟尚饗"一語，《大慧普覺禪師語録》卷三、《列祖提綱録》卷七皆作"尚饗"，《宏智禪師廣録》卷七、《古尊宿語録》卷八《汝州首山念和尚語録》作"尚嚮"。

9. 瞖—翳

【眼中瞖】當作翳，於計切，障也。（卷一《雲門録》上）

《雲門匡真禪師廣録》卷上："金屑眼中翳，衣珠法上塵。"與善卿所改同。按："醫"，《説文·酉部》："醫，治病工也。""醫"俗作"瞖"。《集韻·之韻》："醫，或從巫。"慧琳《一切經音義》卷一："醫藥，經文作瞖，俗用亦通。"又《周禮·天官·酒正》："二曰醫。"孫詒讓《正義》引臧琳云："瞖，即醫之俗字。""翳"，《説文·羽部》："翳，華蓋也。"段玉裁釋"幬"注："翳者，引伸爲凡覆蔽之稱。"故"翳"又可引申爲"障"義。《廣韻·霽韻》："翳，隱也，奄也，障也。""翳"通"醫"。世俗文獻已有用例。如《史記·秦始皇本紀》"董翳"，《三輔黃圖》作"董醫"。又《淮南子·原道》："越王翳逃山穴。"《北堂書鈔》卷一五八引許注本翳作醫。綜上，"瞖"爲"醫"的俗字，"翳"通"醫"，故"翳"亦通"瞖"。

10. 依—衣

【依鉢】依，當作衣。鉢，梵語，鉢多羅，此方云應量器。（卷一《雲門室中録》)

該詞見於《雲門匡真禪師廣録》卷中："舉僧到曹溪有守衣鉢上座。……某甲歸衣鉢下，得個安樂。"與善卿所改同。按："衣鉢"指三衣及一鉢。三衣，指九條衣、七條衣、五條衣三种袈裟。鉢，乃修行僧之食器。三衣一鉢爲出家眾所有物中最重要者，受戒時必不可少，亦为袈裟、鐵鉢之總稱。[1] "依"通"衣"。《禮記·學記》："不學博依。"鄭玄注："依或爲衣。"《道德經》第三十四章："衣養萬物而不爲主。"《遂州龍興觀碑》衣作依。

11. 榭—湗

【日榭】當从氵，作湗，凋也。榭，臺榭，非義。（卷一《雲門録》下）

---

[1] 寬忍：《佛學辭典》，中國國際廣播出版社，1993 年，第 492 頁。

《雲門匡真禪師廣錄》卷下："或云：'日謝樹無影。這個是佛殿，那個是無影。'"按："樹"，《説文新附·木部》："樹，臺有屋也。"《廣韻·禡韻》："樹，臺樹。""樹"通"謝"。《左傳·襄公三十一年》："成周宣樹火。"《穀梁傳》："樹亦作謝。"《公羊傳》樹作謝。又"榭"同"謝"，今用"謝"字。張慎儀《蜀方言》下："花殘曰澍……今用謝字。"故"樹"亦通"謝"。

12. 匿—溺

【師溺】當作匿，師子藏匿也。（卷一《雲門録》下）

該詞見於《雲門匡真禪師廣錄》："或云：'龍潛師溺起自何來，作麼生是不活底句?'代云：'有什麼難辨。'"與善卿所見底本同。按：上文中"龍潛"一詞出自《易·乾》："潛龍勿用，陽氣潛藏。"佛教典籍多用該詞指帝王未即位之時。如《宋高僧傳》："乾祐元年，漢祖以龍潛晉土之日。""師溺"與"龍潛"相對應。"師溺"爲"獅（師）子溺水"，與"龍潛藏"義不相協。"溺"與"匿"音近，故通。善卿改作"匿"，甚確。

13. 副—赴

【副全提】副當作赴，趨也。副，貳也，非義。（卷三《雪竇祖英》上）

《明覺禪師語録》卷五："若能此去副全提，開發人天有何限。"與善卿所見底本同。

按：全提，宗門綱要。赴全提，這裏指通往（領悟）禪宗綱要。"赴"，《説文·走部》："赴，趨也。""副"，《説文·刀部》："副，判也。""赴"，《廣韻》讀芳遇切，敷母遇韻去聲。"副"，《廣韻》讀敷救切，敷母宥韻去聲；"副"與"赴"音近，可通。

14. 莊—裝

【莊香】莊，當作裝，裹也。（卷一《雲門録》下）

該詞見於《雲門匡真禪師廣錄》卷下："佛殿裏裝香，三門外合掌。"與善卿所改同。

按："裝香"指燃香並安插在香爐上。善卿引《説文》訓"裝"爲"裹"義，甚是。"莊"，《説文・艸部》："莊，上諱"。"莊"與"裝"通。《廣雅・釋詁二》："妝，飾也。"王念孫疏證："娤、妝、裝、莊並通。"

15. 悞—忤

【觸悞】悞，當作忤，音誤，逆也。悞，欺也，非此義。（卷一《雲門録》下）

【觸悞】當作觸忤。忤，逆也。悞，欺也，非義。（卷二《雪竇拈古》）

上述二詞目分別對應的禪録：《雲門匡真禪師廣録》卷下："僧云：'某甲罪過觸忤和尚？'師云：'我不能唾得儞。'"《明覺禪師語録》卷三："孚至來日入。方丈云：'昨日觸忤和尚。'峰云：'知是般事，便休。'師云：'果然。'僧問雲門：'作麼生是觸忤處？'門便打。"兩處均與善卿所改同。按：觸忤，冒犯。"忤"，《廣韻・暮韻》："忤，逆也。""悞"，《集韻・莫韻》："悞，欺也。"善卿引《廣韻》《集韻》釋二字，甚是。"悞"當爲"忤"之借字。

16. 人—仁

【人義】當作仁義。（卷一《雲門録》下）

《雲門匡真禪師廣録》卷下："秖爲仁義道中。"與善卿所改同。按：仁義，仁愛和正義。《易・繫辭》："何以守位？曰：'人。'"《釋文》："人，王肅本作仁。"《禮記・禮運》注引同。又《中庸》："仁者，人也。"《釋名》："人，仁也。""人""仁"二字，義亦相生，故常相假借。[1]

17. 鼓—瞽

【天鼓】當作天瞽，謂生盲也。（卷一《雪竇後録》）

該詞可見於《明覺禪師語録》卷二："瞞瞞頇頇非爲正觀，一切法即非一切法，莽莽鹵鹵還同天鼓。"與善卿所見底本同。按："瞽"，《説文・

① 鄭權中：《通借字萃編》，天津古籍出版社，1990年，第490頁。

目部》："瞽，目但有眹也。"《廣雅·釋詁三》："瞽，盲也。"" 鼓"，《説文·鼓部》："鼓，郭也。春分之音，萬物郭皮甲而出，故謂之鼓。"" 鼓"當是"瞽"之借字。天瞽，即天生看不見的人，與"莽莽鹵鹵"意義相類。"莽莽鹵鹵"用來形容糊塗馬虎之人。

18. 徹—澈

【澄徹】當作澄澈。（卷二《雪竇瀑泉》）

《明覺禪師語録》卷五："氷之有光非珠澄徹，山之有光非玉凝潔。"與善卿所見底本同。按：該句"澄澈"當作"清亮明潔"義解。"徹"，《説文·攴部》："徹，通也。"又引申表通透義。"徹"在表明净義上與"澈"相通。

19. 蘺—蘺

【蘺蘺】當从草，作蘺，輕細貌。（卷三《雪竇祖英》上）

《明覺禪師語録》卷五："枯荄蘺蘺維風太遲，幽石片片遼空亦危。"①與善卿所用底本同。按："蘺"，《説文·隹部》："蘺，蘺黄，倉庚也。""蘺"，《説文·艸部》："蘺，江蘺，蘪蕪。""蘺"與"蘺"相通。《史記·司馬相如列傳》："被以江蘺。"《文選·上林賦》蘺作蘺。又《楚辭·離騷》："扈江蘺與辟芷兮。"《考异》："《文選》蘺作蘺。"

20. 槌—鎚

【金槌】槌，當从金，作鎚。《説文》云："鐵爲黑金。"故曰金鎚。槌，蠶曲柱，非義。（卷三《雪竇祖英》上）

該詞見於《明覺禪師語録》卷五："金槌影動寶劍光寒，直下來也急著眼看。"與善卿所見底本同。按："鎚"，《廣韻·脂韻》："鎚，金鎚。"又《集韻·脂韻》："鎚，金椎。""鎚"又作"槌"。慧琳《一切經音義》卷一四："鐵鎚，直追反，或作槌。""鎚""槌""椎"三者皆通。慧琳《一切經音義》卷一六："鎚鉆，上直追反，或作槌，亦作椎，並通。"

---

① "蘺蘺"與後文"片片"相照應，當爲"盛多貌"。同書卷六："蘺蘺雙岸草，變兮且兼绿。""蘺蘺"亦爲"盛多貌""草木茂盛貌"。善卿所改甚是，但釋作"輕細貌"却有不妥。

21. 停—亭

【停毒】停當作亭。亭毒，謂天地之氣所以覆載養育蒼生。（卷六《風穴眾吼集》）

按："亭毒"，語出《道德經》第五十一章："長之育之，亭之毒之，養之覆之。"義謂養育，化育。《文選·辯命論》："生之無亭毒之心，死之豈虔劉之志。"李周翰注："亭、毒，均養也。""停"通"亭"，世俗文獻已見。《文選·初去郡詩》："止監流歸停。"李注："《蒼頡篇》曰：'亭，定也。'停與亭同，古字通。"禪籍中亦見二者通用。如"廓清六合，亭毒萬方"一句，《列祖提綱録》卷二作"亭毒"，《圓悟佛果禪師語録》卷四、《續古尊宿語要》卷三作"停毒"。

22. 臕—炙

【臕脂】當作炙脂。以帽似之，言不潔也。（卷五《懷禪師前録》）

按："炙"，《説文·炙部》："炙，炙肉也。""臕"，《玉篇·肉部》："臕，油敗也。""脂"，油脂，脂肪。《詩·衛風·碩人》："手如柔荑，膚如凝脂。""臕"與"脂"同義連言，釋爲"不潔"，甚確。據筆者猜測，善卿蓋是改"炙脂"爲"臕脂"，筆誤而顛倒兩者位置，"炙脂"當作"臕脂"，才與後面所釋内容相符。

23. 舜—瞬

【舜視】上當从目作瞬，音舜，開合目數搖也。（卷七《蓮華峰語録》）

按：瞬視，同義複詞，即目眨動。[1] "瞬"，正作"瞚"。《説文·目部》："瞚，開闔目數搖也。"徐鉉曰："今俗別作瞬。""舜"，本作"䑞"。《説文·䑞部》："䑞，艸也。从舛，舛亦聲。""舜"當爲"瞬"之借字。

---

① 《漢語大詞典》以宋王琚《射經·馬射總法》"滿開弓，緊放箭。目勿瞬視，身勿倨坐"爲其書證，時代過晚。唐菩提流支譯《五佛頂三昧陀羅尼經》卷二："諦觀於像，身不動搖，目不瞬視，結蓮花印，啓佛坐印。"已見。

24. 駝—馱

【駝】當作馱，唐向切，驢馬負物。（卷二《雪竇頌古》）

該詞見於明天奇本瑞注《雪竇顯和尚頌古》："一個兩個千萬個，脱却籠頭卸却馱。"與善卿所改同。按：善卿以"馱"有"驢馬負物"義而改，與文意相符。"馱"，《説文新附·馬部》："馱，負物也。從馬，大聲。"《集韻·個韻》："畜負物也。""駝"，《玉篇·馬部》："駝，駱駝。""駝""馱"均爲定母歌韻平聲，讀徒河切，當爲同音假借。[①]

25. 窈—杳

【窈絕】當作杳絕。杳，冥也，故字從日，在木下。窈，深遠也，非義。（卷六《法眼》）

按："杳"，《説文·木部》："杳，冥也。"段玉裁注："杳，引申爲凡不見之稱。""杳""絕"同義連文，義謂消失。"窈"，《説文·穴部》："窈，深遠也。"善卿校字釋義均是。"窈"與"杳"相通，世俗文獻已見。《文選·司馬相如〈長門賦〉》"天窈窈而晝陰"，劉良注："窈窈，暗也。"《别雅》卷三："窈窈，杳杳也。"又《莊子·在宥》："至道之精，窈窈冥冥。"《意林》《神仙傳》引窈窈作杳杳。《莊子·天運》："居於窈冥。"《北堂書鈔》卷一〇五引窈作杳。

26. 宛—苑—菀

【禪宛】當作禪苑。吾佛始説法於鹿野苑中，故名禪居爲禪苑也。（卷六《法眼》）

【菀轉】當作宛轉。（卷三《雪竇祖英上》）

【鹿菀】當作鹿苑。苑。所以養禽獸。菀，草名，非義。（卷七《蓮華峰語録》）

按："宛"，《説文·宀部》："宛，屈草自覆也。從宀，夗聲。""苑"，

---

① "馱""駝"從古至今表意大體上是分工明確的，但也有相混的情況。《漢書·司馬相如傳上》"其獸則麒麟角端，騊駼橐駝"，唐顏師古注："橐駝者，言其可負橐囊而駝物，故以名云。"《正字通·馬部》："駝，凡以畜負物曰駝。""駝"亦有用牲口負物之義。

《説文·艸部》："苑,所以養禽獸也。从艸,夗聲。""宛"通"苑"。《詩·秦風·蒹葭》:"宛在水中央。"陸德明釋文:"本亦作苑。"《莊子·天地》:"適遇苑風於東海之濱。"陸德明釋文:"苑,本亦作宛。""菀"《説文·艸部》:"菀,茈菀,出漢中房陵。从艸,宛聲。"朱駿聲《説文通訓定聲》:"叚借又爲宛;叚借又爲苑。""宛""苑""菀"三者皆通。《詩·唐風山有樞》:"宛有其死矣。"李富孫异文釋:"古宛與苑、菀字並通。"

27. 啓—稽

【啓顙】啓當作稽,音啓。下首拜也,顙,額也,謂顙至地。(卷二《雪竇瀑泉》)

按:稽顙爲一種頭觸地的跪拜禮。《荀子·大略》:"平衡曰拜,下衡曰稽首,至地曰稽顙。"王先謙集解引郝懿行曰:"稽首,亦頭至手,而手至地,故曰下衡;稽顙則頭觸地。""稽"讀"啓",善卿注音是。《尚書·舜典·虞書》:"禹拜稽首讓於稷。"陸德明釋文:"稽,音啓。稽首,首至地,臣事君之禮。""啓"當爲"稽"之同音假借。

28. 屎—矢

【屎上加尖】當作矢上,謂尖上加尖。今用屎尿字,甚無謂也。(卷一《雲門室中録》)

《雲門匡真禪師廣録》卷中:"虛云:'和尚莫錯打某甲。'舅便歸方丈。師云:'屎上加尖。'"與善卿所見底本同。按:"矢上加尖"即"尖上加尖",指多此一舉。善卿此改甚確。矢,《説文·矢部》:"弓弩矢也。""矢"與"尖"義近,"矢上加尖"意義顯闊。"屎",《類篇·尸部》:"屎,糞也。""矢"與"屎"通。世俗文獻已見。《莊子·人間世》:"以筐盛矢。"陸德明釋文:"矢或作屎。"《史記·廉頗藺相如列傳》:"頃之三遺矢矣。"司馬貞索隱:"矢,一作屎。"

29. 傻—灑

【傻傻】當作灑灑,聲下切。傻,沙瓦切,俏也,不仁貌,非義。(卷一《雪竇後録》)

《明覺禪師語録》卷二："净裸裸，赤傻傻，没可把。"善卿改"傻傻"爲"灑灑"，甚確。按：赤，裸露；灑灑，灑脱自在。净裸裸，指潔净祖露。二者義近。"灑灑""裸裸"皆爲形容詞後綴。"傻"當爲"灑"之同音假借。

30. 儻—黨

【异儻】當作异黨。黨，輩、類也。儻，它郎切，非義。（卷一《雲門録》上）

按："异黨"，指异己的派別或門類。善卿釋"黨"爲"輩、類"，甚是。"儻"，《説文新附·人部》："儻，倜儻也。从人，黨聲。""儻"與"黨"早已通用。《莊子·繕性》："物之儻來，寄者也。"陸德明釋文："崔本作黨，云：眾也。"《史記·司馬相如列傳》："俶儻窮變。"《漢書·司馬相如傳》儻作黨。

31. 樵—爝

【艾樵】當作艾爝，子肖切，灼龜炬也。或作燋，燋即行火官名。湯得伊尹，燋以爟火。乃有炬焰者爾，非義。（卷一《雲門録》上）

按："樵"，《説文·木部》："樵，散也。""爝"，意爲引火的火炬。《説文·火部》："爝，所以然持火也。"善卿所釋當引自《集韻·笑韻》："爝，灼龜炬也。""樵"當爲"爝"之借字。《周禮·春官·菙氏》："掌共燋契。"鄭注："杜子春云：'燋讀或曰如薪樵之樵。'"又"燋"，《説文·火部》："燋，苣火祓也。从火，爵聲。""爝"與"燋"通。《集韻·藥韻》："燋，或作爝。"《莊子·逍遙遊》："日月出矣而爝火不息。"陸德明釋："爝，本亦作燋。"

32. 爍—鑠

【銷爍】下當从金，作鑠，書藥切，銷金也。鑠，灼鑠，光也，非義。（卷三《雪竇祖英上》）

《明覺禪師語録》卷五："摧殘峭峻，銷爍玄微。"與善卿所見底本同。

按："爍"與"鑠"通。《廣雅·釋詁三》："鑠，磨也。"王念孫疏證：

"《考工記》云：'鑠金以爲刃。'鑠與鑗通。"《韓非子·五蠹》："鑗金百溢，盜跖不掇。"《論衡·非韓》鑗作鑠。《文選·長笛賦》："或鑠金聾。"李賢注："鑗與鑠同。"又禪籍屢見。上引《明覺禪師語録》"銷鑠玄微"句，《元叟行端禪師語録》卷四、《天岸昇禪師語録》卷一亦作"銷鑠"。《佛果圜悟禪師碧巖録》卷三、《列祖提綱録》卷三四作"銷鑗"。

33. 蟾—讝

【蟾語】當作讝，音詹，寐語也。（卷六《風穴衆吼集》）

《天聖廣燈録》卷一五《汝州風穴山延昭禪師》："清云：'杧卜聽虛聲，熟睡饒噡語。'"與善卿所見底本及所改用字皆不同。

按：噡語，話多。"噡"，《類篇·口部》："噡，多言。"蟾，蟾蜍，皆與文意不符。"熟睡饒讝語"意謂熟睡時説夢話。"讝"，説夢話。《集韻·鹽韻》："疾而寐語也。"善卿此改甚是。

34. 猱—獳

【千猱】當作獳，奴刀切，惡犬長毛也。猱，猴也，非義。（卷六《風穴衆吼集》）

《景德傳燈録》卷一三《汝州風穴延沼禪師》："問：'西祖傳來，請師端的？'師曰：'一犬吠虛，千猱喔實。'"

按："猱"，《廣韻·豪韻》："猱，猴也。"《集韻·尤韻》："猱，玃猱，獼猴類。"與文意不符。"獳"，《説文·犬部》"獳，犬惡毛也。""一犬"與"千獳"呼應。又"一犬吠虛，千獳喔實"語出王符《潛夫論》卷一："諺曰：'一犬吠形，百犬吠聲。'世之疾。"張懷瓘《書斷》卷上："一犬吠形，百犬吠聲；一人措虛，百人傳實。"可知善卿改"猱"爲"獳"甚確。

35. 寔—實

【踏寔】當作踏實。寔，音植，是也，非義。（卷七《蓮華峰語録》）

按："踏實"的"實"當訓作"誠，不浮誇"。"寔"，《説文·宀部》：

"寔，止也。""寔"通"實"。朱駿聲《説文通訓定聲》："寔，叚借又爲實。"《正字通·宀部》："寔，與實通。""寔"與"實"早期文獻已見互通。《詩·召南·小星》："寔命不同。"《釋文》："寔，《韓詩》作實。"《禮記·坊記》："《易》曰：'寔受其福。'"《易·既濟》："寔作實。"

36. 招—詔

【教招】招當作詔。音昭，言説也。（卷七《八方珠玉集》）

《拈八方珠玉集》："毘云：'這漢猶少教詔在。'僧却回云：'有一人，不從人得，不受教詔，不落階級。師還許麼？'"與善卿所改同。

按：教詔，同義複詞，教導，勸誡。"詔"，《説文·言部》："詔，告也。"由告知他人可使其通曉明白又引申爲"教導"義。《爾雅·釋詁下》："詔，導也。"郭璞注："詔，教導之。"《莊子·盜跖》："夫爲人父者，必能詔其子；爲人兄者，必能教其弟。"陸德明釋文："詔，如字教也。""詔"與"招"相通。禪籍中"教詔""教招"二者通用。如《古尊宿語録》卷一四《趙州真際禪師語録》："庵主云：'莫言侵早起，更有夜行人。'師云：'何不教詔這行者？'庵主云：'他是人家男女。'師云：'泪合放過。'"《建中靖國續燈録》卷二〇《潭州雲蓋山智本禪師》："上堂云：'雞作雞鳴，犬作犬吠。不用教招，自然如是。'"

37. 夤—寅

【夤晡】上當作寅，下奔孤切，謂早晚也。（卷七《八方珠玉集》）

按：善卿釋"寅晡"爲"早晚"，甚是。"晡"，申時，即十五點至十七點。《玉篇·日部》："晡，申時也。"《集韻·模韻》："日加申時也。""寅"《説文·寅部》："寅，髕也，正月陽氣動，去黄泉欲上出，陰尚强，象宀不達，髕寅於下也。"引申爲表具體時間。如"寅正"，即凌晨四點。"夤"，《説文·夕部》："敬惕也。"段玉裁注："凡尚書'寅'字，皆叚'寅'爲'夤'也。""夤"與"寅"通。《易·艮》："艮其限，裂其夤。"江藩述補："寅，本或作夤，夤、寅古字通。"又《書·堯典》："寅餞納日。"《漢書·藝文志考證》引同。《書·周官》："寅亮天地。"《漢書·五行志》顔師古注引寅作夤。

38．運—鄆

【運州】當作鄆，音運。（卷一《雲門録》下）

該詞對應的禪録爲《雲門匡真禪師廣録》卷中："又云：'爾若道不得，向鼻孔裏道將一句來。'代云：'新羅火鐵鄆州針。'"與善卿所改同。《古尊宿語録》卷一七亦作"鄆州"。

按："鄆"《廣韻·問韻》："州名，秦爲薛郡地，漢爲東平國，武帝爲大河郡，隋爲鄆州。""運"通"鄆"。

39．浴—谷

【麻浴】浴當作谷，音欲，水法溪曰谷，言所居也。（卷二《雪竇頌古》）

本瑞注《雪竇顯和尚頌古》上："麻谷持錫到章敬，遶床三匝，振錫一下，卓然而立。"與善卿所改同。按："麻古"指唐代禪僧寶徹的居住地蒲州（今山西永濟西）麻古山。麻古爲地名，又禪僧多以居住地稱呼自己。《祖庭事苑》卷七《八方珠玉集》："麻古，師名寶徹，住麻古山。""谷"與"浴"相通。世俗文獻早已常見。如《易·困·初六》："入於幽谷。"漢帛書本谷作浴。《老子》四十一章："上德若谷。"漢帛書乙本谷作浴。

40．漕—曹

【漕溪】當作曹溪。漕，衛邑名，非義。（卷一《雲門室中録》）

《雲門匡真禪師廣録》卷中："舉僧到曹溪，有守衣鉢上座。"與善卿所改同。按：曹溪，地名。《憨山老人夢遊集》卷三七《曹溪中興録上》："師曰曹溪者，乃昔曹叔良爲魏武之裔避地於此，因以名焉。""漕"當作"曹"的借字。

41．歙—豁

【歙公】歙當作豁。巖頭，名全豁。禪録有歙上座，乃臨濟嗣子，非巖頭也。（卷二《雪竇拈古》）

《明覺禪師語録》卷三："若不是奯公，大難承當。"與善卿所改同。按：全奯，唐代禪僧，居住在鄂州巗頭院，故又稱巗頭。"奯"通"奯"。"全奯"又作"全奯"。《從容庵録》卷二、《聯燈會要》卷二一作"奯公"。

42. 雋—俊

【雋】當作俊，才千人也。雋，粗兖切，非義。（卷六《風穴眾吼集》）

《天聖廣燈録》卷一五《汝州風穴山延昭禪師》："師云：'一句截流，萬機清峭。'便禮拜。清云：'俊哉！俊哉！'"與善卿所改同。按："俊"，《説文·人部》："俊，材千人也。""雋"，《説文·佳部》："雋，肥肉也。從弓所以射佳。"朱駿聲《説文通訓定聲》："雋，叚借爲俊。"《正字通·佳部》："雋，與俊通。""雋"當爲"俊"之借字。

上文只是從宏觀角度對《祖庭事苑》的用字進行分析，以輔助讀者了解當時禪籍用字的情況。善卿大量使用"當作"校訂文字，以《説文》系字書、韻書的正統文字作爲禪籍用字的標準，又從意義上對二字進行辨析，指出"非義"。善卿所説的"非義"字，除部分爲俗體字外，大多數系古文通假用字的情況。

從整體上來説，《祖庭事苑》從正字、本字角度出發，以近乎苛責的標準對文字本原的追求和回歸即"以古爲正，以古爲本字"思想的産物，對禪籍用字的評判和否定實際上是對當時禪籍文字的整理。

第二節　局限性

語言是有生命力的，並是不斷發展變化的，能够被描述，也能在一定限度内接受影響而不受控制。善卿對語言文字的發展規律有一定的認識，他重視讀音、字形的規範化，對禪籍用字的規範起到了重要作用，這是其語言文字觀中積極的方面。但隨着社會的發展，新造字的産生、已有字的訛變等都是語言發展演變中客觀存在的，對於這種現象，規範化並不是一味地泥古，而是要兼顧語言實際使用的約定俗成的情況。黄侃説："字分正俗，非徒博好古之名，實則小學疆畛必待此而分明；意義根源必待此而明晰。”“臨文用字，本有顧字形及承習慣兩途。倘盡拘本字，則寘礙弘多，如盡從流變，又迷於本字。此宜有字書爲之分明，俾綱紀而不致散棼，而致用仍無濡滯。”① 善卿在這方面的觀念是落後的，他過分拘泥於本字，一味遵從《説文》，往往不符合語言文字的使用實際，這方面的問題主要表現在三個方面。

一、苛求本字

1. 昇—陞

【昇堂】昇，當作陞，登也。昇，日之昇也，非義。（卷一《雲門録》上）

【昇座】當作陞座，登也。（卷一《雪竇洞庭録》）

“昇座”一詞對應禪録《明覺禪師語録》卷一：“師初到院陞座。”

按：善卿以二者本義之不同而改“昇”爲“陞”，實則割裂了漢語詞義的動態演變。“昇”，《説文》未收。《説文新附·日部》：“昇，日上也。從日，升聲，古只用升。”《廣韻·蒸韻》：“昇，日上，本亦作升。”本義爲太陽升起，引申出“登、上”義。《易·昇》：“昇，元亨。”鄭玄注：“昇，上也。”王逸《九思·哀歲》：“昇車兮命僕，將馳兮四荒。”“陞”，《説文》未收。《玉篇·阜部》：“陞，上也。”《廣韻·蒸韻》：“陞，登也。”“陞”在表“上、登”義時，古書多寫作“升”。《集韻·蒸韻》：“陞，通作升。”《爾雅·釋畜》：“騉蹄趼，善陞甗。”陸德明釋文：“本亦作升。”

由上而知，“昇”“陞”皆本作“升”，均有“登”義，可不改。

2. 唂—鵒

【唂啄】當作鵒啄，竹咸切，鳥啄物。（卷一《雲門室中録》）

該詞對應的禪録《雲門匡真禪師廣録》卷中：“師云：‘直饒與麼也好喫棒。’又云：‘當時但喚近前來，已後教伊無鵒啄處。’”與善卿所改同。

---

① 黄侃：《文字聲韻訓詁筆記》，上海古籍出版社，1983年。

按："唅"，《説文·口部》："唅，食也。""啄"，《説文·口部》："鳥食也。"又"鶒"，《廣韻·咸韻》："鳥啄物也。"善卿因"鶒""啄"二者皆有鳥吃食義而改"唅"爲"鶒"，實有不妥。"唅"（鶒）與"啄"同義連文。此二詞禪籍文獻中通用。一爲其本義"吃，食"，如《列祖提綱録》卷二六："兔徑非大象之所遊，雞粟豈鳳凰之唅啄。"二有推究、叩問義。① 《宏智禪師廣録》卷四："僧問：'斷言語絶思惟處，作麽生商量?'師云：'滴水入石不得。'僧云：'唅啄不入去也。'師云：'要爾著個口嘴作麽?'僧云：'也要向其間旁通個消息。'"《圓悟佛果禪師語録》卷一六："翠岩示衆云：'一夏與兄弟東語西語，看翠岩眉毛在麽?'師云：'輸機是算人之本。'翠岩坐却人舌頭，無鶒啄處。"

3. 撓—擾

【勞撓】當作勞擾。擾，煩也。（卷一《雪竇後録》）

該詞對應的禪録《明覺禪師語録》卷一："南泉示衆云：'三十年來，牧一頭水牯牛，欲擬東邊放，不免侵他國王水草；欲擬西邊放，不免侵他國王水草。不如隨分納些子，免被官主勞撓。'"與善卿所見底本同。按："撓"，《説文·手部》："撓，擾也。一曰捄也。"段玉裁注："捄，篆下曰：'一曰擾也。'是撓、擾、捄三字義同。"又"擾"，《説文·手部》："擾，煩也。"可知"勞撓""勞擾""勞攘"三者義同，均有"煩擾"義。"勞撓"無須改作"勞擾"。

4. 搣—撼

【搣】當作撼，砂獲切，拂也。搣，子育切，非義。（卷一《雲門室中録》）

【撼】砂獲切，拂著也。（卷二《雪竇拈古》）

該詞見於《雲門匡真禪師廣録》卷中："師一日拈拂子搣一下，云：'日月星辰撲落地上，見麽?'"《古尊宿語録》卷一六亦作"搣"。"搣"當

---

① 參黃靈庚《〈五燈會元〉詞語札記》"啐啄、唅啄、唅"詞條，《浙江師大學報》（社會科學版），1993年第3期。又雷漢卿《禪籍方俗詞研究》："鳥用嘴鶒啄→施呈言句機巧加以思量。"與黃先生釋義近似。巴蜀書社，2009年，第265頁、556頁。

爲"觸，打，擊"義。① 按："撼"，《廣韻·麥韻》："撼，拂著。"《集韻·麥韻》："撼，拂也。""拂"又有"擊"義。《説文·手部》："拂，過擊也。"《廣韻·物韻》："拂，擊也。"又"撼"，可引申爲"觸、擊"義。"娸"又寫作"撖"，有"批"義。《集韻·齊韻》："娸，批也，或從手。"《類篇·手部》："撖，又縣批切，批也。""批"又有"觸擊"義。《史記·刺客列傳》："奈何以見陵之怨，欲批其逆鱗哉！"唐司馬貞索隱："批，謂觸擊之。"《嘉泰普燈録》卷二四："吕於言下頓契。作偈曰：'弃却瓢囊撼碎琴，如今不戀水中金。'"《中原音韻》卷下"四瑰玉"："紐死鶴，劈碎琴，不害磣。""劈碎琴"可證"撼碎琴"之"打、擊"義。

綜上，"撼""撖"皆有"擊"義，可不必改。另禪籍中多見"撼"字。《大慧普覺禪師語録》卷七："雲門饒舌去也，開口即失，閉口非喪，如是，如是。遂卓一下云：'一椎兩當。'復舉起云：'看看寒山拾得掃地，倒轉苕箒柄把露柱。一撼勃跳上兜率陀天，觸破非非想天人鼻孔。'"《虛堂和尚語録》卷二："拈起門椎柏板，劈嘴便撼，尚且救得一半。""一撼"就是"一觸"，"觸破"爲"一撼"的結果。《古尊宿語録》卷四〇《雲峰悦禪師初住翠岩語録》："莫是下一喝，撫一掌，坐具驀口撼，拂袖便行。"又卷四一："師云：'還見翠巇這個老漢麼？'僧擬議。師以拂子驀口撼。""劈嘴便撼""驀口撼"即"對着嘴打"。

5. 邈—貌

【名邈】上與詔同，彌正切，目諸物也。下當作貌，墨角切，容也。邈，遠也，非義。（卷二《雪竇頌古》）

【名邈】上彌正切。目諸物也。下當作貌，墨覺切，容也。名物之形容，故曰名貌。（卷六《法眼》）

按："貌"該作"邈"。"貌"本義爲容貌，當動詞用時，爲圖寫容貌義，讀入聲。② "貌""邈"通用始見於唐代，如韓愈《楸樹詩》"不得畫師來貌取"，朱文公校注："'貌'音邈，或作'邈'。"禪籍中二者亦可通

---

① 雷漢卿《禪籍方俗詞研究》"撼"條："觸；撞擊。"巴蜀書社，2009年，第108頁。

② 蔣禮鴻：《敦煌變文字義通釋》，上海古籍出版社，1997年，第146頁。

用。《雪竇顯和尚頌古》："啄覺猶在殼，重遭撲天下。衲僧徒名邈。"《古尊宿語録》卷三六《投子和尚語録》："問：'如何是祖佛未經歷處?'師云：'名邈不得。'"又《天聖廣燈録》卷二〇《益州鐵幢覺禪師》："上堂云：'正法無言，何勞名貌。'"同書卷二五《郢州興陽山法深禪師》："道無方所，非言語之所論；法非名相，豈意識三度量。本自圓成，何勞名貌。"可見"邈"與"貌"皆作"圖寫"義解。善卿據"邈""貌"之本義而改，割裂了二字之間的歷時聯繫，確有不妥。[①] 無著亦指出："'邈''貌'相通，不必改也。"[②]

6. 挃—抶

【挃】當作抶，知栗切，擊也。《莊子》："抶其背。"挃，穫禾聲，非義。（卷二《雪竇頌古》）

《明覺禪師語録》卷三："門以拄杖便挃，僧退後。"與善卿所用底本同。按："抶"，《説文·手部》："抶，笞擊也。"善卿訓作"擊"，甚確。然"挃"亦有"擊"義。《廣韻·質韻》："挃，撞挃。"《淮南子·兵略》："五指之更彈，不若捲手之一挃。"高誘注："挃，搗也。""挃"與"抶"義同，均有"撞擊，擊打"之義。禪籍中亦多見"挃"表"擊打"義。如《景德傳燈録》卷二八《南陽慧忠國師》："挃頭頭知，挃腳腳知，故名正遍知。"《天聖廣燈録》卷一六："問：'如何是吹毛劍?'師云：'觸挃不得。'進云：'用者如何?'師云：'粉骨碎身。'進云：'大好觸挃不得。'師便打。"故"挃"無須改作"抶"。

7. 醒—惺

【醒醒】當作惺惺，音星憶，了慧也。醒，醉解，非義。（卷二《雪竇拈古》）

《明覺禪師語録》卷三："沙云：'瑞岩有何言句?'僧云：'長喚主人翁，自云諾。醒醒著，他後莫受人瞞。'"按：上文中"醒醒"當作醒悟、

---

① 衣川賢次亦指出，睦庵認爲"'邈'的意義只作'遠'義，主張改用'兒'字，現在看來這一主張相當保守"。參《禪籍の校讎學》,《田中良昭博士古稀紀念論集》，大東出版社，2003年。

② 參無著道忠《葛藤語箋》"描邈"一條，日本花園大學禪文化研究所，1992年，第54頁。

領會義，與後文“莫受人瞞”相呼應。“醒”，《説文新附·酉部》：“醒，醉解也。”由酒醒可引申出清醒、覺悟義。《楚辭·漁父》：“舉世皆濁我獨清，衆人皆醉我獨醒。”“惺”，領悟，清醒。《集韻·迴韻》：“惺，悟也。”二者義同，禪籍中可通用。如《大慧普覺禪師語録》卷一四：“了了常知故，言之不可及，歇得如土木瓦石相似時，不是冥然無知，直是惺惺歷歷。”《希叟紹曇禪師廣録》卷三：“拈得鼻孔失却口，歷歷醒醒，翻成不唧嚼。”“醒”無須改作“惺”。

8. 淬—焠

【磨淬】當从火，作焠，堅刀刃也，七内切。淬，滅火器也，非義。（卷四《雪竇開堂録》）

《明覺禪師語録》卷二：“大國正搜羅，長劍今磨淬。”與善卿所見底本同。

按：“焠”，《説文·火部》：“焠，堅刀刃也。”桂馥義證：“按醢能敗鐵，故脆也；以水焠之，則堅矣。字或作淬。”“淬”，《説文·水部》：“淬，滅火器也。”段注：“蓋以器盛水濡火，使滅其器謂之淬，與火部之焠義略相近，故焠通作淬。”可知“淬”“焠”通用。世俗文獻已見。《史記·司馬相如列傳》：“胹割輪淬。”《漢書·司馬相如列傳》《文選·子虛賦》中淬均作焠。

9. 瞞—謾

【瞞】當作謾，欺也。餘倣此。（卷二《雪竇拈古》）

《明覺禪師語録》卷一：“師云：‘夫宗師決定以本分相見，不敢撒沙。且那個是諸人正眼，不受人瞞底漢出來，對衆道看，共相知委。’”“瞞”，當爲“欺騙”義。按：“謾”，本義爲“欺騙”。《説文·言部》：“謾，欺也。”此不贅述。“瞞”本義爲閉目。《説文·目部》：“瞞，平目也。”段玉裁注：“瞞，今俗借爲欺謾字。”朱俊聲《説文通訓定聲》：“瞞，叚借爲謾，今所用欺瞞字。”《正字通·目部》：“瞞，俗以匿情相欺爲瞞。”又

《廣韻·桓韻》：“瞞，目不明也。”似由看不清而産生被蒙騙義。① “瞞”之“欺騙”義唐代已見用例。如寒山《詩》二〇七：“我見瞞人漢，如籃盛水走。”

綜上，“瞞”“謾”均有“騙”義，可不必改。《六書故》卷一一：“謾，莫半切，言無實也。又平聲，欺罔也，與瞞通。”禪籍中亦見二者通用的例子。如“眾眼難謾（瞞）”一句，《大慧普覺禪師語錄》卷一、《虛堂和尚語錄》卷一作“眾眼難謾”，《介石智朋禪師語錄》《拈八方珠玉集》作“眾眼難瞞”。

10.　讎—酬

【讎敵】當作酬敵。謂遠赴酬問，敵應群機。讎，冤也。非義。（卷三《雪竇祖英》上）

《明覺禪師語錄》卷五：“萬卉流芳不知春力，岩畔澗底蹙紅皺碧。乘興復誰同，孤踪遠讎敵。”與善卿所見底本同。按：該處“讎”改“酬”則因“酬”有應對、對答義。實“讎”亦有此義。《玉篇·言部》：“讎，對也。”《詩·大雅·抑》：“無言不讎，無德不報。”朱熹集傳：“讎，答。”又《書·召誥》：“敢以王之讎民。”《釋文》：“讎字或作酬。”“讎”與“酬”義同，可不改。

11.　複—幞

【挾複】上胡頰切，持也。下當作幞，房玉切，帊也。複，音福，重也，非義。（卷二《雪竇頌古》）

“挾複”一詞見於明天奇本瑞注《雪竇顯和尚頌古》：“德山到潙山，挾複子於法堂上從東過西，從西過東。”按：善卿改“複”爲“幞”，不妥。“挾複”即挾帶包袱。“複”有“包袱”義。“複”與“袱”通，故有“包袱”義。“袱”，《正字通·衣部》：“房六切，音伏，包袱。”如禪籍有“德山挾複見潙山”一説。《聯燈會要》卷二〇：“師到潙山，挾複子於法堂，從西過東，從東過西，顧視方丈，潙山不顧。”同種説法又見《西岩

---

① 徐時儀：《〈朱子語類〉詞彙研究》，上海古籍出版社，2013年，第399頁。

了慧禪師語録》卷上："舉德山到潙山，挾複子於法堂上，從東過西，從西過東。""挾複子""挾袱子"意思相同，可替换。"子"爲名詞性詞尾，無實義。又禪籍中多見"複子"一詞。

> 今時學人不得，蓋爲認名字爲解。大策子上抄死老漢語，三重五重複子裏，不教人見。(《鎮州臨濟慧照禪師語録》)

> 坐斷千差壁立萬仞，千聖提撕不到，是衲子放下複子處。千人萬人羅籠不住，是無爲無事人拗折拄杖時。……始能安居，於千聖萬聖提撕不到處，始放複子。(《圓悟佛果禪師語録》卷一〇)

> 若是作家本分漢，遇著咬猪狗底，手脚放下複子靠將去。(《圓悟佛果禪師語録》卷一三)

以上諸例"複子"當"包袱"解。"放複子""放下複子"就是"放下包袱"。

"幞"表"包袱"義少見。① 《禪林僧寶傳》卷二二《雪峰悦禪師》："學者歸心焉，乃出住法輪，給春監刈，皆自董之。見挾幞負包而至者，則容喜之。"②

幞，禪籍中多見"幞頭"一詞。如：

> 師云："則川只解把定封疆，不能同生同死。當時好與抔下幞頭，誰敢唤作龐居士。"(《明覺禪師語録》卷三)

> 進云："此事已蒙師指示，雲蓋家風事若何?"師云："幞頭衫帽脱當酒錢。"(《楊岐方會和尚後録》)

> 士云："唤什麽作引?"霞乃把住，拈却幞頭，云："一似个師僧。"士却將幞頭搭向霞頭上，云："一似个俗人。"霞應："喏。喏。"士云："猶有昔日氣息在。"霞抛下幞頭，云："恰似个烏紗巾。"士應："喏。喏。"(《拈八方珠玉集》卷上)

---

① 我們通過检索 CBETA 電子佛典 2011，"幞頭"一詞共有 289 例，"幞"表包袱義的有 2 例，"複"表包袱義的有 62 例。

② 另兩處文句幾乎完全相同。《佛祖綱目》卷三六："雪竇尤敬畏之，每集眾茶，必横設特榻，以示禮异。出世南昌翠岩，未幾住法輪，給春監刈，皆自董之。見挾幞負包而至者則喜。"《宗統編年》卷二〇："雪竇尤敬畏之，每集眾茶，特設榻以示禮异。出世南昌翠岩，未幾住法輪，給春監刈，皆自董之。見挾幞負包而至者則喜。"

"幞頭"即頭巾。《祖庭事苑》卷二《雪竇瀑泉》:"幞頭,房玉切,帊也。周武帝所製幅巾,出四脚以幞頭,乃名焉。"

綜上可知,善卿改"複"爲"幞",蓋因"幞"更能體現理據意義,從而忽視了"複"亦有"包袱"義,並且"複"之包袱義在禪籍中的應用十分廣泛。

12. 擗—劈

【擗口】上當作劈,匹歷切,破也。擗,音闢,撫也,非義。(卷一《雲門録》上)

《雲門匡真禪師廣録》卷上:"有僧擬問次,師以拄杖劈口打。"與善卿所改同。按:"擗"無須改作"劈"。這裏的"擗""劈"皆爲"對着、朝"義。"擗"本有"捶胸"義。《爾雅·釋訓》:"擗,拊心也。"郭璞注:"謂椎胸也。"《孝經·喪親章》:"擗踊哭泣,哀以送之。"擗踊,謂以手捶胸,以脚頓地。"擗"又有"從中擘開"義。《正字通·手部》:"擗,擘開也。"《楚辭·九歌·湘夫人》:"罔薜荔兮爲帷,擗蕙櫋兮既張。"王逸注:"擗,枅也。"一本正作"析",或作"擘"。"劈"亦有"從中破开"義。慧琳《一切經音義》卷六一"劈破"注引《说文》曰:"劈,以刀中破也。"慧琳《一切經音義》卷二六"劈裂"注引《广雅》:"劈,中分也。"玄應《一切經音義》卷二"劈裂"注:"劈,亦中分。""擗"的"捶胸""從中擘開"義,"劈"的"從中破开"義,其動作内皆含"方向"義,可虛化爲"正對着"的介詞義。詹緒左、崔達送《禪宗文獻中的同義介詞"擗""驀""攔"》一文對二詞由動詞演變成介詞進行了詳細分析,指出所谓"捶胸",其意義就是指以手正對着胸口而捶拍。"擗"有"裂"的"從中間"含有[＋方向]義素,這也就是擗的"正对着"介词義的語義來源。"劈"由"朝/从中間 V"義再到"劈口"(义同"擗口")進入連動結構的用法,能自然産生出禪籍中的介詞用法。[①]

綜上可知,"劈"與"擗"音義相通,二者在禪籍中通用。"劈""擗"

---

① 參詹緒左、崔達送:《禪宗文獻中的同義介詞"擗""驀""攔"》,《古漢語研究》,2010 年第3 期。

在禪籍中常用於面、口、頭、胸等前面，爲介詞用法。如《明覺禪師語錄》卷二："師劈面唾云：'枉喫我多少粥飯。'便推出。"《汾陽無德禪師語錄》卷上："問：'如何是轉輪王身？'師云：'七寶鎮相隨，千子常圍遶，恁麼則好事不如無。'師以拂子撆口打。"

13. 簉—揍

【簉破】當作揍，千候切，插也。簉，初救切，倅也，非義。（卷六《風穴衆吼集》）

《天聖廣燈録》卷一五《汝州風穴延昭禪師》："問：'滿目荒郊翠，瑞草却滋榮時如何？'師云：'新出紅爐金彈子，簉破闍梨鐵面皮。'"與善卿所見底本同。《古尊宿語録》卷七《風穴禪師語録》亦作"簉破"。按：簉破，即衝破，擊破，撞破。"簉"，《玉篇·竹部》："簉，衝也。"《指月録》卷二三《音釋》："簉，初救切，去聲，疾衝也。"又"衝"有"擊"義。《莊子·秋水》："梁麗可以衝城。"成玄英疏："衝，擊也。""揍"，《集韻·候韻》："揍，插也。""揍"與"簉"雖義近，但禪籍僅見"簉破"用例。《禪宗頌古聯珠通集》卷二八："天不能蓋，地不能載。簉破面門，漆桶不會。"《松隱唯庵然和尚語録》卷二："石人打鐵彈，簉破虛空。"善卿未審"簉"之他義而改爲"揍"，不妥。

14. 沿—緣

【夤沿】上翼真切，連也。下當作緣，連緣。沿，流也。非義。（卷五《懷禪師前録》）

【沿臺盤】沿當作緣，與專切，因循也。（卷七《八方珠玉集》）

《拈八方珠玉集》下："居云：'元來不會。'僧作舞出去。居云：'沿臺盤乞兒。'佛果拈云：'識機宜，別休咎。有回互轉關底眼，千百個中，難得一个半个，爲什麼却成沿臺盤去，也是憐兒不覺醜。'正覺云：'然雖一種乞兒，會沿臺盤底，也可賞。'佛海云：'雲居老兒，略露半面。者田厙奴，一見便見，打破大唐國，覓个沿臺盤底也難。'"與善卿所見底本同。按："沿臺盤"即僧徒化緣，持杯盤乞讨。"沿"，順着。"臺盤"，杯盤。① 又上文"沿臺盤"與"乞兒"連用。"沿"，本義順流而下。《説文·水部》："沿，緣水而下也。"引申爲順着、緣着。《國語·吴語》："率師沿海泝淮。"韋昭注："沿，順也。"《左傳·定公四年》："沿漢而與之上下。"杜預注："沿，緣也。""緣"，本義爲沿衣服邊子所鑲的裝飾衣邊。《説文·系部》："緣，衣純也。"引申出沿着、順着等動詞義。《廣雅·釋詁四》："緣，循也。"《管子·侈靡》："故緣地之利"。尹知章注："緣，順也。""沿""緣"音義均同，可通用。《説文》"沿"字，王筠句讀："沿緣，音義同。《字林》：'從水而下曰沿，順流也。'沿亦緣也。"又《禮記·樂記》："故明王以相沿也。"鄭注："沿，或作緣。"綜上，"沿"可不必改作"緣"。

15. 悴—顇

【貌悴】當作顇，音萃，顦顇也。悴，憂也。非義。（卷七《證道歌》）

《永嘉證道歌》："貌顇骨剛人不顧。"與善卿所改同。按："悴"，《説文·心部》："悴，憂也。""顇"，《説文·頁部》："顇，顦顇也。""悴"形容人心思憂愁，"顇"形容人面色枯槁，兩者可通用。慧琳《一切經音義》卷一七九："顦悴，《説文》或作憔，亦作癄悴，或從頁作顇，並通也。"同書卷五："顦顇，亦從心作憔悴，或作瘄瘁，並同。"又《左傳·昭公七年》："或憔悴事國。"《漢書·五行志》引憔悴作顦顇。禪籍中"悴"與"顇"亦通用，上文的"貌顇"，《普庵印肅禪師語録》卷二、《慈受懷深禪師廣録》卷四亦作"貌顇"，宋顔琪注《證道歌》、《嘉泰普燈録》卷三〇、《聯燈會要》卷三作"貌悴"。由此可見，"悴"無須改爲"顇"，今通用"悴"字。

16. 覿—敵

【覿體】覿，當作敵。對也。（卷一《雲門録》上）

① 雷漢卿：《語文辭書收詞釋義漏略禪籍新義例釋》一文收"臺盤"一條，釋爲"杯盤"。《合肥師範學院學報》，2009 年第 2 期。

　　該詞見於《雲門匡真禪師廣録》卷上："以那個爲差殊之見，他古聖勿奈爾何，横身爲物，道個舉體全真，物物覷體不可得。"按："覷"當爲"正對着，當着"義。"覷"，本義爲見、相見。《説文新附·見部》："覷，見也。從見，覰聲。"《爾雅·釋詁上》："覷，見也。""覷"作介詞表"對着，當着"義當是由動詞表"見"虚化而來。《文選》卷一〇："眺華岳之陰崖，覷高掌之遺踪。"同書卷一四："夢登山而迴眺兮，覷幽人之髣髴。"又卷一五："叫帝閽使闢扉兮，覷天皇於瓊宫。"例中的"覷"爲動詞，其后接有表物的名詞。從語義上看，"覷"之"見"義都隱含着正對着所見之物（如"高掌""幽人""天皇"）才能實施這一動作，由此引申出"當、對"義較自然。漢語中的介詞大多數由動詞虚化而來，唐宋禪宗文獻中有不少"覷"作介詞的用例。如：

　　潙山云："覷面相呈，猶是鈍漢，豈况形於紙墨。"（《袁州仰山慧寂禪師語録》）

　　師云："覷面承當猶自可。"進云："與麽則獅兒出窟驚天地，萬象森羅耀古今。"（《百癡禪師語録》）

　　佛川義云："祖師八字打開，兩手分付了也。雖然直捷，固然直捷，怎奈極是諸訛？要得與祖師覷體相見。"（《宗門拈古彙集》卷五）

　　舊冬結制，將無作有。新春解制，以實爲虚。縱有十分相爲，怎如覷體提持。（《林野奇禪師語録》卷四）

　　"覷面相呈""覷面承當""覷體相見""覷體提持"都是介賓短語。"覷"爲表方向的介詞，其語法意義、語法功能和語法環境與"擗、劈、驀、陌"相同，義爲"正對着"，其后充任賓語的名詞也是人體部位名詞，如"體、面"。[①] 敵，《玉篇·支部》："敵，對也。"《左傳·文公六年》："敵惠敵怨，不在後嗣。"杜預注："敵，猶對也。"善卿顯然認識到該處的

───────

　　① 詹緒左、崔達送《禪宗文獻中的同義介詞"擗""驀""攔"》一文對禪宗文獻中的"擗""驀""攔"由動詞虚化爲介詞進行了考察，指出這些介詞的原型動詞都是及物動詞，大多帶人體部位的名詞性賓語；它們都有共同的意義"朝/從中間 V"；用義素分析法分析，它們都有［＋動作］［＋方向］義素内含其中。原型動詞帶賓語（VO）再接 VP 時，［＋動作］義素失落，結構中核心動詞由後面的 VP 充任，原動詞［＋方向］義素凸顯，該類動詞也就虚化爲介詞了，其語法意義演變爲"正對（着）"。筆者認爲"覷"由動詞虚化爲介詞的方式與"擗""驀""攔"同。

"覿" 當爲 "對着" 義，但限於 "覿" 之本義而改爲 "敵"，確有不妥。

17. 捻—拈

【捻出】當作拈，奴兼切，持也。捻，諾協切，捏也，非義也。（卷五《懷禪師前録》）

按：拈，《玉篇·手部》："拈，指取也。"《廣雅·釋詁三》："拈，持也。""捻" 亦有 "持，拿" 義。玄應《一切經音義》卷五："捻箭，謂以手指捻持也。" 又唐杜甫《陪鄭廣文遊何將軍山林十首》之四："盡捻書籍賣，來問爾東家。" 仇兆鰲："捻，指取物也。""捻" 與 "拈" 音義皆通，善卿以 "捻" 與 "拈" 義不同而改，欠妥。

18. 殼—穀

【滯殼】殼當作穀。猶物在穀而未出。（卷六《風穴衆吼集》）

該詞見於《景德傳燈録》卷一三《汝州風穴延沼禪師》："師上堂謂衆曰：'夫參學眼目臨機，直須大用現前，勿自拘於小節。設使言前薦得，猶是滯殼迷封。縱然句下精通，未免觸途狂見。'" 按："穀"，《説文·禾部》："穀，續也。百穀之總名。從禾，㱿聲。"

段玉裁注："㱿者，今之殼字。穀必有稃甲，此以形聲包會意也。""穀" 之聲符亦表意，表帶殼的禾谷。又 "殼" 本有外皮、外殼之義。《文選·張協〈七命〉》："析龍眼之房，剖椰子之殼。" 李善注："殼，即核也。凡物内盛者皆謂之殼。" 吕向注："房、殼皆曰皮也。""殼" 與 "穀" 義近，"殼" 泛指帶皮的物。善卿改 "殼" 爲 "穀"，蓋因 "穀" 更能體現理據義。禪籍中 "滯殼迷封"[1] 連用。滯，固執，拘泥，"滯殼" 和 "迷封" 同義連文。"滯殼迷封"，謂癡迷愚鈍，不開竅；亦指被情識學解所纏，難以省悟。[2] 上述文句，《人天眼目》卷三《圓悟五家宗要》、《嘉泰普燈録》卷一四《眉州中岩華嚴祖覺禪師》亦作 "滯殼迷封"。

二、排斥俗字

---

① 卷六 "迷封" 條：封，執也，言執事而不脱迷也。
② 袁賓、康健：《禪宗大詞典》，崇文書局，2010 年，第 524 頁。

1. 賺—詀

【賺】當作詀，佇陷切。（卷一《雪竇後録》）

【賺】當作詀，佇陷切，被誑也。餘倣此。（卷三《雪竇祖英上》）

該詞見於《明覺禪師語録》卷五："誰當機舉不賺亦還稀，摧殘峭峻銷鑠玄微。"與善卿所見底本同。"賺"當爲"欺騙"義。按："賺"似是"詀"的後出俗字。"詀"，《廣韻·陷韻》："詀，被誑。謙，俗。"《集韻·沾韻》："詀，巧言。"又《龍龕手鑒》："賺，俗；謙，正。""詀"，《廣韻·陷韻》："詀，被誑。""詀"之欺騙義已然。"賺"亦有欺騙義。"賺"，《集韻·陷韻》："賺，市物失實。"《正字通·貝部》："賺，重賣也。《説文》本作賺。"又"賺"，《説文新附·貝部》："賺，重買，錯也。"朱駿聲《説文通訓定聲》："賺，字亦作賺。"可知"賺"與"賺"同。"賺"由"市物失實"義引申爲"欺騙"義。[1]《正字通·貝部》："俗謂相欺誑曰賺。"《祖堂集》卷四："院主在外責曰：'和尚適來許某甲爲人，如今因什摩却不爲人，賺某甲？'"[2] 此句當是禪師參引學人要以本心爲性，不要受虛言妄語之束縛，否則只會自己欺騙自己。賺，意謂欺騙。今北京官話、冀魯官話、中原官話和江淮官話等仍用"賺"表"欺騙、哄騙"義。[3]

禪籍中多用"賺"表欺騙義。[4]《雲門廣録》卷中："良遂云：'和尚莫瞞良遂，若不來禮拜和尚，泪被經論賺過一生。'……良遂道：'莫瞞良遂，不是識破麻谷相見時節。若不來禮拜和尚，泪被經論賺過一生，亦知有賺人處。'""被經論賺過一生"即"被經論騙過一生"，"賺人處"，騙人的地方。《圓悟佛果禪師語録》卷一〇："若將祖師言教，爲人師範，却成賺人去。"禪宗講究以心傳心而非言教，以言教的方式則爲騙人。《宏智禪

---

① 徐復指出："按'賺'，通作'謙'。""'賺'有'市物失實'一義。'被誑'即由此引申，亦后起分化字。"徐復：《敦煌變文詞義研究》，《中國語文》，1961年第8期。董志翹指出："蓋'賺'乃'謙'（詀之或體）之假字，然後從'被誑'引申出'誤'義也。"董志翹：《〈五燈會元〉詞語考釋》，《訓詁類稿》，四川大學出版社，1999年，第202頁。

② 《漢語大字典》《漢語大詞典》首引《全唐詩》無名氏所作《朝士戲任毅》："從此見山須合眼，被山相賺已多時。"時代略晚。

③ 徐時儀：《〈朱子語類〉詞彙研究》（下），上海古籍出版社，2013年，第405頁。

④ 張錫德：《〈五燈會元〉詞語拾零》一文列舉《五燈會元》"賺"的用例，釋"賺"爲"錯"義。《溫州師院學報》（社會科學版），1998年第4期。經筆者查檢，當皆爲"欺騙"義。

師廣錄》卷四："三寸舌兩片唇，無始時來賺殺人。""三寸舌兩片唇"即言教，賺殺人（很騙人）。

綜上，"賺""詀"皆有"欺騙"義，禪籍已多用，可不改。

2. 哮—虓

【咆哮】當作跑虓。上音庖，蹴也。下虛交切，鳴也。（卷六《風穴眾吼集》）

按：咆哮，同義複詞，指野獸、牲畜怒吼。"咆"，《説文·口部》："嗥也。""哮"，《説文·口部》："豕驚聲也。"唐薛用弱《集异記·李汾》："豕視汾，瞋目咆哮，如有怒色。""哮"，"虓"之俗體。慧琳《一切經音義》卷一四："哮，俗字也，正體作虓。《集訓》云：'虎怒聲也，從九從虎。'""咆"改作"跑"實無理據，"咆哮"今已習用。檢禪籍文獻，僅見"咆哮"。《大慧普覺禪師語錄》卷一〇："象王行處狐踪絶，師子咆哮百獸危。"《聯燈會要》卷五《潭州華林善覺禪師》："俄，二虎從庵後而出，裴驚悸。師語二虎云：'有客且去，虎咆哮而去。'"

3. 唇—脣

【唇吻】當作脣。唇，音真，驚也，非義。（卷一《雲門錄》上）
【唇吻】上當作脣。唇，音真，驚也，非義。下武粉切。（卷二《雪竇頌古》）

上述二詞條分別出自《雲門匡真禪師廣錄》卷上："僧堂入佛殿。問如何是不挂脣吻一句？"明天奇本瑞注《雪竇頌古》："百丈問五峰：'併却咽喉脣吻作麼生道？'峰云：'和尚也須併却。'"

按："脣"，本義爲嘴唇。《説文·肉部》："脣，口耑也。""唇"，《説文·口部》："唇，驚也。"本義是震驚，後來寫作"震"。由於"唇"與"脣"音近，又"唇"之形符用口比用肉更直觀，更能直接表意，"唇"則被借用來表"嘴唇"義。早在漢代古籍中二字已見通用。"唇"作爲"脣"的俗體，如《正字通·口部》："唇，同脣。《六書故》：'唇，即脣。'"禪籍中"唇""脣"並用，亦無須改。唇吻，借指言詞、口才。

4. 坑—阬

【深坑】正作阬，丘庚切。（卷一《雲門録》下）

《雲門匡真禪師廣録》卷中："一日拈起拄杖云：'解脱深坑勃跳。'"據俗未改。

按："阬"，《説文·阜部》："阬，阬閬也。"本義爲門洞深。俗作"坑"。《玉篇·土部》："坑，塹也，丘虛也，壑也。阬，亦作坑。"《説文新附·阜部》曰："今俗作坑。"今"坑"通用，不必改。

三、不辨字形關係

1. 挱—抄

【摩挱】正作抄，桑何切，摩也。（卷一《雲門録》下）

《雲門匡真禪師廣録》卷中："又云：'大斧斫了手摩挱。'"與善卿所見底本用字同。

按："摩挱"又作"摩挲"，音 suō。"挱"省作"抄"，"抄"當爲誤字。《集韻·戈韻》："挱挱，摩挱也。亦省，或書作挲。"慧琳《一切經音義》卷五七："摩挱，下索何反。《聲類》云：'摩挱，猶捫摸也。'《古今正字》：'從手沙聲，經從少作抄，誤，遺脱也。'"

2. 攔—闌

【攔面】正作闌，郎千切，遮也。（卷一《雪竇後録》）

按："闌"，《説文·門部》："闌，門遮也。""攔"，《説文》未收。又"闌"表阻攔義。《廣雅·釋詁二》："闌，遮也。"此義后又寫作"攔"。《玉篇·手部》："攔，遮攔也。""攔"當爲"闌"的今字。

3. 朕—眹

【朕兆】朕，當从目作眹，丈忍切，目眹也。朕，直稔切，我也，非義。（卷六《風穴眾吼集》）

該詞見於《天聖廣燈録》卷一五《汝州風穴山延昭禪師》："問：'异

類擬生全朕兆，機鋒兼帶意如何？'師云：'香爐裏撒屎。'"。善卿以"朕"爲"眹"之誤字，又以"朕"爲"我"義、"眹"爲"吉凶之兆"義作旁證。按"朕"，本作𦩝。《説文·舟部》："朕，我也。"段玉裁注："按'朕'在《舟部》，其解當曰舟縫也。從舟，灷聲。"邵瑛《群經正字》："《石經》作胅，經典相承，隸省作朕，正字當作𦩝。""朕"之"朕兆"義當由"縫隙"義引申而來。《説文·目部》："瞽，目但有朕也。"段注："朕從舟，舟之縫理也，引伸之凡縫皆曰朕。"又段注："凡言朕兆者，謂其幾甚微，如舟之縫，如龜之𤕠也。""朕""眹"混用的現象文獻已有記載。《淮南子》卷上《俶真訓》："欲與物接而未成兆朕。"高誘本作"兆眹"。洪适《隸釋》卷一："郡將陳胅高君者，高眹也。諸書多有誤以眹爲朕者。"《正字通·目部》："眹，《類篇》：'眹，目兆也。'《集韻》：'吉凶形兆。'《六書故》引《莊子》不見其眹，舊注：幾微萌兆謂之眹，並與朕溷。"

"眹"，《説文》未收。《説文新附·目部》："眹，目精也。從目，灷聲。"又《周禮·春官·叙官》"瞽矇"，鄭玄注："無目眹謂之瞽"。孫詒讓正義："'眹'字，許書所無，古蓋通用'朕'字，《集韻》訓目兆，得之。""眹"當爲"朕"之俗字。《山海經》卷一八："直目正乘。"郝懿行箋疏："案畢氏云：'乘恐朕字，假音，俗作眹也。'"又王筠《説文句讀》卷四上"眹"："案'眹''𥆪'二字，《説文》不收，然以'𥆪'爲'眹'義，所不安，殆本作'朕'，誤從目從耳。"

綜上可知，"朕"改"眹"，實爲善卿不明"朕"與"眹"的正俗關係，亦不曉"朕"之"征兆"義而誤改。

4. 喏—吟

【喏】音惹，敬辭。當作吟，應聲也。（卷二《雪竇拈古》）

按："吟"當爲"喏"之俗字。"吟"，《廣韻·馬韻》："應聲也。"《集韻·馬韻》："本作喏。""喏"，讀 nuò，同"諾"，應聲。《正字通·口部》："喏，《六書故》：'喏，應聲也。'古無此字，疑即諾字。"《集韻·馬韻》："喏，或作吟。"

5. 琗—璀

【琗璨】琗正作璀，七罪切，下七旦切。璀璨，玉光也。（卷五
《懷禪師前録》）

按：“琗”，《集韻·隊韻》：“琗，玉光。”又《稦韻》：“琗，珠玉光。”
“璀”，《說文新附·玉部》：“璀，璀璨，玉光也。”“琗”“璀”音近義同，
並無正俗關係，善卿改“琗”爲“璀”，蓋因文獻多見“璀璨”。

6. 漻—寥

【漻沉】上正作寥，下呼决切。寥，沉空貌，下做此。（卷六《法
眼》）

按：“寥沉”與“沉寥”爲同素异序詞。沉寥，空曠貌。《玉篇·水
部》：“沉，沉寥，空貌。”《楚辭·九辨》：“沉寥兮天高而氣清。”王逸注：
“沉寥，曠蕩空虛也。”“漻”，《說文·水部》：“漻，清深也。”“漻”與
“寥”通。《六書故》卷二五：“寥，落蕭切，冷落貌。通作漻。”又《韓非
子·主道》“漻乎莫得其所”，王先慎集解引顧廣圻曰：“漻，讀爲寥。”
《莊子·大宗師》：“乃入於寥天一。”《釋文》：“寥，崔本作漻。

第三章　《祖庭事苑》訓詁研究（上）
——內容、成就及特色

訓詁，也稱爲詁訓。"詁訓者，通古今之异辭，辨物之形貌，則解釋之義盡歸於此。"[1] 訓詁的最終目的便是闡釋意義。探究"義"，既包括字義、詞義，又包括句義。三者相互推求，字義的探求離不開詞義和句義，詞義的探求也離不開字義和句義，句義的明晰同樣離不開字義和詞義。

《祖庭事苑》摘録唐宋禪師語録中的人名、地名、物名、熟語、疑難語詞及文字加以訓釋，以供初學者通曉。本章從內容、成就及特色三個方面談《祖庭事苑》的訓詁。

第一節　《祖庭事苑》訓詁內容

《祖庭事苑》的訓詁內容包括詞和短語，涉及一些新詞新義、方俗口語詞和外來詞語，其訓釋內容由各個不同來源的詞語彙集而成，文白相間，新舊質共融。下文就《祖庭事苑》所釋方俗語詞、雅語文言詞、佛經詞語、宗門語詞略作論述。

一、方俗語詞

對於俗詞的界定，學術界還沒有一致的看法。本書關於"方俗詞"的定義，採用雷漢卿先生的觀點。他在《禪籍方俗詞研究》中說，所謂"俗語詞"的"俗"是相對於"雅言"的"雅"而言的，所謂"口語詞"就是

---

① 孔穎達：《毛詩正義》，阮元校刻《十三經注疏》本，第 269 頁。

出現在特定書面形式中的俗語詞，是曾經流行於某一特定地區的口語，由於流行於口頭，所以就稱爲口語詞。又由於一度曾出現在某一方言地區，又叫"方言詞"。某一地區的方言詞通過書面形式得以保存並流行開來，相對於已有的"雅言"來説也就是俗語詞。考慮到俗語詞具有"方言""口語"這兩種特性，我們將俗語詞稱爲"方俗詞"。① 基於上述概念，可確定《祖庭事苑》收録了大量的方俗詞。如卷二《雪竇拈古》"連架打"一條，連枷指農家收稻打穀的農具。宋周密《癸辛雜識後集·連架》："今農家打稻之連架，古之所謂拂也。"又如卷五《懷禪師前録》"打春牛"一條，指鞭打春牛，去除懶散，這種活動表示立春。這些都與生產勞動相關聯，反映出禪宗僧侶融禪於農，把農業生產勞動作爲自己的生活習慣和修行方式的特點。

禪録中有不少反映手工業勞動的内容，《祖庭事苑》亦收録其中。如卷一《雪竇后録》"胡釘鉸"一條，釘鉸，指洗鏡、補鍋、焗碗等手工勞動。"胡"乃姓氏。宋陳葆光《三洞群仙録》卷一〇："在鄭郊，有胡生者，家貧，少爲洗鑑鎪釘之業，號胡釘鉸。""胡釘鉸"即胡令能。《全唐詩》卷七二"胡令能"存詩四首，善卿所引三首詩即是。又如卷五《池陽問》"爐鞴良醫"條，"爐鞴"即火爐與風囊，是煉鐵的設備。未經鍛造的鐵自然是鈍鐵，故曰"爐鞴之所多乎鈍鐵"，而千錘百煉后則能鍛造出優質的鐵器。良醫，醫術高明的醫生。好的醫生自然有許多來看病之人，故曰"良醫門下足病人"。

另外，唐宋時期的文娛活動十分繁榮，《祖庭事苑》亦收録了一些有關文娛活動的方俗詞。如卷七《八方珠玉集》收録了"雙陸""骰子"條。雙陸，相傳是從印度傳入的一種古代賭博遊戲，盛行於南北朝和隋唐之間。樗蒲、雉盧亦指博戲。骰子，博戲所用的器具，初爲木制，有"五木"之稱，又爲玉製，有"明瓊"之稱，從唐代開始改用骨製，始稱"骰"。

中國從古至今民間都有占卜的習俗，《祖庭事苑》收録了與占卜、讖言有關的條目，如卷六《風穴眾吼集》"杓卜"條，杓卜，當指以杓卜。

---

① 雷漢卿：《禪籍方俗詞研究》，巴蜀書社，2009年，第161頁。

禪籍中多見“杓卜聽虛聲”一語，意指占卜的結果虛不可信，爲人占卜的話不可聽信。用來比喻通過言語説教的方式不能領悟禪法。[①]

相較於其他文獻，禪籍口語色彩最爲濃重。《祖庭事苑》中的方俗詞除以上諸例，還有“闍梜”“白拈賊”“瞞頇”“懡㦬”“圈繢”“啗啄”“榼㮆”“吉嘹”“田厙兒”“魯般繩墨”等。

二、雅語文言詞

禪宗語言雖然淳樸、通俗、口語化程度高，但禪録中同樣有典雅、華麗的文言詞彙。《祖庭事苑》在收詞時並没有忽視這部分雅語文言詞。這些文言詞部分來自先秦典籍或古代典故。如卷一《雲門録》上中的“待兔”，即“守株待兔”，語出《韓非子・五蠹》；卷一《雲門録》下中的“刻舟”，即“刻舟求劍”，本見於《吕氏春秋・察今》；卷二《雪竇拈古》中的“學唐步”，即“邯鄲學唐步”，本於《莊子・秋水》；卷四《雪竇開堂録》中的“韓信臨朝底”，語出《史記・淮陰侯列傳》；卷五《懷禪師前録》中的“梅林止渴”，語出《世説新語・假譎》；卷六《風穴眾吼集》中的“藏身吞炭”，語出《戰國策・趙策一》。

還有一些文言詞語來自古代的詩作。如卷二《雪竇頌古》中的“切蹉”，源自《詩經・衛風・淇風》“有匪君子，如切如瑳”；卷三《雪竇祖英》上中的“宵征”，出自《詩經・國風・召南》“肅肅宵征，夙夜在公”；卷六《風穴眾吼集》中的“鶴九皐”，來自《詩經・小雅・鶴鳴》“鶴鳴九皐，聲聞於野”。

也有來自古典語句的。有的是直接節録，如卷二《雪竇瀑泉》中的“賞不避仇讎”，出自《漢書・東方朔傳》：“臣聞聖主爲政，賞不避仇讎，誅不擇骨肉。”卷三《雪竇祖英》上中的“大珪不琢”，出自《禮記・禮器》：“禮有以文爲貴者，天子龍衮，諸侯黼，大夫黻；有以素爲貴者，至敬無文，父黨無容，大珪不琢，大羹不和，大路素而越席，犧尊疏布，鼏禪杓，此以素爲貴也。”卷五《池陽問》中的“藏山”，出自《莊子・大宗師》：“夫藏舟於壑，藏山於澤，謂之固矣。然而夜半有力者負之而走，昧

① 詳參何小宛：《禪宗語録詞語研究》，上海師範大學博士學位論文，2009年，第71頁。

者不知也。"有的通過節略原句而成，如卷一《雲門録》上中的"視聽無聲"則爲《道德經》第十四章"視之不見，名曰夷；聽之不聞，名曰希；搏之不得，名曰微"的節略；卷二《雪竇頌古》中的"以己妨人"，本於《論語·憲問》："子貢方人。子曰：'賜也賢乎哉！夫我則不暇。'"卷二《雪竇頌古》中的"撩虎須"，出自《莊子·盜跖》："孔子曰：'然。丘所謂無病而自灸也。疾走料虎頭，編虎鬚，幾不免虎口哉！'"這些語詞以來自儒家經典居多。

三、佛經詞語

佛經詞語即來源於佛教經典的詞語。禪宗是印度佛教中國化的産物，禪宗文獻語言必然會受到佛經的影響，就詞彙而言，禪宗語録中有很多源於佛經的詞語。《祖庭事苑》在解釋禪籍用語時亦解釋了大量的佛經詞語。有佛教人名、地名，如黄頭、碧眼、羅睺羅、憍尸迦、舜若多、鬱頭藍、薩婆若、乾城、寶陀岩、紺園、能仁、佉羅騫馱、那蘭陀等。有佛教理論和術語，包括稱謂，器具、說法術語等，如長老，指年齡長而法臘高、德治俱優的比丘等。首座，坐於上座者，故長老可稱首座。拂子，白椎，均爲禪師所用器具。拂子，本爲佛掃蚊蟲的用具，禪宗中則爲祖師教學常用的道具之一。白椎，又作白槌，一般爲律院告大衆肅静時敲打之器具，禪林於開堂或舉行重大說法儀式時打槌。栴檀林、叢林，指僧衆聚居的寺院；袈裟、屈眴指僧人的法衣；行脚，僧侣無一定住所，廣遊四方。打包指僧徒行乞或行脚時裝置隨身携帶的常用物件的袋囊。鉢囊則爲專門放置鉢盂的袋子。檀越、檀那，梵語音譯，意譯爲布施，引申指施主，可向僧道施捨財物或齋食。

佛教經典卷帙浩繁，記述了大量的寓言故事，佛陀又喜用比喻，因此佛經中又産生了大量充滿教化意義的譬喻。如："摩竭掩室"是説釋迦牟尼在摩陀國閉室静坐，不爲衆人説法的事；"毗耶杜口"指文殊在毗耶城向維摩問法，維摩以沉默回應；"雞足守衣"，相傳迦葉尊者在雞足山入定，奉持如來的金襴衣，以待彌勒出世；"鵝王别乳"是説將水和乳置於同一個容器，鵝王只飲乳汁，而留下水。

禪録中的佛經詞語數不勝數，《祖庭事苑》收釋的佛經詞語還有金剛陷座、定光招手、常啼賣心、智爲雜毒、優填雕像、步步道場、拘尸焚燎、蘆芽穿膝、央掘、怛薩阿竭、依①鉢、四花、三界、四流、難提、金色尊者、須菩提巖中、列刹、飲光、仙陀、波旬、寶陀巖、毗耶離、憍尸迦、由句、過量劫、刹那心、眾魔等，充分顯示了《祖庭事苑》所收佛經詞語數量之龐大，同時又體現出禪宗的佛教背景。

四、宗門語詞

禪録中包含着大量禪僧自創的新詞新義，這些詞帶有强烈的行業色彩，可稱爲宗門語詞。《祖庭事苑》此類詞收録甚多。

有的是宗門術語。如："雲門三句"即"函蓋乾坤""目機銖兩""不涉世緣"三句，"翠竹黃花"是"青青翠竹，盡是真如；郁郁黃花，無非般若"的縮略，"雲門道底"爲雲門所説的"胡餅"和"牛"，"玄沙道底"即爲"敢保老兄徹未在"和"打着我心痛"，"教外別傳"則爲表達禪宗思想的四句"教外別傳，不立文字；直指人心，見性成佛"中的一句。"三玄"乃臨濟宗一語中所含的三玄門"體中玄""句中玄""玄中玄"，這些均爲禪師接引學人或上堂説法時所用的禪語。

有的來自叢林公案。如："風幡""風幡競辨"爲六祖慧能"風動幡動"公案，"趙州無賓主""庭前柏樹子"乃趙州和尚公案，"吹布毛"即鳥窠禪師"布毛示法"公案，"百丈再參"是百丈再參馬祖的公案，"一宿祖關"爲唐代僧人留一宿而辭別慧能的"一宿覺"公案。這些公案語乃進入禪門之前必須熟悉的内容，習禪者不可不知。

還有的是禪門熟語。如展事投機、盲枷瞎棒、抽釘拔楔、鼻孔遼天、一鏃破三關、曲木據位、前三三、后三三等。

《祖庭事苑》收録的宗門語詞還有玄沙有言、玄沙猛虎、二祖償債、透法身、枯木龍吟、舉揚般若、騎牛穿市、口堪喫飯、袖裏藏鋒、出袖、石頭有言等。

---

① "依"當作"衣"。

第二節　《祖庭事苑》訓詁成就

　　《祖庭事苑》在疏解禪籍語詞時，既對學人解讀禪籍時的疑問和錯誤進行解說和糾正；又充分利用辭書、古注來探求字義、詞義，盡可能地探明詞語的語源，找出詞語命名的規律；還通過辨析詞語的音形爲釋義找到依據。這些在一定程度上爲讀者閱讀禪籍掃清了障礙，也爲文字學、語源學等研究提供了資料。

一、解疑析錯

　　《祖庭事苑》雖以釋義爲主，但據筆者統計，書中有多達70條的注釋内容爲糾正錯誤，這些錯誤或是所釋禪錄中的錯誤，或爲某些禪籍中的訛誤。善卿竭盡全力補正，這種做法與善卿的寫作目的是一致的。爲了正確地"釋教因緣""儒書事迹"而不"誤累後學"，善卿針對這些錯誤，或直接糾錯，或辨正緣由，或提示學人應注意的地方。

（一）直接指正錯誤

　　【青蘿夤緣】語出《忠國師碑》。乃草堂沙門飛錫撰。其間數語，叢林率多舉唱。如："青蘿夤緣，直上寒松之頂；白雲淡泞，出沒太虛之中。""萬法本閑，而人自鬧。""論頓也，不留朕迹；語漸也，返常合道。""得之於心，伊蘭作栴檀之樹；失之於旨，甘露乃蒺藜之園。""白雲志高，青松節峻，唯帝之師，親傳法印。解深貌古，言嶮理順，不有定門，將何演頓？"此皆草堂飛錫之語，今叢林說者往往指作國師之言。蓋由看尋之疏率，又豈能明雪竇之旨哉？（卷一《雪竇後録》）

　　善卿於該目下指出學者因"看尋之疏率"而容易誤把飛錫《忠國師碑》的内容當作忠國師本人的話語。經筆者查檢，此種現象禪籍中確實可見。如《無异元來禪師廣録》卷七："上堂。南陽忠國師云：'青蘿夤緣，直上寒松之頂。白雲淡泞，出没太虛之中。萬法本閑，而人自鬧。'"《天界覺浪盛禪師全録》卷七："師下堂，眾禮拜，各歸位，久立。師顧眾云：'正恁麼時也，恰好有甚麼相辜負處？'復舉南陽忠國師云：'青蘿黃緣，直上寒松之頂。白雲淡泊，出没太虛之中。萬法本閑，惟人自鬧。'"上文皆將"青蘿黃緣"句誤作忠國師之語，如此看來，學者用之當仔細閱讀。

【一句合頭語】按雲門垂代："古人道：'一句合頭語，萬劫繫驢橛。'作麼明得免此過？"古人，謂船子也。船子問夾山："你何處學得來？"山曰："非耳目之所到。"船子笑曰："一句合頭語，萬劫繫驢橛。"今雪竇云："忽若雲門道，一句合頭語。"此船子語，非雲門也。（卷二《雪竇拈古》）

該詞見於《明覺禪師語録》卷三："師云：'者漢勞而無功，忽若雲門道：一句合頭語，萬劫繫驢橛。又作麼生免此過？'"又《雲門匡真禪師廣録》卷中："一日云：'古人道：一句合頭語，萬劫繫驢橛。作麼生明得免此過？'代云：'趙州石橋嘉州大像。'"可知上述語録皆以"一句合頭語，萬劫繫驢橛"爲雲門禪師所言。善卿於該條下糾正爲船子之語。"船子"與"夾山"的對話見於《慈受懷深禪師廣録》卷四："船子纔見夾山。便問：'大德住在甚寺？'夾山云：'寺則不住，住則不似。'船子云：'汝道不似，不似個甚麼？'夾山云：'不是目前法。'船子云：'甚處學得來？'夾山云：'非耳目之所到。'船子云：'一句合頭語，萬劫繫驢橛。垂絲千尺，意在深潭。離鈎三寸，子何不道？'夾山擬開口，船子便打落水，纔擬出，船子又云：'道。道。'夾山擬開口，船子又打，夾山豁然大悟，乃點頭三下。船子云：'竿頭絲綫從君弄，不犯清波意自殊。'夾山云：'抛綸擲鈎，師意如何？'船子云：'絲懸渌水浮，定有無之意。速道！速道！'夾山云：'語帶玄而無路，舌頭談而不談。'船子云：'釣盡江波，金鱗始遇。'夾山乃掩耳。船子云：'如是。如是。'"

由此可見，善卿此校有據可依。

【袖裏藏鋒】《達觀録·四藏鋒頌·序》云："叢林舊有四藏鋒：一曰就事藏鋒；二曰就理藏鋒；三曰入就藏鋒；四曰出就藏鋒。"不知何人改就爲袖，改理爲裏云云。今禪家録用就字爲襟袖字，用理字爲表裏字，共所不疑也。且如風穴録有四出就語：一曰如何是密室中事，出袖談今古，回顧獨皺眉。二曰九夏賞勞，請師言薦。出袖拂開龍洞雨，泛杯波涌鉢囊花。三舉南泉辭寒山遊石橋緣。僧問師："意旨如何？"出袖藏鋒能靈利，毛睫無差滑石橋。四勘僧云："聲前來，句後殺。"僧應咦。師云："出袖藏鋒無定止，汝漬經雨倒降旗。"此蓋後人不善其意，妄以去就之就，改爲襟袖之袖也。今叢林中以袖裏藏鋒、出袖拂開皆爲用中語，舉口則棒拍已行，豈容擬議。雖然，苟欲詳其問答語脉，則是何旨意。古人之言，豈虛發邪。既學古人之建立，安可忽諸。且就事則全事，就理則全理，入就則事理俱，出就則事理泯。至於四料揀、四賓主、三句、五位，各有宗徒，無自封執。第以風穴四語詳之，則厥旨可見。達觀去臨濟七世，去風穴四世，乃直下正派，頗得詳審，以此校之，則凡曰禪門語録，袖裏皆宜改爲就理。若謂法門時節，不得以語言文字輒生情解者，吾未如之何也矣。（卷二《雪竇瀑泉》）

該詞見於《明覺禪師語録》卷四："上堂。'汝等諸人，盡是久經陣敵慣戰作家，倚天長劍即不問，爾作麼生是袖裏藏鋒？'代云：'寡不敵眾。'"

善卿立該目是批評有些學人對"袖里藏鋒"意義的錯誤理解，故而三次指出改"就"爲"袖"、改"理"爲"裏"的錯誤，爲使學人清晰地理解用"就""理"之由，善卿又於卷六單立"出袖"一條，並詳細列出四藏鋒頌：

其一，就事藏鋒事獨全，不於理上取言詮。金麟若不吞香餌，擺尾搖頭戲碧川。其二，就理藏鋒理最微，豈從事上立毫釐。新羅鷂子飛天外，肯搦林中死雀兒。其三，入就藏鋒理事該，碧潭飄起動風雷。禹門三月桃花浪，戴角擎頭免曝腮。其四，出就藏鋒事理亡，長天赫日更無妨。雷公電母分明說，霹靂聲中石火光。（卷六《風穴眾吼集》）

以上足見善卿對該錯誤的重視及清晰的認識，但在善卿之後，無人再談及該問題，直到日本江戶時代的無著道忠，在其所著的《盌雲靈雨》中再次談到了"出袖出就"的問題①，但遺憾的是無著以"袖"字正確，"因袖有拂開言也"，這顯然是未真正理解其中的含義。

禪宗的宗旨不在於追求語言文字，故雖用語言，更追求超越語言層面的意義。《達觀録》的"四藏鋒"是禪師運用語言的四種手段，"就事""就理""入就"可通過語言文字理解其義。語言文字看似是消極的，限制了意義的表達，但這種限制有它的必然性，也有積極的意義，在限制言説的同時亦能把意義呈現出來。"出就"則是禪師活用語言的超脱手法，是超越語言文字而指向更深層次的意義。禪的"道"或經驗具有不可描述性，但是又必須了解，更需要在依托語言的基礎上超越語言來領悟禪的妙義。

【熊嶺】即達磨塔所也。塔記云：大師化緣已畢，傳法得人，乃端居而逝，即大同二年十二月五日也，葬於熊耳山，起塔定林寺。顔師古云：熊耳山在順陽北，益陽縣東，其山兩峰狀若熊耳，因以名焉，與少林相去三百餘里。據此，非二祖立雪之處，蓋指事之誤也。（卷三《雪竇祖英》上）

該詞見於《明覺禪師語録》卷六："熊嶺迢迢兮曾立夜雪，謝池依依兮笑生春草。"可知善卿糾錯的原因乃該句中的"熊嶺"與"立夜雪"的關係有誤。熊嶺即熊耳山，爲達摩祖師的塔所，而二祖立雪之處不在熊嶺，故善卿説明"蓋指事之誤"。

【葬熊耳】當云葬龍耳，蓋有其緣。西晋文帝聞璞郭爲人相墓地，遂微服觀之。謂主人曰："此葬龍角當滅族，何爲葬此？"主人曰："郭璞云：'此是龍耳，三年當有天子至。'"帝曰："出天子耶。"主人曰："非出天子，能致天子也。"《傳燈》作"吕才葬虎耳"，亦非也。吕才，唐博州清平人也，官至太常丞，善陰陽術數。嘗撰《卜宅篇》，

---

① 卷二"出袖出就"一條：《祖庭事苑》辨人就出就引《達觀録》，廣説曰："後人不善其意，妄以去就之就改爲襟袖之袖也。"無著道忠云："《廣燈·風穴延沼章》云：問：'堯王雖有今，蘭臺有人過時如何？'師云：'出袖不携梟楚客，藏鋒猶念雪林僧。'問：'九夏賞勞，請師言薦。'師云：'出袖拂開龍洞雨，泛杯波涌鉢囊華。'"皆以出袖對藏鋒，對泛杯，似非後人妄以就改袖。又《廣燈·首山省余章》云：問：'百丈捲席，意旨如何？'師云：'龍袖拂開，全體現。'此語又見《汾陽録》，皆似照化風穴語。竊謂就袖音近假借而用袖字，因袖有拂開言也。"

凡七章。甚祛俗執，因附一二於下。其六曰："且人有初賤而後貴，始泰而終否者，子文爲令尹，仕三而已；展禽三黜於士師，彼家墓已定而不改，此名位不常。何也？故知榮辱升降，事關諸人而不由葬也。世之人爲葬巫所欺，悉擗踊荼毒以期微幸，由是相壅壟，希官爵，擇日時，規財利，謂辰日不哭，欣然而受吊；謂同屬不得臨壙，吉服避送其親。詭斁禮俗，不可以法也。"（卷七《八方珠玉集》）

按：《卍續藏》本《拈八方珠玉集》："舉僧問靈雲：'君王出陣時如何？'雲云：'郭璞葬熊耳。'僧云：'如何是郭璞葬熊耳？'雲云：'坐見白衣天。'僧云：'當今何在？'雲云：'莫觸龍顏。'佛鑑拈云：'從苗辨地，因語識人。'靈雲見桃花便悟，名不虛傳，如何辨的？不見他道，郭璞葬熊耳。"此段對話爲一位僧人與靈雲志勤禪師的對話，佛鑑又拈提此古則。"葬龍耳"的典故出自《世説新語・術解第二〇》，故事説明郭璞要墓主"葬龍耳"的地方可招來天子的妙算果然靈驗。依善卿校釋，該古則之意已然。又佛鑑拈提該古則夸贊靈雲見桃花便悟，是"名不虛傳"的"從苗辨地，因語識人"，就如郭璞指示墓主"葬龍耳"，三年后天子到來一樣準確。此外，善卿又發現《景德傳燈録》作"吕才葬虎耳"，一並改之。所述吕才之生平傳記，《新唐書》卷一二一有記載，並收録《葬篇》等三篇著作，但據《葬篇》文意可知吕才對當時埋葬迷信風水是痛斥的，故善卿認爲《景德傳燈録》一文作"吕才葬虎耳"有誤。

（二）因"參閱不審"而誤

【三句】一截斷眾流，二函蓋乾坤，三隨波逐浪，立此三句，自德山圓明大師始也，今皆謂雲門三句者，蓋參尋之不審也。然德山即雲門之嗣，有此三句爾。（卷一《雲門録》上）

【出三句語】雲門有時示眾云："函蓋乾坤，目機銖兩，不陟世緣，作麼生承當？"自代云："一鏃破三關。"然雖有此意，且未嘗立爲三句。昔普安道禪師，因德山出三句語，隨以頌之付於卷末，往往亦指此頌爲雲門所作，是皆看閲不審也。道即德山之的嗣。（卷一《雲門録》上）

按：善卿於"三句""出三句語"二則條目下並非要解説"三句"之義，而是糾正禪人習用"雲門三句"這種説法的錯誤，禪籍中確實多有此種説法，如：

門云："體露金風，句中不妨把斷要津，不通凡聖。須會他舉一明三，舉三明一。爾若去他三句中求，則腦後拔箭。他一句中須具三句：函蓋乾坤句，隨波逐浪句，截斷眾流句。自然恰好。雲門三句中，且道用那句接人，試辨看。"（《佛果圜悟禪師碧巖録》卷五）

師云："此三轉語。一轉具三玄三要，四料揀四賓主。洞山五位，雲門三句，百千法門，無量妙義，若人揀得，許爾具一隻眼。"（《大慧普覺禪師語録》卷八）

善卿指出雲門禪師有"函蓋乾坤，目機銖兩，不陟世緣"這三句，但"截斷眾流""函蓋乾坤""隨波逐浪"這"三句"實則爲雲門法嗣德山緣密汲取雲門之精華，改其語句，禪林或稱"德山三句"。《景德傳燈録》卷二二《朗州德山第九世緣密圓明大師》："德山有三句語：一句函蓋乾坤，一句隨波逐浪，一句截斷眾流。"善卿亦指出禪人誤把德山緣密禪師的弟子普安道對此三句作的頌當作雲門禪師所作。《大正藏》本《雲門匡真禪師廣録》卷下末尾可見 12 首頌仍以《頌雲門三句語並餘頌八首》爲題，記爲"門人住德山圓明大師緣密述"。然經筆者考察，此 12 首頌可見於《天聖廣燈録》卷二一《鼎州普安道禪師》，《聯燈會要》卷三〇《鼎州普安道和尚》，足見善卿此校正確有必要。

【玄沙有言】愚觀此頌，正用常歸宗語，其意甚詳。今云玄沙有言，玄沙又得於歸宗耳，備録二頌，應知所出之前後也。歸宗常禪師頌：歸宗事理絶，日輪正當午。自在如師子，不與物依怙。獨步四山頂，優遊三大路。欠呿飛禽墜，嚬呻眾邪怖。機豎箭易及，影没手難覆。施張若工伎，裁翦如尺度。巧鏤萬般名，歸宗還似土。語默音聲絶，音妙情難措。弃個眼還矓，取個耳還聾。一鏃破三關，分明箭後路。可憐大丈夫，先天爲心祖。玄沙頌云：一二三四五，日輪正當午。可憐大丈夫，先天爲心祖。（卷二《雪竇頌古》）

該詞見於《佛果圜悟禪師碧巖録》卷六："雪竇頌古云：與君放出關

中，放箭之徒莫莽鹵。取個眼兮耳必聾，捨個耳兮目雙瞽。可憐一鏃破三關，的的分明箭後路。君不見，玄沙有言兮，大丈夫先天爲心祖。"按：善卿對雪竇頌古中的"玄沙有言"一語擇出立目，其目的是指出雪竇頌古中的"一鏃破三關，分明箭後路。可憐大丈夫，先天爲心祖"句乃出自歸宗而非玄沙。因而，在《風穴眾吼集》"一鏃"條目下，善卿又列出歸宗頌原文加以強調。① 《佛果圜悟禪師碧巖録》亦指出了該頌非玄沙所作。其書卷六："此頌數句，取歸宗頌中語。歸宗昔日，因作此頌，號曰歸宗，宗門中謂之宗旨之説。……大丈夫先天爲心祖，玄沙常以此語示眾，此乃是歸宗有此頌，雪竇誤用爲玄沙語。如今參學者，若以此心爲祖宗，參到彌勒佛下生，也未會在若。"

　　【威音王佛】禪宗不立文字，謂之教外別傳。今宗匠引經，所以明道，非循迹也。且威音王佛已前，蓋明實際理地；威音已後，即佛事門中。此借喻以顯道，庶知不從人得。後人謂音王實有此緣，蓋由看閱乘教之不審，各本師承，沿襲而爲此言。（卷五《池陽問》）

　　按：善卿於該目下糾正後人因"看閱乘教之不審"而"謂音王實有此緣"。"威音王佛"即過去莊嚴劫最初的佛名。《法華經》卷六《常不輕菩薩品》："乃往古昔，過無量無邊不可思議阿僧祇劫，有佛名威音王如來、應供、正遍知、明行足、善逝、世間解、無上士、調御丈夫、天人師、佛、世尊。劫名離衰，國名大成。其威音王佛，於彼世中，爲天、人、阿修羅説法，爲求聲聞者，説應四諦法，度生老病死，究竟涅槃；爲求辟支佛者，説應十二因緣法；爲諸菩薩，因阿耨多羅三藐三菩提，説應六波羅蜜法，究竟佛慧。得大勢！是威音王佛，壽四十萬億那由他恒河沙劫；正法住世劫數，如一閻浮提微塵；像法住世劫數，如四天下微塵。其佛饒益眾生已，然後滅度。正法、像法滅盡之後，於此國土復有佛出，亦號威音王如來、應供、正遍知、明行足、善逝、世間解、無上士、調御丈夫、天人師、佛、世尊。"可知威音王佛確有此緣。"威音王佛已前"，指威音王

---

　　① 卷六《風穴眾吼集》"一鏃"："歸宗頌云：一鏃破三關，分明箭後路。可憐大丈夫，先天爲心祖。"按《景德傳燈録》和《天聖廣燈録》均未見風穴延昭禪師言句中有"一鏃"一詞，蓋該句已逸失。

佛未出世之前，距離現在時間久遠。禪宗以直指人心，不立文字爲宗旨，"威音王已前"即不用語言文字傳達妙義，無師家無學的明心見性境界，故善卿言"今宗匠引經，所以明道，非循迹也"。威音王以後，則是祖師傳承，而此時期仍然無師印證所學，自然是天外公道。①《圓悟佛果禪師語録》卷一二："威音王已前，無師自悟，是大解脱人；威音已後，因師打發，不免立師立資，有迷有悟。"《六祖大師法寶壇經》："威音王已前即得，威音王已後，無師自悟，盡是天然外道。"又"威音未朕前""威音那畔"義同"威音王已前"，指悟道境界。《如净和尚語録》卷上："今朝九月初一，打板普請坐禪。第一切忌瞌睡，直下猛烈爲先，忽然爆破漆桶，豁如雲散秋天，劈脊棒迸胸拳。晝夜方纔不可眠，虚空消殞更消殞，透過威音未朕前，咦栗棘金圈恣交褒，凱歌高賀徹風顛。"《圓悟佛果禪師語録》卷一〇："直饒空劫已前，威音那畔。一時座斷，大似釘樁摇櫓，膠柱調弦，直饒顯目前機用目前事。"另外，禪籍中"威音"與"空劫"常常並提連用。《普覺禪師語録》卷二八："而今默照邪師輩，只以無言無説爲極則，喚作威音那畔事，亦喚作空劫已前事。""空劫已前事"即超越時空的禪悟之境，同"威音那畔事"。

二、探明語源

語源是客觀存在的。② 在語言産生之初，聲音和語義的結合是"約定俗成"的，但是在使用語言的過程中，隨着語詞的分化、孳乳，語詞音義之間的聯繫就不再是"約定俗成"的，而是有源可尋。黄侃在《文字聲韻訓詁筆記》中説："凡有語義，必有語根。言不空生，名不虚作，名不虚作，所謂'名自正'也。《左傳》言名有五，是則制名皆必有故。語言緣起，豈漫然無所由來？無由來即無此物也。"③ 章太炎在《國故論衡·語言緣起説》中也談到："語言者不憑虚起，呼馬而馬，呼牛而牛，此必非恣意妄稱也。"④ 當語言學發展到一定程度時，都要追問語源問題。洪誠

① 黄繹勛：《宋代禪宗辭書〈祖庭事苑〉之研究》，佛光出版社，2011年，第256頁。
② 楊澤林：《淺談名物命名之源》，《河北北方學院學報》，2006年第4期。
③ 黄侃：《文字聲韻訓詁筆記》，上海古籍出版社，1983年，第18頁。
④ 章太炎：《國故論衡·語言緣起説》，上海古籍出版社，2006年，第22頁。

先生指出："語言是隨歷史發展的，訓詁必須掌握語言的歷史情況，才可能有正確的解釋。解釋古語，要懂得語義的歷史演變情況；解釋現代書面語，有時也需要懂得語義的歷史演變情況。因爲現代書面語吸收了不少古詞語，如果語源不清楚，了解就不够透徹，甚至於誤解。"①

語源的探求主要包括探索語源意義和命名緣由。蔣紹愚先生指出："要對一個詞語有更深的了解，就不僅要弄清其意義，還要推求其語源。推求語源包括兩個方面：（a）弄清某個詞語的歷史來源；（b）弄清某個詞語的'得名之由'（或者叫'内部形式'）。"②《祖庭事苑》在這兩個方面均發揮了作用。

善卿在多數詞目下直接指出了詞語的出處或來源。雖然"指出某個詞或詞義最先見於某一文獻並不意味着它在語言裏就產生在這個文獻的撰著年代；找出最早用例的目的只在於確定某一個詞或詞義產生的時代下限，即是説它在語言裏出現不晚於某個時代。"③ 但是最早的書證可明語源。如：

> 【禾山】《寶藏論》云："夫學者有三：其一謂之真，其二謂之鄰，其三謂之聞。習學謂之聞，絕學謂之鄰，過此二者謂之真。"（卷二《雪竇頌古》）

該詞見於《明覺禪師語録》卷三："卧龍代云：'和尚屬專甲。'禾山云：'是何道理。'趙州云：'明年與和尚作領布衫。'"按：該詞目下直接引用《寶藏論》似不明其義。"禾山"指吉州禾山無殷禪師，其著名的公案爲"禾山打鼓"，即禾山反復用"解打鼓"擊退僧人的連續發問。《佛果圜悟禪師碧岩録》卷五："禾山垂語云：'習學謂之聞，絕學謂之鄰，過此二者，是爲真過。'僧出，問：'如何是真過？'山云：'解打鼓。'又問：'如何是真諦？'山云：'解打鼓。'又問：'即心即佛即不問，如何是非心非佛？'山云：'解打鼓。'又問：'向上人來時如何接？'山云：'解打鼓。'禾山垂示云：'習學謂之聞，絕學謂之鄰，過此二者，是爲真過。'此一則

---

① 洪誠：《訓詁學》，江蘇古籍出版社，1984 年，第 98 頁。
② 蔣紹愚：《近代漢語研究概要》，北京大學出版社，2005 年，第 294 頁。
③ 張永言：《語文學論集》（增補本），語文出版社，1999 年，第 17 頁。

語，出《寶藏論》。"由此可知，善卿於此處並非解釋禾山，而是要指明禾山垂語的出處爲《寶藏論》。

【四山】《別譯阿含》云：一老山能壞少壯；二病山能壞色力；三死山能壞壽命；四衰耗山能壞一切榮華富貴。又《問諫王經》：譬如四山四面合之，其中物類如何能免。王曰："如人四大俱壞，有情命可免否，在須臾間不可保也。"（卷七《八方珠玉集》）

該詞見於《拈八方珠玉集》："僧問曹山：'四山相逼時如何？'山云：'曹山在裏許。'僧云：'未審還求出也無。'山云：'在裏許，即求出。'""四山相逼"即人身常爲生老病死四苦相逼迫。按善卿引《別譯雜阿含經》"老山、病山、死山、衰耗山"作"四山"一詞的出處。又《大明三藏法數》卷一一"四山"條亦注云："出《別譯雜阿含經》。"可知"四山"之義已見於南朝宋前。而詹緒左指出"四山"出自《涅槃經》卷二十九："我即贊言：'善哉！大王，我說四山即是眾生生老病死。生老病死常來切人，云何大王不修戒施？'"[①] 時代略晚。

該書最值得稱道的是善卿對事物命名理據的探究。詞的理據是指用某個詞稱呼某事物的理由和根據，即某事物爲什麼獲得這個名稱的原因。它主要是研究詞和事物命名特徵之間的關係。[②] 探索詞的理據，即從名稱與事物發生關係的角度，揭示語源意義的所在，這是傳統語源學的內容，也是名稱學的內容，同時"對於我們理解語言詞彙的系統性和發展史是大有裨益的"[③]。

《祖庭事苑》保存了大量這方面的資料，全書收錄兩千四百餘條詞目，其中就有五百條詞目是訓釋人名、地名和器物名的，這是研究禪宗名物詞理據的極好材料。《祖庭事苑》對詞語得名的探究主要體現了對禪宗門人命名的探源。關於禪僧命名之由，善卿於該書卷二"白頭因"條下作了概述：

【白頭因】因事立號，叢林素有之。因以少年頭白，故得是名。

---

① 《〈祖堂集〉詞語研究》，上海師範大學博士學位論文，2006 年，第 163 頁。
② 張志毅：《詞和詞典》，中國廣播電視出版社，1994 年，第 22 頁。
③ 張永言：《詞彙學簡論》，華中工學院出版社，1982 年，第 31 頁。

如：瞞頭副、赤頭璨、钁頭通、安鐵胡、覺鐵觜、劉鐵磨、清八路、米七師、忽雷澄、踢天太、鑒多口、不語通、黑令初、明半面、一宿覺、折牀會、岑大蟲、獨眼龍、矬師叔、周金剛、簡浙客、陳溝鞋①、泰布衲、備頭陀、大禪佛、王老師、瀏陽叟，皆禪林之白眉，聞其名者，莫不慕其所以爲道也。（卷二《雪竇瀑泉》）②

該詞目下，善卿以"因事立號"一語概括了後面所列禪師命名的緣由。"因事立號"即善卿對禪宗人物稱謂原因的認識。據筆者對善卿所列禪師命名的考察，"因事立號"還可細分。下面就結合上文所列禪師的稱號及《祖庭事苑》其他有關禪宗人物條目的釋義對禪宗門人的稱謂進行更細緻的分類和整理。③

（一）以外形特征命名

璨尊者，因生病而滿頭頭髮脱落，病愈后仍不長黑髮，故稱爲"赤頭璨"。《傳法正宗記》卷六《震旦第三十祖僧璨尊者傳》："璨尊者以風疾出家，及居山谷，疾雖愈而其元無復黑髮，故時人號爲赤頭璨。"

疏山光仁禪師因身形矮小而被稱爲"矬師叔"。《景德傳燈録》卷一七《撫州疏山光仁禪師》："撫州疏山光仁禪師，身相短陋，精辯冠眾。洞山門下時有齧鏃之機，激揚玄奥，咸以仁爲能銓量者，諸方三昧可以詢乎矬師叔。"

婺州明招德謙禪師因左眼失明而被稱作"獨眼龍"。《智證傳》："德山四世而有謙，謙眇而機穎，叢林號獨眼龍。"

南嶽玄泰上座因衣著簡樸，從未穿過衣帛而被稱作"泰布衲"。《景德傳燈録》卷一六《南嶽玄泰上座》："南嶽玄泰上坐不知何許人也，沉静寡言未嘗衣帛，眾謂之泰布衲。"

---

① "溝"當爲"蒲"之訛字。

② 受筆者能力及資料所限，"瞞頭副""清八路""忽雷澄""踢天太""黑令初"五個稱號均未能找到得名依據。

③ 下文中禪師命名的分類參考了鞠彩萍《淺談禪宗稱謂中的借稱》（《佛教文史》，2012 年第 2 期）一文，該文中將禪師的稱謂分爲七種："以形貌特徵而稱名、以公案典故而稱名、以開悟機緣而稱名、以機鋒特色而稱名、以性格特徵而稱名、以姓氏而稱名、以住地而稱名。"

另外，《祖庭事苑》還收釋了"金色尊者""鶖鷺""碧眼""穿耳客"等稱謂。

【金色尊者】即大迦葉也。先是毗婆尸佛滅後，眾以其舍利建塔，塔之像其面金色缺壞。是時迦葉方爲鍛金師，會有貧女持一金錢求治爲薄，欲往補之。迦葉聞且樂爲補已，因相與願爲無姻夫妻，以是報，九十一劫體皆金色。最後生摩竭國，出家爲佛弟子，頭陀第一。（卷一《雪竇后録》）

大迦葉"金色尊者"的稱號得名於其身有金色之光，又叫"金色迦葉"。《四分律開宗記》卷六："故《智論》五十四云：'摩訶迦葉，娶金色女爲妻，不生愛樂，弃捨出家。'或以身作金色，名金色迦葉。"

【鶖鷺】梵云舍利弗，此言鶖鷺子，以其母之眼如鶖鷺，因母得名，故云舍利子，智慧第一，辯捷無雙。（卷三《雪竇祖英》上）

【碧眼】初祖達磨大師眼有紺青之色，故稱祖曰碧眼。（卷三《雪竇祖英》上）

以上二條皆是以眼部特徵命名。"舍利弗"因"母之眼如鶖鷺"而得名"鶖鷺"。菩提達磨祖師因眼有青色而得名"碧眼"，又稱"穿耳客"。

【穿耳客】謂達摩祖師也。然穿耳非佛制，稱之，蓋表梵人之相。（卷六《風穴眾吼集》）

穿耳是印度人的習俗，禪宗又借稱菩提達摩。

（二）以開悟機緣而命名

益州北院通禪師因"入嶺"一案而當下開悟，於是就有了"钁頭通"的稱號。《筠州洞山悟本禪師語録》："北院辭師，擬入嶺去。師曰：'善爲飛猿嶺峻好看。'院沉吟良久。師曰：'通闍黎。'院應諾。師曰：'何不入嶺去。'因此省悟，更不入嶺。師事於師，時號钁頭通。"

（三）以公案典故而命名

"一宿覺"是永嘉玄覺禪師的稱號，得名於玄覺禪師和六祖慧能之間的一段機緣佳話。玄覺禪師初次與六祖慧能見面，一問一答間即頓悟法門，於是留宿一夜，時人謂之"一宿覺"。此公案广泛流传，禅林因此多用該稱号代指玄覺禪師。《景德傳燈錄》卷五《溫州永嘉玄覺禪師》："師方具威儀參禮，須臾告辭。祖曰：'返太速乎？'師曰：'本自非動，豈有速耶。'祖曰：'誰知非動？'曰：'仁者自生分別。'祖曰：'汝甚得無生之意。'曰：'無生豈有意耶！'祖曰：'無意誰當分別。'曰：'分別亦非意。'祖嘆曰：'善哉！善哉！'少留一宿，時謂一宿覺矣。"

"折床會"是如會禪師的稱號。傳說唐代如會禪師法席昌盛，僧徒眾多，以致僧堂的床榻被折斷，故稱爲"折床會"。《五燈會元》卷三《湖南東寺如會禪師》："始興，曲江人也。初謁徑山，後參大寂。學徒既眾，僧堂床榻爲之陷折，時稱折床會也。"

福州玄沙院師備禪師苦修頭陀法，衣食簡單，故被眾人稱爲"備頭陀"。《萬松老人評唱天童覺和尚頌古從容庵錄》卷五："福州玄沙宗一大師，諱師備，芒鞋布衲，菲食自怡。雪峰高其苦行，常以備頭陀呼之。"

朗州宣鑑禪師因經常講讀《金剛般若經》而得名"周金剛"。《佛祖歷代通載》卷一七："朗州德山宣鑑禪師，劍南人，姓周氏，博貫三藏，嘗講《金剛經》，時以周金剛名之。"

道明禪師因隱居龍興寺后以織蒲鞋贍養老母，所以有"陳蒲鞋"之稱。《景德傳燈錄》卷一二《睦州龍興寺陳尊宿》："陳尊宿初居睦州龍興寺，晦迹藏用，常製草屨密置於道上。歲久人知，乃有陳蒲鞋之號焉。"

（四）以機鋒特色命名

長沙鹿苑招賢大師機鋒十分峻烈，與仰山對機時做大蟲撲噬的姿勢，踏倒仰山，仰山言其"直下似個大虫"，因此有了"岑大蟲"的稱號。《佛果圜悟禪師碧岩錄》卷四："仰山云：'爾試用看。'沙一踏，踏倒。仰山起云：'師叔一似個大蟲。'後來人號爲岑大蟲。"

唐代一僧尼，俗姓劉，因其機鋒險峻犀利而有"劉鐵磨"的稱謂。《佛果圜悟禪師碧岩錄》卷二："左轉右轉隨後來，紫胡要打劉鐵磨。"

"覺鐵觜"，姓名無從考，也是因其機鋒峻峭而有此稱號。《大慧普覺禪師語錄》卷八："示眾。舉法眼問覺鐵觜：'近離甚處？'覺云：'趙州。'"《大光明藏》卷二："此覺鐵觜也，用處如電而霹靂隨之，其能起龍蛇喚云雨，與法眼相見是也。至於擊蛟破柱，使人有掩耳不及之嘆。"

（五）以姓氏命名

禪籍中多有以姓氏代稱其名者，善卿已認識到了這一點，從卷三"湯慧休"條的注釋中可見。

【湯慧休】湯，浴，姓也。古沙門多以俗姓或師姓稱之，如竺道生、帛道猷、竺法汰等是也。（卷三《雪竇祖英》上）

善卿於該條下總結了禪師命名的另一方式，即"以俗姓或師姓稱之"。按：湯乃俗姓。竺道生，俗姓魏，因師從於竺法汰，故爲竺姓。帛道猷，本姓馮，學於帛尸梨密，故爲帛姓。

上述"白頭因"條目下的"米七師"亦與姓氏有關。米禪師因俗姓排行第七而稱爲"米七師"。《林泉老人評唱投子青和尚頌古空谷集》卷三："京兆府米和尚，亦曰米七師，謂俗舍第七。又曰米胡，美髯故也。"

又該書其他卷"王老師"[①]的命名亦因姓氏而稱名。

【王老師】池州南泉普願禪師，鄭州新鄭人，姓王氏，得馬祖之法，即唱道南泉，常自稱王老師。（卷三《雪竇祖英》上）

南泉普願禪師俗姓王，自稱王老師。

（六）以性格特征命名

廣州和安通禪師因寡言少語，被稱作"不語通"。《景德傳燈錄》卷九《廣州和安通禪師》："廣州和安寺通禪師者，婺州雙林寺受業，自幼寡言，時人謂之不語通也。"

明州清簡禪師因行事孤潔而被稱爲"簡浙客"。《續傳燈錄》卷四："明州天童清簡禪師錢塘張氏子，師爲事孤潔，時謂之簡浙客。"

五代岳州巴陵顥鑒禪師能言善辯，世人多稱爲"鑒多口"。《祖庭事苑》卷三"老新開"條："岳州巴陵新開顥鑒禪師，嗣雲門，時謂鑒

---

① "白頭因"條下亦有"王老師"，此處選其他卷"王老師"的注釋論述。

多口。”

（七）以居住地命名

禪宗運用最多的就是以禪僧居住的地名或山名命名。潭州石霜慶諸禪師因避世居住在長沙瀏陽陶家坊而被稱爲“瀏陽叟”。該書卷三“劉陽叟”條：“劉陽，當作瀏陽，邑名也。即潭州石霜慶諸禪師受道吾法印，遁迹自處。於時始爲二夏僧，因避世，混俗於長沙瀏陽陶家坊，人不之識。洞山價訪而得之，遂辟居石霜山。”又如：

【象骨老師】象骨，即雪峰之別山，以形似而稱。（卷三《雪竇祖英》上）

象骨老師，即義存禪師。象骨，指象骨山，后稱作雪峰山。

通過對《祖庭事苑》部分名物詞釋義理據的分析歸納，我們可以更好地了解善卿在探索詞語命名方面的成就。雖用“因事立號”概述禪宗人物命名的緣由略顯粗略，但足見善卿在當時就已注意到禪僧命名依據的問題，並盡可能地找出這些人物命名的規律。

三、審音辨形

禪籍文獻中存在大量的俗語詞，但要完全了解這些俗語詞的意義卻十分困難。爲了更好地理解禪籍中俗語詞的意義，《祖庭事苑》運用審音辨形的訓釋方式來探究詞義。音，即詞語的語音形式；形，即詞語的文字形式。在此嘗試更深入地辨析善卿關於詞語語音文字的校正，並進一步指出該詞在禪籍中的用意。

【㯕榿】借音盦㯕，糞壤也。（卷一《雲門録》上）

《雲門匡真禪師廣録》卷上作：“若是一般掠虛漢，食人膿唾，記得一堆一擔㯕榿，到處馳騁驢脣馬觜，誇我解問十轉五轉話。饒爾朝問至夜答到夜論劫，還夢見麼？”作“搕㯕”，與善卿所見底本不同。

按：俗書“扌”“木”不分，“㯕榿”又作“搕㯕”。善卿注盦㯕，甚是。“搕”，禪籍文獻有隨文注音。《建中靖國續燈録》卷一二《福州玄沙明惠閣文禪師》："向此不明，翻成搚撧（上音罨，下音鞥）。"《景德傳燈録》卷二二《英州大容諲禪師》：大海不容塵，小谿多搚（烏合切）撧（私盍切）。""搚"直音"罨"或"烏合反"。按敦煌文獻如 P.2717《碎金》"罨"字，注音亦爲烏閤反。[1]"盦"字，《康熙字典·皿部》引《唐韻》亦有烏閤切一讀。

又"搚"，《廣韻·合韻》："搚撧，糞也。""撧"，《廣韻·盍韻》："搚撧，糞。"搚撧，垃圾，污穢不净物。《月林師觀禪師語録》："無法可説，是名説法。搚撧堆頭，重添搚撧。盡底掀翻，歸家穩坐。"《介石智朋禪師語録》："萬機不到，地闊天開。一句當堂，山枯海竭。搚撧堆中，掘窖埋没諸人。"

該詞又作"塯圾""塯墆""磕撧""塯撒"等形。如：

> 塯圾堆头見丈六金身，斑斑駁駁是什麼？（《碧岩録》卷四）

> 至佛殿，以手指中佛云："如何是佛？一口針三尺綫。"又指左邊佛云："如何是佛？棕櫚葉長夜叉头。"又指右边佛云："如何是佛？糞掃堆头添塯墆。"（《明覺聰禪師語録》卷二）

> 菩提涅槃、真如佛性、祖意教意，是我從上諸祖揚在磕撧堆头底糞穢；主賓棒喝、玄要綱宗，是我祝聖和尚尋常煎過的藥渣。（《北京楚林禪師語録》卷一）

> 煎餅虛抛塯撒堆，滿城都道送窮迴。（金·元好問《送窮》）

此外，禪籍中又多見"搚撧"與"墻（塯）[2]墆"互換的現象。如：

> 侍者當時若見鹽官道："扇子既破，還我犀牛兒來。"便向它道："已颺在墻墆堆頭了也。"（《普覺宗杲禪師語録》卷上）

> 拈拄杖卓一下云："迷時只迷遮個。"復卓一下云："悟時只悟遮個，迷悟兩忘。糞掃堆頭，重添搚挣。"（《密庵和尚語録》）

墻墆，即垃圾，髒東西。善卿釋爲"糞壤"，義同。清梁同書《頻羅庵遺集》卷十四《直語補證》："塯撒堆，三字爲庸豎常談，即今搚撧，

---

① 轉引自王勇：《"垃圾"來源再探——基於歷史文獻和現代方言的擬測》，待刊。
② 《漢語大字典》："撼，同'塯'。"

垃圾字，言穢雜不净也。"

【鈍置】下當作躓，音致，礙不行也。（卷一《雲門録》上）

《雲門匡真禪師廣録》卷上："上堂云：'去！去！遞相鈍置，有什麽了時！'"仍作"鈍置"。按："置"校"躓"，甚是。"鈍躓"當爲折磨，折騰，作弄義。[①] 躓，《廣韻·至韻》："躓，礙也。"慧琳《一切經音義》卷五四"躓礙"注引《考聲》："躓，礙不進也。""礙不進"則不通，困頓。又較早期文獻有"頓躓"一詞，《晋書·杜夷傳》："徵士杜君德懋行潔，高尚其志，頃流離道路，聞其頓躓，刺史奓任，不能崇飾有道，而使高操之士，有此艱屯。"字又作"屯躓"，《南史·蕭綜傳》："嘗有人士姓王，以屯躓投告。綜於時大乏，唯有眠床，故皂復帳，即下付之。"二者皆爲"困頓、挫折"義。"頓""鈍"二者皆從屯，讀音相近，可通用，古籍已見。《史記·屈原賈生列傳》："莫邪爲頓兮，鉛刀爲銛。"《漢書·賈誼傳》"頓"作"鈍"。由"困頓、挫折"引申爲"折磨，折騰"的脉絡十分清晰。

禪籍中均見"鈍躓""鈍致""鈍置""鈍滯"四詞。如：

黃龍心云："興化一期見機而作，争奈埋没伊一朝天子。當時若但向道蚌蛤之珠收得也無用處，教伊向後別有生涯，免見遞相鈍躓。而今若有人問，又作麽生酬價？"（《萬松老人評唱天童覺和尚頌古從容庵録》卷六）

峰下座云："大眾來日不要普請。"師云："看他作者吐露個消息，宛爾不同。若是瞌睡漢，遞相鈍致。"（《明覺禪師語録》卷二）

僧問香嚴："如何是王索仙陀婆？"嚴云："過者邊來。"師云："鈍置殺人。"（《明覺禪師語録》卷三）

我説是言有語無義，石火電光咄哉鈍滯。（《大慧普覺禪師語録》卷一二《雲門和尚》）

---

① 袁賓：《〈五燈會元〉詞語續釋》，《語言研究》，1987年第2期。蔣冀騁《近代漢語詞義雜考》（《古漢語研究》，1989年第4期）一文釋爲"愚弄"義，以"鈍滯"爲本字，而鈍爲愚義，鈍、滯近義連文爲證。

置，知紐，志韻；躓，知紐，至韻。"置""躓"二字音同。"置"
"致"皆知母止攝去聲字，"躓""滯"二字雙聲，又唐宋間"至""志"兩
韻合一，志韻、祭韻合流，故"致""置"音同，"躓""滯"音近。[1]
"置"（致、滯）通"躓"。諸詞爲一組異形詞，以"鈍躓"爲正。

【簾纖】上當作廉，下正作纖。廉纖，猶檢歛細微也。（卷一《雲
門室中録》)

《雲門匡真禪師廣録》卷上："問不涉廉纖，請師道。師云：'一怕汝
不問，二怕汝不舉，三到老僧勃跳，四到爾退後。速道！速道！'"作"廉
纖"。按："廉纖"，疊韻聯綿詞。"廉"與"簾"通。"纖"，《正字通·系
部》："俗纖字。"善卿釋作"檢歛細微"，是。又《葛藤語箋》："廉纖者，
心涉微細造作也。"[2] 可知二者釋義同，皆爲細小、細微義。禪籍中用其
引申義，指"情識分别對參學者的糾纏，亦指言句羅嗦"[3]。又《雲門匡
真禪師廣録》卷中："一切聲色盡是廉纖語話，不涉廉纖，作麽生是清
净？""不涉廉纖"即不受言句情識之束縛。

【猴白】當作侯白，姓也。和靖詩云："伶倫今日無侯白，奴僕當
年有衛青。"伶倫，謂滑稽之士也。（卷一《雲門室中録》)

《雲門匡真禪師廣録》卷下："師問乾峰，請師答話。峰云：'到老僧
也未。'師云：'與麽則學人在遲也。'峰云：'與麽那，與麽那。'師云：
'將謂猴白，更有猴黑。'"與善卿所見底本同。按：善卿改作"侯白"，甚
是。《景德傳燈録》卷一五《舒州投子山大同禪師》："趙州問：'死中得活
時如何？'師曰：'不許夜行，投明須到。'趙州曰：'我早侯白，伊更侯
黑。'"侯，姓也。侯白，隋朝辯士，滑稽，善謔其言。明凌迪知《萬姓統
譜》："侯白，字君素，臨漳人。好學有捷才，以秀才舉爲儒林郎。"釋行
秀《從容庵録》卷三："隋朝有侯白，字君素，滑稽辯給之士也。大將軍
楊素見知撰旌异記人神，報應甚詳，亦可尚也。唐朝有李白能詩，後有李

---

① 蔣冀騁：《近代漢語詞義雜考》，《古漢語研究》，1989 年第 4 期。
② 無著道忠：《葛藤語箋》，日本花園大學影印本，第 68 頁。
③ 袁賓、康健：《禪宗大詞典》，崇文書局，2010 年，第 259 頁。

赤效之，甚不類也，人傳爲笑。今言侯黑亦其類也，有本云：'我早侯白，伊更侯黑。'言更甚也。"據文獻記載，"我早侯白，伊更侯黑"是唐宋時期閩地的俗諺，北宋文學家秦觀在《二侯説》中詳細記載了這一諺語的出處：

> 閩有侯白，善陰中人以數，鄉里甚憎而畏之，莫敢與較。一日，女子侯黑與路，據井旁，佯若有所失。白怪而問焉。黑曰："不幸墜珥於井，其直百金。有能取之，當分半以謝，夫子獨無意乎?"白良久，計曰："彼女子亡珥，得珥固可給而勿與。"因許之。脱衣井旁，縋而下。黑度白已至水，則盡取其衣，亟去，莫知所涂。故今閩人呼相賣曰："我已侯白，伊更侯黑。"（《淮海集》卷二五《二侯説》）

可知此句閩諺的大意爲："我本想欺騙他，反被他騙了。"[1] 與行秀之説"今言侯黑亦其類也……言更甚也"相印證。此諺后被稱爲"雲門白黑"公案，《萬松老人評唱天童覺和尚頌古從容庵録》中亦有記載，另記載了"馬祖白黑"公案：

> 舉僧問馬大師："離四句，絶百非。請師直指某甲西來意。"大師云："我今日勞倦，不能爲汝説。問取智藏去。"僧問藏，藏云："何不問和尚?"僧云："和尚教來問。"藏云："我今日頭痛不能爲汝説。問取海兄去。"僧問海。海云："我到這裏却不會。"僧舉似大師。大師云："藏頭白，海頭黑。"……師云：……僧問海，海云："我到這裏却不會。"將謂侯白，更有侯黑。（《淮海集》卷一，第六則《馬祖白黑》）

"頭白頭黑"的"頭"字，據李壯鷹所查，閩北建陽、建甌一帶的方言中至今還發［hɛou］，與"侯"［hou］的發音幾無二致。[2] 此外，"侯白

---

① 關於"侯白侯黑"這則俗諺的禪義，當代學者多有討論。如李壯鷹：《禪語解讀——"頭白"與"頭黑"》，《北京師範大學學報》（社會科學版），1996年第2期；周裕鍇：《禪宗語言》，浙江人民出版社，1999年，第338頁；何小宛：《禪宗語録詞語研究》，上海師範大學博士學位論文，2009年，第93頁。

② 李壯鷹：《禪語解讀——"頭白"與"頭黑"》，《北京師範大學學報》（社會科學版），1996年第2期。

侯黑"又作"猴白猴黑",或"候白候黑"。"猴""候""頭"皆爲"侯"的借字,以"侯"爲正,善卿正形無誤。

【塻窑】本作莫傜,地名。今潙山塔莊是矣。古語云:不作潙山一頂笠,無由得到莫傜村。(卷一《雪竇后錄》)

按:《大正藏》本《明覺禪師語録》卷三:"猷窑人設齊且致,水中拈月致將一問來。"作"猷窑"。嘉慶藏本《明覺禪師語録》卷二作"塻窑","設齊"作"設齋"。卷後附音義:"塻,莫、模二音。窑,餘招切,與窯同。"可知"猷"當爲"塻"之誤字。禪籍中亦見其他异形,如:

無底籃中提得起,莫窑村裏不須尋。(《聯燈會要》卷二九《臨安府净慈道昌禪師》)

僧問:"不作潙山一頂笠,無由得到莫窯村。如何是潙山一頂笠?"師喚曰:"近前來。"僧近前,師與一蹋。(《五家正宗贊》卷四《潙山大圓禪師》)

波斯讀梵字,宴窑人作詩。烏頭彷彿,附子依俙。竹密不妨流水過,山高豈礙白雲飛。(《禪宗頌古聯珠通集》卷一九)[1]

上堂云:"爍電之機罕遇,且向摸窑村裏作活計。"僧問:"如何是摸窑村裏作活計?"師云:"歸依佛法僧。"(《古尊宿語録》卷六《睦州和尚語録》)

師上堂云:"有一人恁麼去,有一人恁麼來,且道此二人,阿那個爲得人天眼目衲僧,作麼生辨?若辨得去,有參學眼;若辨不得,莫傜人設齋,珍重。"(《天聖廣燈録》卷二五《郢州林鷄徹禪師》)

以上例句中的"莫窑""莫窯""宴窑""摸窑""莫傜"五個不同詞形當以"莫傜"爲正,善卿言"本作莫傜",甚是。[2] 莫傜,即瑤族的古稱。《梁書·張纘傳》:"纘爲湘州刺史,州界零陵衡陽等郡,有莫傜蠻者依山險爲居,歷政不賓服因此向北。"《隋書·地理志下》:"長沙郡又雜有夷

---

① 該處引例爲《卍續藏》本,《中華藏》本《禪宗頌古聯珠通集》卷九作"冥窑人","冥"當爲"莫"之誤字。

② 詹緒左《禪籍疑難詞語考(下)》一文以《祖庭事苑》釋義作爲"猷窑"佐證。詳參《漢語史研究集刊》第十八輯,巴蜀書社,2014年,第311頁。

蜒，名曰莫徭，自云：'其先祖有功，常免徭役，故以爲名。'"

【距死】當作倚死。倚，巨綺切，立也。距，音巨，雞距也。或作伎，與也。並非義。（卷七《八方珠玉集》）

《卍續藏》本《拈八方珠玉集》："有澄一禪客，見婆問云：'南泉因什麼少機關？'婆哭云：'可悲！可痛！'一罔措。婆云：'會麼？'一合掌而立。婆云：'跂死禪和，如麻似粟。'"作"跂死禪和"。按：善卿改作"倚"，確。"距"，《説文·足部》："距，雞距。""倚"，《廣雅·釋詁四》："倚，立也。""伎"，《説文·人部》："伎，與也。"善卿依字書、韻書爲三字注音釋義，可看出"距""伎"二字義與文意不符。據上文中凌行婆見澄一禪客一臉罔措而站立，故罵他是只知站立的禪客。"跂"與前一句禪客"合掌而立"的"立"相對應。由此可見，此處"跂"亦不對，當作"倚"。又上述異文《景德傳燈録》卷八《浮杯和尚》作"徛死禪和"，《聯燈會要》卷五作"伎死禪和"，《大慧普覺禪師語録》卷一○引此公案，作"猗死禪和"。諸多異形當以"倚死"爲正。與"倚死禪和"同義的還有"立死漢""立地死漢""立地死人"。[1]《古尊宿語録》卷一四《趙州真際禪師語録》："問：'靈草未生時如何？'師云：'麤著即腦裂。'云：'不麤時如何？'師云：'如同立死漢。'《續傳燈録》卷二四《潭州嶽麓海禪師》："僧問：'進前三步時如何？'師曰：'撞頭磕額。'曰：'退後三步時如何？'師曰：'墮坑落塹。'曰：'不進不退時如何？'師曰：'立地死漢。'"《天聖廣燈録》卷二○《蘄州北禪悟同禪師》："若見，與我拈將出來看；若不見，大似立地死人。""倚死""立死"均謂禪僧如死人一般站立，比喻禪人不能通變，不識機要。[2]

禪籍中存在大量的口語詞，這些口語詞讓人飽嘗一查字書，絶不提及，欲加注釋，又考證無由的苦態。這一方面是由於禪宗的專業領域太强，禪宗口語詞的含義常常受到禪宗特殊教義和傳道方式的影響，多有變

---

① 該處釋義參考了顧軍《釋"猗死"》一文，《合肥師範學院學報》，2012 年第 5 期。又詹緒左《禪籍疑難詞語考（下）》"伎死禪和"條，《漢語史研究集刊》第十八輯，巴蜀書社，2014 年，第 306 頁。

② 無著道忠《葛藤語箋》"伎死禪和"條："一山曰：言無伎倆禪和也。又曰：不能通變之人，不識機要之人。"日本花園大學禪文化研究所，1991 年，第 153 頁。

异、引申的情況；另一方面也是傳統訓詁學在雅詞舊詁上積澱豐厚，對口語詞釋義多有忽視，因而留給後人的研究成果較少。《祖庭事苑》在語詞釋義方面看似不那麼完美，但仍可以算得上我國第一部研究禪宗語言的著作，善卿對詞語音、形、義的探討，爲後人繼續研究禪宗語詞提供了重要的資料。

四、"重語"之辨

"古之重語"這一術語在傳統文獻中似乎不多見，但《祖庭事苑》却在釋義中多次運用該術語。爲了探究"古之重語"的意義，筆者試着從"重語"的内涵、"古"的限定範疇及"古之重語"與"同義爲訓"的關係三個方面了解善卿對"古之重語"的認識。

（一）"重語"的内涵

語言中的"同義"現象被認爲可能是與語言同時産生的。[1] 同義連用即漢語中一種重要的"同義"現象。古代訓詁學家已經注意到這種現象，並對此有各種不同的稱呼，如"重言"[2] "連語"[3] "詞語複用"[4] 等。這裏，我們還要提到一個稱呼——"重語"。該術語早在唐代李賢等注《後漢書》已開始使用。如《南匈奴列傳》："況種類繁熾，不可單盡。"注："單亦盡也。猶《書》云'謨謀'。即是古書之重語。"李賢所説的重語即指"單盡""謨謀"這類同義連用而組成的並列複合詞。[5] 經筆者考察，《祖庭事苑》中有五條"重語"用例。

【控缺】當作空缺，苦貢切，缺也。缺亦空也，古之重語。如殫

---

① 池昌海：《〈史記〉同義詞研究》，上海古籍出版社，2002 年，第 1 頁。

② 顧炎武曰："古經也有重言之者，《書》'自朝至於日中昃，不遑暇食'，遑即暇也……"顧炎武：《日知録》卷二四《萬有文庫》，商務印書館，1929 年，第 116 頁。

③ 王念孫言："凡連語之字，皆上下同義，不可分訓。"《讀書雜誌·漢書第十六》，江西古籍出版社，1985 年，第 407 頁。

④ 王力：《同源字典·同源字論》，商務印書館，1997 年，第 24 頁。

⑤ 楊劍橋《實用古漢語知識實典》"重語"一條有兩個義項：（1）同"累呼"，（2）同"重言"。累呼，即用雙音節詞來指稱事物。"重言"，即由兩個相同的詞素合成的雙音節詞或多音節詞。復旦大學出版社，2003 年，第 235 頁、236 頁、322 頁。該書兩個義項均與上述"重語"意義不同。

盡、謨謀之類是也。（卷一《雲門室中録》）

　　【磨礱】盧紅切。礱亦磨也，皆古之重語。（卷二《雪寶頌古》）

　　【勦絶】上子小切，絶也。勦絶，古之重語。（卷四《雪寶祖英》下）

　　【問訊】訊亦猶問，古之重語也。（卷五《懷禪師后録》）

　　【振奮】音糞，振也。从大，佳在田上，此其象也。振奮，古之重語。（卷六《風穴衆吼集》）

　　善卿將"空缺""殫盡""謨謀""磨礱""勦絶""問訊""振奮"七個詞稱作"古之重語"。上面所列七個詞的兩個語素之間均爲同義關係，現分析如下：

　　"空"，《廣韻·送韻》："空，空缺。"柳宗元《貞符》："於是乃知架巢空穴。"蔣之翹輯注："空，缺也。"

　　"殫"，《説文·歺部》："殫，殛盡也。"《國語·晋語一》："若外殫善而内辱之。"韋昭注："殫，盡也。"

　　"謨"，《説文·言部》："謨，議謀也。"《書·大禹謨》："大禹謨。"孔安國傳："謨，謀也。"《詩·大雅·抑》"訏謨定命"，毛傳："謨，謀也。"

　　"礱"，《穀梁傳·莊公二十四年》："天子之桷，斵之礱之。"陸德明釋文："礱，磨也。"《廣雅·釋詁三》："礱，磨也。"

　　"勦"，《書·甘誓》："有扈氏威侮五行，天用勦絶其命，今予惟恭行天之罰。"孔傳："勦，絶也。"《后漢書·竇憲傳》："勦凶虐兮截海外。"李賢注："勦，絶也。"

　　"訊"，《説文·言部》："訊，問也。"《詩·小雅·正月》："訊之占夢。"毛傳："訊，問也。"

　　"振"，《説文·手部》："振，舉救也。一曰奮也。"《國語·晋語五》："治兵之旅。"韋昭注："振，奮也。"

　　需要強調的是，這裏的"同義"並非廣義地包括等義和近義，而是專指等義，二字因某個義項完全相同而連用。

　　另外，《祖庭事苑》中還有一些其他同義並列複合詞，善卿採用了不同的訓釋方式，通過訓釋方式的差異，我們可深入了解"重語"的内涵。如：

【篋衍】上苦協切，箱篋也；下以淺切，笥也。（卷五《懷禪師前錄》）

【紕訛】上匹夷切，繪欲壞貌；下與譌同，吳禾切。（卷六《法眼》）

【揣度】上初委切，試也；下徒落切，量也。（卷七《蓮華峰語錄》）

按：上述各詞的兩個語素均"同義"，分述之：

"篋"，《廣韻·帖韻》："箱篋也。"又《玉篇·竹部》："篋，笥也。""衍"，《莊子·天運》："盛以篋衍。"陸德明釋文："李云：笥也，盛狗之物也。"

"紕"，《廣韻·脂韻》："紕，繒欲壞也。"又慧琳《一切經音義》卷五一"紕莖"："紕，繆也。""繆"，《玉篇·系部》："繆，亦謬字。""訛"，《廣韻·戈韻》："訛，謬也。"

"揣"，《說文·手部》："揣，量也。""度"，《左傳·文公十八年》："事以度功。"杜預注："度，量也。"

可以發現，上述各詞語素雖可以説是同義關係，但善卿分別訓釋其語素義，而不言"重語"，這是因爲這些詞的釋義均未能找到"A，B 也"或"A，亦 B 也"的方式，可以肯定地説明善卿所謂的"重語"以"同義爲訓"爲基礎，"同義爲訓"即"A，B 也"或"A，亦 B 也"。如此便可清楚地了解善卿所謂的"重語"專指兩個等義語素並列複合而成的雙音節詞，潛在條件爲複合詞的語素有"同義爲訓"的關係。

（二）"古"的確切含義

"古之重語"的"古"既可理解爲"古代"，亦可理解爲"古書"。其確切含義究竟爲何？筆者認爲"古"在此當理解爲"古書"。

首先，善卿在"空缺"條下説："缺亦空也，古之重語。如殫盡、謨謀之類是也。"其中"殫盡""謨謀"二詞當源自唐李賢《後漢書》注，李賢稱之爲"古書之重語"。

其次，善卿所舉的七個"古書之重語"都能在古代注疏或辭書中找到其構成語素等義的證據。具體內容前文已羅列，此不贅述。反之，我們考察那些在今天被看作同義並列複合詞但善卿並未稱之爲"重語"的例子，發現它們的構成語素在古代注疏或辭書中找不到"同義爲訓"的訓詁材料。由此可知，這些詞被列入"重語"的另一個標準即古代辭書或注疏中"同義爲訓"的訓詁材料。

綜上兩點，我們發現善卿所說的"古之重語"與李賢的"古書之重語"相同，判斷"古之重語"的顯性標準當是在古注疏或辭書中能找到"同義爲訓"的材料，這一顯性標準下所隱含的條件即構成重語的兩個語素必須等義。

（三）"古之重語"與"同義爲訓"的關係

善卿利用古代注疏或辭書釋義來判定"古之重語"，雖然有一定的局限性，但可以看出其對這類現象已有一個清晰的認識。關於"重語"，何九盈《中國古代語言學史》認爲"重語"是二字同義連用的現象，甚確。但將李賢所說的"重語"與王引之所說的"平列兩字上下同義"和俞樾所說的"兩字一義"等同，一概而論，似失之偏頗。① 按王引之《經義述聞》："古人訓詁，不避重複，往往有平列兩字上下同義者，解者分爲兩義，反失其指。"隨後從《周易》《尚書》《毛詩》《周禮》《左傳》《國語》等書中列舉六十多條同義連文的材料，並進行了詳細的分析辯證。下面略舉部分詞目以見一斑：

> 《康誥》："應保殷民。"解者謂上以應天，下以安我所受殷之民衆。不知"應"，"受"也。與"保"義相近也。"天惟與我民彝大泯亂。"解者訓"泯"爲"滅"，不知"泯"亦"亂"也。"遠乃猷裕"，解者以"裕"字屬下讀，不知"猷""裕"皆"道"也。《梓材》："惟其陳脩，爲厥疆畎。"解者訓"陳"爲"列"，不知"陳""脩"皆"治"也。《多士》："予惟率肆矜爾。"解者訓"肆"爲"故"，不知"肆"，"緩"也。緩爾之罪，矜爾之愚，義相近也。《無逸》："民否則

---

① 何九盈：《中國古代語言學史》，商務印書館，2013 年，第 539 頁。

厥心違怨。"解者以爲違其命，怨其身。不知"違"亦"怨"也。《吕刑》："鴟義姦宄。"解者以爲"鴟梟"之義，不知"鴟"，"輕"也。"義"，"邪"也，義相近也。

上述内容是對《尚書》中七條"同義連用"材料的辯證。"應保"，"應"與"保"相近；"泯亂"，"泯"亦"亂"也；"猷裕"，"猷""裕"皆"道"也；"陳脩"，"陳""脩"皆"治"也；"肆矜"，"肆"訓"緩"，"緩""矜"義相近也；"違怨"，"違"亦"怨"也；"鴟義"，"鴟""義"義相近也。可知王引之的這七條"平列兩字上下同義"既包括二字同義，又包括二字近義，"同義"範圍較寬，而李賢、善卿所言的"重語"只包括等義。

又俞樾的《古書疑義舉例》把"同義連用"現象列爲注家易誤的情況之一加以討論。如：

> 古人用助語詞有兩字同義而複用者……《管子·山國軌篇》曰："此若言何謂也?"《地數篇》曰："此若言可得聞乎?"《輕重丁篇》曰："此若言曷謂也?"言"此"又言"若"，"若"亦"此"也。後人不達古語，有失其讀者，有誤其文者。《禮記·曾子問篇》："以此若義也。"鄭君讀"以此"爲句，"若義也"爲句，則失其讀矣。《荀子·儒效篇》："行一不義，殺一無罪，而得天下，不爲也，此若義信乎人矣。"今本"若"誤作"君"，則誤其文矣。（卷四《語詞複用例》）

> 《詩·天保篇》："俾爾單厚。"傳曰："單，信也。或曰：單，厚也。"箋云："單，盡也。"按：傳、箋三說，當以訓"厚"爲正，"俾爾單厚"，"單""厚"一義，猶下文"俾爾多益"，"多""益"，亦一義也。古書中兩字一義者，往往有之。（卷七《兩字一義而誤解例》）

"此若"，俞樾稱爲"兩字同義而複用"，"單厚""多益"，稱爲"兩字一義"，這兩種說法均指"同義連用"現象，又經筆者檢索該書其他"同義連文"條目，可知俞樾的"兩字同義而複用""兩字一義"均指同義，不包括近義。

綜上可知，李賢的"古書之重語"、善卿的"古之重語"與俞樾的

"兩字一義"的"同義"相同。另外，何九盈對於唐代到清代這一時期的
二字同義現象並未提及，善卿的"古之重語"可彌補這一時間内二字同義
連用的空白。

"古之重語"這類同義連用現象與訓詁學上的"同義爲訓"是分不開
的。"同義爲訓"即以同義詞作訓釋詞，指明被訓釋詞和訓釋詞之間是同
義關係。① 善卿之所以將這些詞判定爲"古之重語"，深層原因就是二詞
之間的同義關係，一詞可作另一詞的訓釋詞。"雅學"鼻祖、通釋詞義的
訓詁學專書《爾雅》可謂古代辭書"同義爲訓"的代表。② 該書的前三篇
《釋詁》《釋言》《釋訓》即彙集了眾多同義詞，用一個通行的詞語進行訓
釋。除了"雅書"類的訓詁專著外，古代其他類型的訓詁學專著亦用"同
義爲訓"的方式訓釋和解説詞義，東漢許慎的《説文解字》中就有大量
"同義爲訓"的用例。張世禄《"同義爲訓"與"同義並行複合詞"的産
生》一文即大量運用《説文解字》"同義爲訓"的例子來説明與"同義並
行複合詞"的關係。他在文中指出："古代訓詁學家經常採用的同義詞相
訓釋，其過程，實際上就是同義詞相互聯合使用的過程，所以同義詞在訓
詁上的作用，與構詞上同義並行複合詞的産生密切相關。③

第三节　《祖庭事苑》訓詁特色

一、重視語言規範

禪籍在傳抄刊刻中，俗字、訛字十分常見。由於禪師所操語音各有土
風，寫錄者審音不準或用字習慣不同，同音替代字、异體字、訛錯字便紛
然雜陳，如果不加以疏通，會給閱讀帶來障礙，所以掃清這些文字障礙，

---

① 參張世禄：《"同義爲訓"與"同義並行複合詞"的産生》，《張世禄語言學論文集》，學林出
版社，1984 年，第 544~554 頁。

② 梁曉虹：《從佛經音義的"同義爲訓"考察同義複合詞的發展》，《佛教與漢語史研究——以
日本資料爲中心》，上海古籍出版社，2008 年，第 204 頁。

③ 參張世禄：《"同義爲訓"與"同義並行複合詞"的産生》，《張世禄語言學論文集》，學林出
版社，1984 年，第 544~554 頁。

將有助於研究者對文獻的解讀。① 《祖庭事苑》爲閱讀禪籍者解疑釋惑所作，既要客觀地記錄禪籍中的語言現象，幫助讀者理解詞義，又要指出禪籍中的文字訛誤，力求規範。

《祖庭事苑》對禪籍中的文字進行規範主要採用兩種術語。

第一，用"當作"指出通假字，如：

> 【猴白】當作侯白，姓也。（卷一《雲門室中録》）

> 【弁】當作辨，別也。弁，皮變切，周冠名，非義。（卷三《雪竇祖英》上）

第二，用"正作"指出正俗體字，如：

> 【喻筏】正作橃。《説文》云："海中大船也，亦作筏。"（卷一《雲門録》上）

> 【關捩】下正作棙，音戾，可撥物也。（卷一《雲門録》上）

善卿還注意到禪籍中因避諱改字而造成的文字混亂現象。如：

> 【武林】杭之山名也。秦漢始號虎林，以其棲白虎也；晋曰靈隱，用飛來故事；唐乃曰武林，避諱也。見子潛子《武林山志》。（卷二《雪竇瀑泉》）

> 【安岩照】照當作昀，即大梅保福昀禪師。正字避諱。（卷二《雪竇瀑泉》）

> 【送文吉】正字避御名。（卷四《雪竇祖英》下）

這三條分別避唐武則天、北宋哲宗（煦）、徽宗（佶）之諱。

善卿也十分重視對一些方言詞、俗語詞的注音與釋義。如：

> 【頂罩燒鍾】眾中或舉戴火鑠腹外道緣，意甚不類。嘗見蜀僧云，此蜀語也。川人或譏人之無知，則云燒鍾盖却你頭，往往喚作孟夏漸熱。盖雪竇，川人也。（卷三《雪竇祖英》上）

遇到一字有多種字形時，往往加以注音並釋義，指出二者的不同，表示取捨態度。如：

---

① 雷漢卿：《禪籍方俗詞研究》，巴蜀書社，2009 年，第 43 頁。

【恁麼】上當作與麼，正从幺，作麼。與麼，指辭也。或作恁麼。恁，音稔，思也。恁麼，審辭也。或作什麼，當作甚麼。甚麼，問辭也。什，雜也，非義。或作渭麼。渭，音十，水貌。又音習，滷渭，水貌，皆非義。然果，言外之士無不可者。（卷一《雲門録》下）

善卿如此强調正字正音，若從今天的辭書學理論來看，可以說他已意識到辭書具有規範作用，希望通過音義訓釋來規範禪籍中的詞語。

二、廣征博引，古今並蓄

《祖庭事苑》在詮釋禪籍中的詞語時一般多採納前人之説，引用當時所能見到的各種典籍作爲佐證。據永井政之《祖庭事苑の基礎的研究》統計，《祖庭事苑》共引用了 247 種外典和 85 種內典[①]，幾乎囊括了當時所能見到的各種典籍對詞語的解釋。如：

【宵征】宵，夜也。征，行也。《詩》：“肅肅宵征，夙夜在公。”（卷三《雪竇祖英上》）

【死而不吊】吊，當作弔，多嘯切。《説文》曰：“問終也。古之葬者，厚衣之以薪，从人持弓，會毆禽獸。”《禮記》：“死而不弔者有三：畏、壓、溺。”溺，謂憑河者也。（卷一《雲門録》下）

【玉燭】《爾雅》云：“春爲青陽，夏爲朱明，秋爲白藏，冬爲玄英，四時和爲之玉燭。”郭璞云：道光照。（卷二《雪竇瀑泉》）

【拱宸】音辰，當作拱辰。《論語》：“譬如北辰居其所，而眾星拱之。”（卷六《法眼》）

【燀赫】上齒善切，然也。《春秋傳》：“燀之以薪。”杜詩：“燀赫舊家聲。”（卷二《雪竇頌古》）

以上例句中引用《詩》《説文》《禮記》《論語》《春秋傳》原文及注解作爲佐證或來源出處。善卿大量引用具有典範性和權威性的典籍，從不同角度反復解釋詞義，不僅明確了詞義，而且證明了釋義的權威性、正確性。若遇到來自佛經和禪宗文獻的詞語時，則盡可能地引用佛經文獻和禪宗文獻。如：

【能仁】梵云釋迦，此言能仁。《毗奈耶雜事》云："昔古有王，名曰甘蔗，生四子：一名炬口，二名驢耳，三名象背，四名足珊。四子有過，悉皆擯斥。時四童子往詣它方，至雪山側，於一河邊，各葺草庵，以自停息，夫婦婚媾，各生男女。時甘蔗王憶戀諸子，問大臣曰：'我子何在？'左右具陳上事。王曰：'我子能為如是事。'答曰：'彼能。'因此種族號為釋氏。"（卷六《風穴眾吼集》）

【靈骨】石霜問道吾和上："一片骨敲著似銅鳴，向甚麼處去？"吾喚侍者，侍者應諾。吾云："驢年去。"師唐大和九年九月示疾，十一日將行。謂眾曰："吾當西邁，理無東移。"言訖告寂。闍維得靈骨數片，建塔於石霜山之陽。又《宋僧傳》云："得不灰之骨數片，頂蓋一節特異而清瑩。其色如金，其響如銅。"（卷二《雪竇頌古》）

按："能仁"引自《根本說一切有部毗奈耶雜事》第三十四卷，"靈骨"引自《景德傳燈錄》第十四卷、《宋高僧傳》第十一卷。

善卿不僅廣征博引已有典籍，還結合當時語言來說明詞語。我國古代辭書的編纂已能結合當時的語言以今釋古，如玄應和慧琳的《一切經音義》。善卿同樣採用這種方法。如：

【蓋面帛】《吳越春秋》："吳王夫差死，曰：'羞見子胥，以巾覆面。'"今人謂之面巾，猶吳王始也。（卷六《風穴眾吼集》）

【麟趾】昔鼎之梁山嘗有騶虞出。騶虞，仁獸也，太平則出。今言麟趾，蓋近似而用之耳。（卷四《雪竇祖英》下）

【巴歌】《西漢》注云："巴，巴人也。"當高祖初為漢王，得巴俞人，並趫捷善鬥，與之定三秦滅楚。因存其武樂也。即今之巴州、俞州。宋玉所謂下俚巴歌，國中屬而和者數千人矣。（卷四《雪竇祖英》下）

有時還結合方言來解釋詞的音義。如：

【吉嘹】下音料。北人方言，合音為字。吉嘹，言繳，繳，斜戾也，繳其舌，猶縮卻舌頭也，如呼窟籠為孔，窟駞為窠也。又或以多言爲吉嘹者。嶺南有鳥似鸜鵒，籠養，久則能言，南人謂之吉嘹。開元初，廣州獻之，言音雄重如丈夫，委曲識人情性，非鸚鵡、鸜鵒之比。雲門居嶺南，亦恐用此意。（卷一《雲門録》上）

【夥】音禍。方言，凡物盛而多，齊宋之郊謂之夥。（卷二《雪竇頌古》）

三、嚴謹求實，言而有據

善卿雖是禪宗門人，但難能可貴地是他並未給詞語貼上宗教的標籤，對大多數詞語僅僅是客觀地訓釋詞義。統觀全書，收録的普通詞語占一半以上。訓釋詞語除了引用禪籍和佛經外，還廣引群書，不帶偏見地兼取諸家之説，以訓解字詞所需而用，解説音義，叙述講究條理。如：

【寒山老】天台寒山子，本無氏族，始豐縣西七十里，有寒、闇二岩。子嘗居寒岩中，故以名焉。容貌枯倅①，布攦零落，以樺皮爲冠，曳大木屐。時來國清寺，就拾得取菜滓食之，或廊下徐行，或時叫噪，寺僧以杖逐之，翻身撫掌大笑，雖出言如狂，而有意趣。（卷三《雪竇祖英》上）

【竺卿】釋子之通稱，謂竺國之卿輔也，亦猶此方三公九卿也。《釋名》曰：“卿，慶也，言萬物皆慶賴焉。”（卷四《雪竇祖英》下）

客觀評價有關人名和記述人物故事，不帶主觀色彩，足見善卿已意識到作爲訓釋字詞的辭書與宣揚禪門思想的禪籍是不同的。故《祖庭事苑》雖爲研讀禪籍者而作，但宗教色彩並不濃厚。

辭書所記載的應是言之有據、已有定論的事實，是經過編纂者分析綜合的前人或當代人有定論的研究成果，這是我國辭書自《爾雅》《説文》問世以來所遵循的正確的編纂原則。② 《祖庭事苑》的編纂也貫徹了這一原則，釋義往往博采成説，刻意取捨，力求做到皆有所本。如：

【女媧補天】《淮南子》云：“共工氏兵强凶暴，而與堯帝爭功，

---

① “倅”當作“悴”。

② 徐時儀：《玄應和慧琳〈一切經音義〉研究》，上海人民出版社，2009 年，第 145 頁。

戰敗力窮，乃以頭觸不周山而死，天柱爲之折。女媧煉五色石而補天，故東傾而水流。"又《列子》云："陰陽失度，二辰盈縮名缺，不必形虧名補。女媧煉五行、五常之精，以調和陰陽，晷度順序不同，氣質相補。"（卷五《懷禪師前録》）

【蜀魄】即杜宇也。《華陽國志》云："鳥有名杜宇者，其大如鵲，其聲哀而吻有血。土人云：'春至則鳴，聞其初聲者，則有別離之苦，人皆惡聞之。'"又《成都記》曰："杜宇亦曰杜主，自天而降，稱望帝，好稼穡。至今蜀人將農者，必先祀杜主。時荆州人鱉靈死，其尸泝流而上，至文山下復生，見望帝，帝因以爲相，號曰開明。會巫山壅江，人遭洪水，開明爲鑿通流，有大功，望帝因以位禪焉。後望帝死，其魂化爲鳥，名杜宇，一名杜鵑，亦曰子規。"（卷五《池陽問》）

善卿解釋詞語往往一義引用數證，力求做到訓釋有據。如：

【洲渚】上音州。《爾雅》曰："水中可止曰洲。"下章與切。《釋名》曰："遮也。能遮水使旁流也。"《大般若》云："善現白佛云：'何菩薩爲與世間作洲渚故，發趣無上正等菩提？'佛言：'譬如巨海，大小河中高顯可居，周回水斷，説名洲渚。如是善現，色前後際斷，乃至諸佛正等菩提前後際斷，由此前後際斷，一切法斷。此一切法前後際斷即是寂滅，即是微妙，即是如實。謂空無所得，色斷愛盡，無餘離染，永滅涅盤。菩薩欲爲有情開示寂滅微妙之法，是爲世間作洲渚故，發趣菩提。'"（卷三《雪竇祖英》上）

引用《爾雅》《釋名》進行解釋，用《大般若波羅蜜多經》來旁證。

善卿治學態度嚴謹求實，本着"君子於其所不知，蓋闕如也"的精神，對於知之不確者，均注明"未詳""未詳（見）所出""闕疑"等字樣，絕不勉強作解，亦不輕下斷語。如：

【九曲珠】世傳孔子厄於陳，穿九曲珠，遇桑間女子授之以訣云："密爾思之，思之密爾。"孔子遂曉，乃以絲繫螘，引之以蜜而穿之。故今問云蜜，螘絲之也，然未詳所出。事雖闕疑，問實有由，合多舉其緣，遂録之云。（卷五《池陽問》）

【跋難陀龍】此云賢喜。與難陀龍常護摩伽陀國，雨澤以時，國

無饑年。瓶沙王年設大會，報龍之恩，人皆歡喜，從此得名。爲目連所降，無耳而聽，未詳緣起。（卷七《蓮華峰語録》）

對没有根據的則專列一個條目：

【闕疑】婆孽愛羅娑孽子、水草蓋閣珠、賀蘭山下暇）皮毬、口銜羊角鰾膠粘、日食三千、靈岩到日别磨膏。風穴作對問之句，往往闕涉佛經，引用儒典，雖然亦多委巷風俗之言。今所修謕誤六十餘處，其闕疑者六，無得而詳。（卷六《風穴眾吼集》）

四、訓詁與佛學、禪學相結合

中國傳統訓詁學是一門具有綜合内容的實用性很强的學科，但是長期以來以先秦典籍的書面語言及解讀這些語言的材料作爲研究對象，訓詁似乎成了經學的附庸。清代，乾嘉學派形成了以考據爲主要特色的"樸學"，將訓詁學推上了一個高峰。然而他們却忽視或未曾重視禪學、佛學研究。睦庵善卿則早在北宋時期就耗費二十年時間編寫了《祖庭事苑》，把訓詁學成功地運用到佛學和禪學中。

《祖庭事苑》的這種特點現在：熟練地運用訓詁工具，廣征博引，對"書之脱誤""傳録舛謬"進行"論辯"，同時糾正"學者之臆説"，提出正確的觀點。這樣的内容全書可見，涉及的範圍廣及宗門内外。當然，作爲宗門内的禪僧，善卿更多的是將眼光放在了佛學和禪學之上。簡單舉以下例子加以説明：

如卷六《風穴眾吼集》"蠟人冰"一條，善卿指出"蠟"當作"臘"，以《增輝記》、俗語及佛經中"臘"的用意説明改作"臘"的緣由。同時指出《風穴眾吼集》寫作"蠟"，"深誤後人，良可嘆也"，實在是深有感觸之語。可見，善卿已深刻意識到這種訛誤給後人造成的危害。古籍在流傳中，因傳寫、抄録、刊印造成的"錯字""訛文"現象很多，故如何審辨字音、字形、糾正訛誤，明了難解的字義，實際也是訓詁的任務之一。尤其在禪林中，正確理解禪意更是需要先解決字義。

再以"蠟人冰"爲例，善卿並不滿足於指出字訛的現象，他又進一步考證："天竺以臘人爲驗者，且其人臘有長幼，又驗其行有染净，言臘人冰者，是言其行之冰潔也。"

　　另外，在佛典的注疏和禪學的講説流傳中也存在"削字解經""妄改古文源流"的訓詁弊病，其結果是使學人難見作者之意，從而"誤累後學"，而不少講學者又將此錯傳給學人，令人痛惜。這種現象在宗門中亦見。如卷一《雲門室中録》"便打"一條，善卿先引了禪僧與睦州的對話，指出所見底本的脱文，又指出學人在使用"不以一重不去一重"一句時多不舉"不"字，而這一字之差造成的是"妄以爲園頭之緣"的後果。又如卷二《雪竇瀑泉》"學唐步"一條，善卿先引《莊子·注》"燕人學趙步"的内容，后指出："雪竇云：'者僧不是邯鄲人，爲甚學唐步？'此語甚非，事亦倒置。乃燕人學步於邯鄲，非邯鄲學步於燕也。據《莊子》燕學趙步，此云唐步，此蓋誤用風穴羅越學唐步之語也。"善卿對此種現象提出質疑並進行辯説，他運用嚴格的訓詁，探尋詞語的源流。在此過程中，他特别重視未經增削的古本，利用古本來校訂所用底本的文字、語言錯誤，還原"舊刊者本來面目"。如卷一《雲門録》上"認認詛詛"條，善卿依"天衣古本"校勘，卷七《證道歌》"西天記"一條則依古本《永嘉集》指出脱"法東流"三字。

　　善卿也充分利用各種佛經、禪籍進行對照比勘，從而得出正確的結論。如卷四《池陽問》"十科"條，利用《唐續高僧傳》《宋傳》等禪宗史料進行比較互參，從而得知禪宗習禪之科非贊寧所撰《宋高僧傳》的"十科"。擁有充分的證據，才能得出可靠的結論，這正是傳統訓詁學嚴肅縝密的態度。

　　除了上述校改之外，善卿同時以敏鋭的眼光洞察到某些可能會出錯之處，並提示學者審辨。如卷六《法眼》"現"條，善卿指出禪門用"現"作"顯見"之字，乃"音呼之便"，學者當辨識之，讀錯則"意思全乖"。又如"變影緣如"條，善卿先引《譬喻經》説明"變影緣如"的語源義與"法眼命題"懸殊，再指出《唯識論》内容符合清涼旨意，故提示學者"宜細思頌意，當曉如如之旨"。

　　類似這種在佛學、禪學研究中運用訓詁工具分析判斷、解決問題的内容，《祖庭事苑》中甚多，充分體現了善卿對僧史、佛典的駕輕就熟。

第四章 《祖庭事苑》訓詁研究（下）
——詞語考論

從整體上看，《祖庭事苑》確實是一部非常實用的著作。自從被刊印之後，該書常被作爲後代禪僧使用的辭書之一，書中所釋的内容亦爲後代禪宗典籍所引用，但是，該書釋義也存在一些錯漏。本章以《祖庭事苑》所收釋的詞語爲研究對象，補做以下幾項工作：一是辨析異形詞，二是補證善卿的注釋，三是商討善卿的注釋，四是梳理詞語來源。涉及詞形、語義、語源三個方面，以期對《祖庭事苑》注釋的詞語進行全面的補充校訂。

第一節 异形詞辨析

所謂異形詞，是指同一個詞語因書寫形式不同，或因記音方式不同而形成的種種異形。其中書寫形式不同主要指用字上有正俗、古今之分，記音形式不同主要是指本字和借字之別。

朱慶之在論及"佛教翻譯禪師的大量音譯詞對中古和近代漢語用字習慣的可能影響"時談到：

> 除了聯綿詞外，漢語的詞都有比較固定的書寫形式，然而有關的研究越來越清楚地顯示，非聯綿詞在中古以來也出現了詞無定形的現象。這一點除了在敦煌文書和其他未經後人校改、保留中古的文獻中

表現尤爲突出外，在傳世文獻里也有异乎尋常的反映。[①]

這裏的"詞無定形"即"异形詞"。除了上文中提到的敦煌文書外，禪宗典籍中也有這種"异乎尋常的反映"，即存在大量的异形詞。對於這類詞語現象的考察，既可以幫助我們厘清詞語之間的有機聯繫，認識詞語的衍生方式，又有助於訓釋詞義，探究詞義的來源。

《祖庭事苑》中大量的注釋内容是對這部分詞的正形釋義。由此可以看出，善卿對這部分詞語頗爲重視，在處理方式上繼承了古人强烈的"必也正名乎"的傳統，試圖爲這些异形詞找到一個更能反映詞義的書寫形式，但是校改未必完全妥帖。這裏，我們以《祖庭事苑》所涉及的异形詞爲切入點，一併對禪籍中其他相關异形詞作共時或歷時梳理，以求更清晰地了解這些語詞變异或演化的形式。

【靈俐】【�𠛂俐】【伶俐】【剓利】

【剓利】當作靈利，下皆做此。（卷一《雲門録》上）

"靈利"一詞，《雲門匡真禪師廣録》中有三處。卷上《對機三百二十則》："進云：'和尚什麽處答？'師云：'將謂汝靈利。'"卷中《室中語要》："師云：'東海裏藏身，須彌山上走馬。'復以拄杖打床一下，大衆眼目定動。乃拈拄杖趁散云：'將謂靈利者漆桶。'"卷下《勘辨》："師云：'祖師道什麽？'僧云：'和尚道什麽？'師云：'將謂是個靈利漢。'無對。"依善卿所見底本作"剓利"，又書中所見不只一處，故曰"下皆做此"。

按：善卿不必改"剓利"爲"靈利"。"靈俐""剓俐""伶俐""剓利"系异形詞，禪録用例如下：

僧云："官不容針，私通車馬。"師云："伶俐人難得。"（《古尊宿語録》卷二六《舒州法華山舉和尚語要》）

僧問廣德："如何是剓利底人？"德云："維摩不離方丈室，文殊未到早先知。"又問："如何是剓利底人？"德云："垢膩汗衫皂角洗。"又問："如何是剓利底人？"德云："古墓毒蛇頭戴角。"師云："一句

---

① 朱慶之：《佛教混合漢語初論》，《語言學論叢》第十三輯，商務印書館，2004年，第17~18頁。

子把定要關，一句子不存軌則，一句子體用雙照。若人會得，許儞剗利。"（《宏智禪師廣録》卷三）

　　　戳開懵鈍頑癡，打破剗俐尖點。（《禪林僧寶傳》卷一四《神鼎諲禪師》）

以上各詞均指機靈、有悟性的人，禪籍中又指具有上等根器的參學者。

【踟蹰】【躊躇】【躇躕】

【躇躕】當作躊躇，音儔除，行不前也。躇躕，非義。躕，音厨。（卷一《雲門録》上）

《雲門匡真禪師廣録》卷上："進云：'學人親近得不？'師云：'子細踟蹰看。'"與善卿所見所改均不同。

按："踟蹰""躊躇""躇躕"爲一組異形詞。禪録及其以外文獻已通用，謂猶豫不決。慧琳《一切經音義》卷一四："踟蹰，上雉知反，下柱誅反。《考聲》云：'踟蹰，猶俳佪也。或作躊躇。上音籌，下音除。'《廣雅》：'躊躇，猶豫也。'《考聲》云：'躊躇，不即行也。'《毛詩傳》曰：'躊躇，猶躑躅也。'踟蹰與躊躇，方言輕重有異。其心疑未定，其義一也。二字並從足，形聲字也。"

【酌然】【灼然】

【酌然】當作灼然，隻略切，昭灼也。酌，《説文》："盛酒行觴也。"非義。（卷一《雲門録》上）

《雲門匡真禪師廣録》卷上："時有僧問：'如何是超佛越祖之談？'師云：'餬餅。'進云：'這個有什麽交涉？'師云：'灼然有什麽交涉？'"與善卿所改同。

按："灼"，《玉篇·火部》："灼，明也。""酌"，《説文·酉部》："酌，盛酒行觴也。從酉，勺聲。"善卿改"酌"爲"灼"字，甚是。"灼""酌"，二者音通。《敦煌變文集》卷四《破魔變文》"灼然不及"，編者校爲"灼"，可能當時口語中有作"確實"解的"灼然"一詞，敦煌卷子的書寫者依音記字，遂寫成“酌”。^① 又《古尊宿語録》卷一五作“酌然”。《祖堂集》卷九《羅山和尚》：“轸上座問：‘只如岩頭和尚道：洞山好個佛，只是無光彩，未審洞山有何虧闕便道無光彩？’師唤‘無轸’，無轸應諾，師云：‘酌然好個佛，只是無光彩。’”卷一一《齊云和尚》：“僧云：‘未審當初靈山合談何法？’師云：‘不見道世尊不説，迦葉不聞聞？’僧云：‘與摩則不睹王居殿，焉知天子尊！’師曰：‘酌然！瞻敬則有分。’”“灼然”，作確實、實在、顯然解。^② 二者是一個詞的兩種寫法，義無二致。

【趒跳】【踣跳】【勃跳】【踤跳】

【踣跳】正作勃趒，音字眺，排越也。（卷一《雲門録》下）

該詞見於《雲門匡真禪師廣録》卷下：“師云：‘地神惡發，把須彌山，一摑勃跳上梵天，捺破帝釋鼻孔。’……師云：‘勃跳。’無對。代前語云：‘常得此便。’又云：‘一任勃跳。’”

今按：禪籍又見“趒跳”“踤跳”。《祖堂集》卷六《洞山和尚》：“南泉趒跳下來，撫背云：‘雖是後生，敢有彫啄之分。’”《五燈會元》卷一五《巴陵顥鑒禪師》：“（云）門：‘地神惡發，把須彌山一摑踤跳上梵天，惡破帝釋鼻孔，你爲甚麼向日本國裏藏身？’”

“趒跳”“踣跳”“勃跳”“踤跳”當爲同詞異寫，乃跳起義。“趒”，《集韻·勿韻》：“踂，跳也。或從走。”知“趒”“踂”爲異構字。“踤”未見字書載録，當即“趒”“踂”的記音字。^③ “勃”實爲“趒”的借字，又檢字書辭書，未見“踣”與“勃”之正俗關係，善卿此説有疑，“踣跳”不當改作“勃趒”。“踣”亦爲“趒”的借字。又“跳”本作趒。慧琳《一切經音義》卷三五：“趒，越也。或作趍，經文從足作跳。”以上各詞當爲

---

① 袁賓：《〈五燈會元〉口語詞探義》，《天津師大學報》，1985 年第 5 期。
② 詹緒左釋“灼然”“酌然”爲應付義。詹緒左：《〈祖堂集〉詞語研究》，上海師範大學博士學位論文，2006 年，第 207 頁。依文意看，誤。
③ 詹緒左：《〈祖堂集〉詞語研究》，上海師範大學博士學位論文，2006 年，第 193 頁。

同義複詞，即跳義。①

【綣繢】【綣襀】【圈襀】【圈繢】【圈圚】【圈圚】【椦繢】【椦襀】

【綣繢】當作圈襀。上去圍切，屈木也。下丘媿切，紐也。綣繢，非義。（卷一《雲門録》下）

該詞見於《雲門匡真禪師廣録》卷中："師拈起袈裟云：'爾若道得，落我袈裟綣繢裏；爾若道不得，又在鬼窟裏座作麼生？'"

禪籍中又見"圈襀""圈繢""圈圚""圈圚""椦繢""椦襀""綣襀"。各舉例如下：

> 道端白日青天，開眼落人圈襀。（《大慧普覺禪師語録》卷五）

> 直饒一切坐斷，已落佛祖圈繢。（《圓悟佛果禪師語録》卷五）

> 白岩符云："老趙州大似個新出紅爐底彈子，犯著則簽破面門。雖然總不出王老師圈圚，且道那裏是王老師圈圚。"（《宗鑑法林》卷一〇）

> 結制如劃地爲牢，不但大眾跳不出者圈圚，三世諸佛歷代祖師至此，豈越常儀。（《敏樹禪師語録》卷二）

> 我也知你出趙州椦繢則易，出天童椦繢則難，出天童椦繢則易，出雲門椦繢則難，何故？（《蔗庵範禪師語録》卷五）

> 資福畫圓相，尚書恁麼道："豈不是落他資福椦襀了也。"資福便歸，方丈閉却門，豈不是落他尚書椦襀了也。（《宏智禪師廣録》卷一）

> 清長老且放過一著，學士還知天下衲僧，出者婆子綣襀不得麼？（《明覺禪師語録》卷二）

按："圈襀"爲繩索製作的圈兒→框框、預設的陳規，即圈套。② 善

---

① 《敦煌變文集·漢將王陵變》："盧绾勃跳下階，便奏霸王。"周紹良等選注《敦煌文學作品選》："勃跳：猛然跳起。勃，突然。"黃征、張涌泉《敦煌變文選注》："勃跳：勃然跳起。"均誤。董志翹、詹緒左、雷漢卿均已指出。分別參見董志翹：《〈五燈會元〉語詞考釋》，《訓詁類稿》，四川大學出版社，1999年；詹緒左：《〈祖堂集〉詞語研究》，上海師範大學博士學位論文，2006年，第193頁；雷漢卿：《禪籍方俗詞研究》，巴蜀書社，2010年，第21頁。

② 雷漢卿：《禪籍方俗詞研究》，巴蜀書社，2009年，第258頁、405頁、554頁。

卿無須改"綣襊"爲"圈襊"。"圈"又作"棬",《説文》"圈"字,朱駿聲《説文通訓定聲》:"圈,字亦作棬。""綣"通"圈"。"匱"爲"圓"之俗訛字。《正字通・口部》:"圓,俗匱字。""襊""續"皆爲"圓"之借字。

【完圝】【麲圝】【團圝】【渾圝】

【麲圝】上音九。小麥麴也,當云凸圝。圝,音鸞。(卷一《雲門録》下)

該詞見於《雲門匡真禪師廣録》卷下:"問僧:'完圝餅角子即不要爾,半截底把將來。'僧應喏。師云:'這個是完圝底把將來。'"

按:善卿此改不宜,禪籍亦未見"凸圝"一詞。禪籍中"完圝""麲圝""團圝""渾圝"並用,見下例:

雲門一枚餬餅,天下衲僧咬嚼。若非銕作牙關,往往麲圝吞却。吞時易吐時難,莫道從來麭一般。踏著韶陽關捩子,方能平地起波瀾。(《禪宗頌古聯珠通集》卷三三)

今人學道不悟道,義路推尋外邊討,更説從來無悟迷,大似團圝吞却棗。(《慈受懷深禪師廣録》卷一)

白雲祖翁渾圝吞棗,常爲警策。[1](《佛果克勤禪師心要》卷上)

以上諸詞爲一組異形詞,均爲"完全、完整"義。

【圈挛】【棬挛】【圈圝】【捲挛】

【捲挛】捲當作圈,去爰切,屈木也。下呂員切。(卷二《雪竇頌古》)

該詞目見於明天奇本瑞注《雪竇頌古》:"團團珠繞玉珊珊,馬載驢駄上鐵船。分付海山無事客,釣鼇時下一圈挛。師復云:'天下衲僧跳不出。'"

禪籍中並見"圈挛""棬挛""圈圝""捲挛"。如:

釣鼇時下一圈挛,釣鼇須是圈挛始得。(《佛果圜悟禪師碧岩録》

---

[1] 《朱子語類》又有"渾淪吞棗"一詞。"渾圝吞棗""渾淪吞棗"即"囫圇吞棗"。

卷四）

僧問："如何是潙仰宗？"師云："一捲攣跳不出。"（《宏智禪師廣錄》卷一）

雪竇宗云："盡大地是翠岩一隻眼。更説什麼眉毛在不在。直得諸方尊宿做盡伎倆。出他圈繢不得。"宗上座，又作麼生，以拂子畫圓相云："分付海山無事客，釣鰲時下一圈圚。"（《宗門拈古彙集》卷一六）

西來祖印獲親傳分付，隨方闡化權，囓鏃一機，能倒用湖海衲子一捲攣。（《智覃正禪師語録》）

按：善卿無須改"捲"爲"圈"。"圈攣""捲攣""捲攣""圈圚"當爲同詞異寫。俗書中扌旁、木旁常相混，故"捲"爲"棬"的俗字。又"棬"爲"圈"的异寫。[1]"攣"，《説文·子部》："攣，一乳兩子也。"朱駿聲《説文通訓定聲》："攣，假借爲拳。"又"拳"與"圚"音近可通。"圈圚"爲同義並列複合詞。禪籍中作"圈套"義，義同"圈圓"。

【殽訛】【淆訛】【誵訛】【聲訛】【謷訛】【譊訛】【詨訛】

【譊訛】譊當作誵。誵，音鏡。誵誵，恚呼也，非義。（卷二《雪竇頌古》）

【詨訛】上正作殽，胡交切。溷殽，雜也。下五禾切，謬也。（卷三《雪竇祖英》上）

上述詞分別見於明天奇本瑞注《雪竇頌古》："白雲影裏笑呵呵，兩手持來分付他。若是金毛獅子子，三千里外見誵訛。"《明覺禪師語録》卷五："九九八十一，大助不竪賞。若謂無誵訛，金剛曾合掌。"

禪籍中又見"殽訛""淆訛""聲訛""謷訛""譊訛""詨訛"。分別舉例如下：

直須見得透頂徹底，和會得來總是一家裏事，更無如許殽訛等見解，方能爲一切人去黏解縛，出釘拔楔。（《嘉泰普燈録》卷二五《仁王欽禪師》）

---

[1] 見"綣襪"條。

人疑念佛恐成魔，魔佛相爭不較多。了境唯心無罣礙，將心取境便淆訛。（《省庵法師語録》卷下）

雪竇著語云："勘破了也，是他下工夫，見透古人聲訛極則處，方能恁麼，不妨奇特。"（《佛果圜悟禪師碧岩録》）

撥塵見佛，未免眼裏撒沙。聞聲悟道，亦是耳中著水，直得生佛無階級，空界悉等平。净裸裸絶思惟，赤灑灑没可把，猶未離這邊事在，更須揮金剛寶劍斬斷聲訛，拈殺活拄杖打破得失。（《圜悟佛果禪師語録》卷二）

問："如何履踐即得無謏訛？"師云："見之不取，思之千里。"（《古尊宿語録》卷三八《襄州洞山第二代初禪師語録》）

若道來，入滅十餘年。如何見得來底道理？若道不來，又用設齋作什麼？道來也有詨訛，道不來也有詨訛。若爲得無詨訛去，還知得麼？（《古尊宿語録》卷二七《龍門佛眼和尚語録》）

按：善卿徑改"謏"爲"詨"，"詨"爲"殽"，則不明三者之關係。以上諸詞爲一組異形詞，皆是"混淆、訛誤"義。"殽"，《説文·殳部》："殽，相雜錯也。"朱駿聲《説文通訓定聲》："《爾雅·釋水》注：'眾水淆'。'字亦變作'淆'。'殽，后作'淆'。清雷浚《説文外編》卷一三："《説文》無淆字，《殳部》：'殽，相雜錯也。'此殽之本義，爲淆之本字。"又"殽""謏"，《廣韻》皆讀胡茅切，匣母肴韻平聲，"殽"與"謏"音同相通。禪録中字形多用"謏"，蓋受"訛"字言旁的影響，是偏旁類化的結果。其他諸形均是同音或近音借字。如此多的同音或近音詞形也反映了這是一個活躍於禪僧口語中使用頻率較高的詞語。[1]

【曲彔】【曲録】【曲碌】【曲覼】【曲踛】

【曲覼】當作曲踛，音録，行且恭也。覼，笑視也，非義。（卷六《風穴眾吼集》）

按：該詞目對應的《景德傳燈録》卷一三《汝州風穴延沼禪師》、《古尊宿語録》卷一五《汝州風穴山延昭禪師》中均未見。其他禪録可見"曲

---

① 何小宛：《禪宗語録詞語研究》，上海師範大學博士學位論文，2009年，第201頁。

録”“曲録”“曲碌”“曲親”，未見“曲踛”。分别示例如下：

> 指法座云：“三萬二千師子座，争及此個曲彔木。”（《圓悟佛果禪師語録》卷五）

> 古人行脚，遍歷叢林，直以此事爲念。要辨他曲録木床上老和尚，具眼不具眼。（《佛果圜悟禪師碧岩録》卷四）

> 涉世無心，心亦無閑，坐曲碌木床上。（《大休珠禪師語録》卷一二）

> 師云：“這個是賓主，語明得也未，若明得横擔挂杖，穿雲渡水，證據諸方，曲親木頭裏老和尚，見伊開口動舌，便識得伊了也。’”（《汾陽無德禪師語録》卷上）

“曲彔”“曲録”“曲碌”“曲親”“曲踛”爲一組异形詞。“曲彔”，木料天然的形狀或加工后的曲屈狀。① “曲彔木”指禪師説法時的座椅。以上各詞均爲“曲”②，彎曲貌，屈曲貌。

【靈羊掛角】【羚羊掛角】【羺羊掛角】

【羺羊】當作羚羊。《般若論》云：“涅槃佛性，理如金剛，無物不壞，唯羚羊角壞之。如其佛性，唯一闡提不可壞也。”（卷六《風穴衆吼集》）

《天聖廣燈録》卷一五《汝州風穴山延昭禪師》：“問：‘金剛莫比吹毛利，爲什麽却被羺羊角觸之？’師云：‘五頂華冠脆，雙眸眨不禁。’”與善卿所見底本同。禪籍中又見“羚羊”“靈羊”，如：

> 一著天衣無縫襖，不風流處也風流。靈羊挂角二十載，從聽時人覓路頭。（《慈受懷深禪師廣録》卷三）

> 僧問保福：“雪峰平生有何言句？得以羚羊挂角。”時福云：“我不可作雪峰弟子不得。”（《明覺禪師語録》卷三）

---

① 袁賓、康健：《禪宗大詞典》，崇文書局，2010 年，第 448 頁。

② 王勇指出“曲彔”“曲録”“曲親”即“曲”，乃順向變聲重疊而成。詳參《禪籍方俗詞溯源》，《漢語史研究集刊》第十七輯，巴蜀書社，2014 年，第 250 頁。又江藍生指出“乞留曲律”一詞“曲”順向變聲重疊爲“曲律”，該重疊形式還可作“曲彔”“曲綠”。詳參《變形重疊與元雜劇中的四字格狀態形容詞》，《近代漢語研究新論》，商務印書館，2013 年，第 76 頁。

按：“靈羊掛角”“羺羊掛角”當爲“羚羊掛角”的异形詞。《埤雅·釋獸》：“羚羊似羊而大，角有圓繞蹙文，夜則懸角木上以防患，語曰‘麢羊掛角’，此之謂也。”可知“羚羊掛角”指羚羊夜宿時角掛在樹上，脚不着地面，獵狗無法尋其踪迹。禪籍中多用來比喻不涉理路、不落言詮的妙語。《禪林類聚》卷一一：“千里迢迢信不通，歸來何事太匆匆。白雲鎖斷岩前石，掛角羚羊不見踪。”

【剳窒】【謫譡】【傛㾊】【劄室】【劄𠞊】

【剳窒】當作謫譡，言無倫脊也。或作傛㾊，抵鋙也，一曰不循理。上竹狹切，下知栗切。（卷七《八方珠玉集》）

該詞目見於《拈八方珠玉集》：“龕上座參百丈，喫茶了。丈云：‘有事相借問，得麼？’龕云：‘幸自非言，何須劄窒。’”“劄窒”與善卿所見底本及修正皆异。禪籍中又見“謫譡”“傛㾊”“劄𠞊”，如：

百丈云：“闍黎有事相借問得麼？”龕云：“幸自非言何須謫譡。”（《袁州仰山慧寂禪師語録》）

師云：“作么生是打静一句？”僧云：“出頭即傛㾊。”（《雲門匡真禪師廣録》卷下）

進曰：“此兩人被什摩時節因緣，即不濤汰？”對曰：“劄𠞊則過於老兄。”（《祖堂集》卷四《藥山和尚》）

按：上揭系一組异形詞，義爲抵觸，違拗。善卿引《集韻》所釋“謫譡”“傛㾊”含義，未確取何義。“㾊”，《集韻·質韻》：“㾊，傛㾊，牴牾也。”該組詞形當以“傛㾊”爲正，“剳”爲“劄”的形訛字。

第二節　詞語補證

《祖庭事苑》十分重視詞的本義，如卷六“顛面”條，善卿引《説文》

釋 "頓" 爲 "傾頭也"①，又如卷七 "蹭蹬" 條，引《説文新附》釋 "蹭蹬" 爲 "失道也"②；卷七 "原夢" 條，善卿釋 "原" 爲 "究" 義，原夢即解夢③，皆與文意相符。但有些詞語若按本義理解則與具體的語境不符，必然會給利用《祖庭事苑》輔助閲讀禪籍的人帶來困擾。詞除了本義（基本意義）以外，在具體的語言環境中還產生了引申義、語境義等，這些意義在詞語的解釋中亦不可忽視。筆者對《祖庭事苑》部分詞條的釋義進行補充，以明確該詞在禪籍中的用義。

【横説豎説】黄蘗示衆云：馬大師下有八十八人坐道場，得正眼者止三兩人。廬山和上是其一，夫出家人，須知有從上來事。且如四祖下融大師，横説豎説，猶未知向上關梀子，有此眼腦，方辨得邪正宗黨。（卷一《雲門録》上）

該詞見於《雲門匡真禪師廣録》卷上："師云：'三乘十二分教横説豎説，天下老和尚縱横十字説，與我拈針鋒許説底道理將來看。'" 按：善卿所引當爲《景德傳燈録》卷九《洪州黄蘗山希運禪師》的内容，未釋義。横説豎説，意謂從多方面反復論説喻解。禪籍多用來指四祖牛頭融大師言教傳法，義同 "直説曲説"。《大慧普覺禪師語録》卷二四："三乘十二分教，天下老和尚横説豎説，直説曲説，讚説毀説，隨俗説顯了説，當甚熱碗鳴聲，嚴禪還信得及麼？"《了庵清欲禪師語録》卷一："三百法會横説豎説，直説曲説，密説顯説，無問而自説，也出者圈繢不得。" 此 "×説×説" 皆爲 "反復言説" 之義。

【打野棲】卓皆切，枯木根出貌。（卷一《雲門録》上）

---

① 《大正藏》本《景德傳燈録》卷一三《汝州風穴延沼禪師》："問：'如何是一稱南無佛？'師曰：'燈連鳳翅當堂照，月影娥眉我面看。'" "月影娥眉我面看" 即傾斜着頭，仰着臉看月。

② 《大正藏》本《永嘉証道歌》："從來蹭蹬覺虛行，多年枉作風塵客。" 宋彦琪注："蹭蹬者，行不進之貌也。"

③ 《大正藏》本《拈八方珠玉集》："潙云：'聽老僧説个夢。'仰低頭作聽勢。潙云：'爲我原看。'仰取一盆水，一條手巾來。潙洗面了，纔坐。" "原夢" 當爲縮略。原夢，即解夢。《梵網經菩薩戒略疏》卷六："解夢，謂原夢，以斷吉凶禍福。" 原，推究。《易・繫辭下》："《易》之爲書，原始要終，以爲質也。" 孔穎達疏："言《易》之爲書，原窮其事之初始……又會其事之終末。"《漢書・薛宣傳》："《春秋》之義，原心定罪。" 顏師古注："原，謂尋其本也。" 潙山 "爲我原看" 即要仰山探究他的夢。

該詞見於《雲門匡真禪師廣録》卷上："僧云：'冬去春來時如何？'師云：'橫擔拄杖東西南北一任打野桿。'"按："桿"，《廣韻·皆韻》："桿，枯木根。"野桿，荒野中的枯木根或枯樹樁。[1] 善卿釋"桿"爲"枯木根出貌"義，甚是，但與文意不符。打野桿，禪籍中用其比喻義，由砍野外的榾柮比喻向外馳求[2]，即在外遊方行腳。[3]《佛果圜悟禪師碧巖録》卷五："明招云：'朗上座喫却招慶飯了，却去江外打野桿。'野桿即荒野中火燒底木橛，謂之野桿。用明朗上座不向正處行，却向外邊走。"

【韓情】當作韓盧。盧，黑也，謂黑狗也。齊人韓國相狗於市，遂有狗號鳴，而國知其善。見《選·注》。（卷一《雲門録》上）

"韓情"見於《雲門匡真禪師廣録》："平旦寅，曉何人？日出卯，韓情枯骨咬。"

按："韓情枯骨咬"，文意不通。[4] 善卿改作"韓盧"，甚確。"盧"通"玁"。[5]《集韻·模韻》："玁，通作盧。"韓玁，黑狗，良犬，駿犬。《战国策》卷一〇："齊欲伐魏。淳于髡謂齊王曰：'韓子盧者，天下之疾犬也。'"《博物志》卷四："韓國有黑犬名盧。"《玉篇·犬部》："韓玁，天下駿犬。"考佛經文獻可知，"韓盧枯骨咬"的含義當源自"狗（犬）咬（嚙）枯骨"。如：

> 如見狂犬，疾走而避，如蜜塗刀，如毒蛇首，如戈戟刃，如糞穢瓶，不能捨離，猶如餓狗，嚙其枯骨。（唐地婆訶羅譯《方廣大莊嚴經》卷五）

> 凡食啖時，牙齒咀嚼，濕以涎唾，咽入喉中，髓腦相和，流津腹內，如犬咬枯骨，妄生美想，食至臍間，嘔逆覆上，還復却咽。（唐義净譯《大寶積經》卷五七）

> 如《攝論》云："於一端嚴婬女身出家耽欲，及飢狗臭屍，昌艷

---

① 袁賓、康健：《禪宗大詞典》，崇文書局，2010年，第474頁。
② 參雷漢卿：《禪籍方俗詞研究》，巴蜀書社，2009年，第556頁。
③ 雷漢卿：《禪籍方俗詞研究》，巴蜀書社，2009年，第351頁。
④ 通過 CBETA 電子佛典 2011 檢索"韓情"，共計5例，均爲沿襲《雲門録》"韓情枯骨咬"。
⑤《祖庭事苑》卷二"韓玁"，見《雲門録》韓情。

美飲食。三種分別悉不同，故知貪取唯取自心。如狗噛枯骨，自食津液等。"（唐法藏撰《梵網經菩薩戒本疏》卷三）

"枯骨"，已無肉附著的乾枯骨頭。這樣的骨頭咬起來自然"無味不充飽"，只得"自食津液"。《禪林方語》收"狗咬枯骨"，釋"沒滋味，空咽津"，又"狗喫枯骨"，釋"沒滋味"①，甚是。西晉法護等譯《佛說大乘菩薩藏正法經》亦有"狗咬枯骨"的詳述。其書卷二八曰：

> 以是義故，譬如餓犬羸瘦憔悴，皮骨連立，忽見枯骨而生食想，復於靜處以力舐噛，自傷其口，血塗骨上，不自覺知，妄生貪愛於其飽滿，終無所得。時有刹帝利婆羅門長者居士，自遠而來，見是餓犬噛彼枯骨，極生嗟念。是時，餓犬復自思惟："彼所來者奪我美味。"時犬乃作惡聲惡眼，齜齜號吠。舍利子！於意云何？彼諸人眾見是枯骨，悉無血肉，爲侵奪不？舍利子言："不也，世尊！不也，善逝！"佛告舍利子云："何彼犬作如是相？"舍利子白佛言："世尊！由犬餓故，噛彼枯骨如甘露味，妄生貪愛故，現如是惡聲惡眼，齜齜號吠，恐彼人眾之所侵奪。"

以上引文爲佛與舍利子的對話。用餓狗舐噛枯骨，"自傷其口，血塗骨上"來比喻弟子妄生貪戀之心，不能明心見性。禪籍中"韓獹咬枯骨"與佛經文獻用意相同，比喻那些貪戀妄念俗情，不識自心是佛，却一味向外尋求佛法的參學人。

禪籍中多見與"韓盧枯骨咬"同義的表述。如：

> 師云："韓盧咬骨空舐觜，腹內懸懸背合塵。"（《天聖廣燈錄》卷一八《唐州大乘山德遵禪師》）

> 後園驢喫草，一飽一切飽。不比餓韓盧，空把枯骨咬。（《恕中無慍禪師語錄》卷三）

【對牛彈琴】魯賢士公明儀對牛彈琴，弄清角之操，牛食如故，非牛不聞，不合耳也。轉爲蚊虻之聲，孤犢之鳴，乃掉尾躑躅，奮耳

---

① 參《禪語辭書類聚》，日本禪文化研究所，1993年，第44頁、62頁。

而聽，合意故也。（卷一《雲門錄》上）

該詞見於《雲門匡真禪師廣錄》卷上："問：'如何是衲僧孔竅？'師云：'放過一著。'進云：'請師道。'師云：'對牛彈琴。'"按："對牛彈琴"語出漢牟融《理惑論》，善卿僅釋該詞的語源，未解釋禪籍中的用意。"對牛彈琴"比喻對不明事理的人講道理或与之交談，禪籍中多用來指禪師對根器下等的愚鈍學人的呵責。又《古尊宿語錄》卷六《睦州和尚語錄》："又俗官問：'弟子今日開藏經，乞師一句，提綱藏經。'師云：'此問難得。'官云：'便請提綱。'師云：'對牛彈琴。'"《五燈會元》卷一五《婺州承天惟簡禪師》："問：'開口即失，閉口即喪，未審如何説？'師曰：'舌頭無骨。'僧曰：'不會。'師曰：'對牛彈琴。'"

【待兔】韓子曰："宋人有耕者，田中有株。兔走抵株，折頸而死。因釋耕而守株，冀復得兔。爲宋國笑。"（卷一《雲門錄》上）

按：善卿於該目下指出"守株待兔"的語源，却未釋義。待兔，語出《韓非子·五蠹》。禪籍多用來比喻那些混沌無知、不開竅、難以啓發接引的參學者。《黃龍慧南禪師語錄》："雪雪片片不別，亂飄亂灑，應時應節。懵懂禪和猶未知，守株待兔與誰説。"《圓悟佛果禪師語錄》卷一四："至令守株待兔之流，競以無言禮拜依位，爲得髓深致，殊不知，劍去久矣，爾方刻舟。"又《續古尊宿語要》卷四："問不在答處，答不在問處，問答交馳。如青天轟霹靂，看者不容眨眼，那堪更向言中定旨。句下明宗，大似緣木求魚。守株待兔。殊不知，我宗無語句，亦無一法與人。"

【鑿壁】《西京雜記》云："匡衡，字稚圭，東陽人，好讀書，家貧無油燭，乃鑿鄰壁孔，映光讀書，位至丞相。"（卷一《雲門錄》上）

該詞見於《雲門匡真禪師廣錄》卷上："問：'如何是非思量處？'師云：'識情難測。'問：'鑿壁偷光時如何？'師云：'恰。'問：'一言道盡時如何？'師云：'裂破。'"

按：善卿雖指出"鑿壁偷光"語出《西京雜記》，但未解釋該詞在禪籍中的用意。"鑿壁偷光"，後代多用作刻苦學習的典範，禪籍則取其貶義。如：

> 問："鑿壁偷光時如何？"師曰："錯。"曰："爭奈苦志專心？"師曰："錯！錯！"（《景德傳燈錄》卷二三《潁州羅漢匡果禪師》）

> 本覺微云："二老宿與麼做處？大似拽尾靈龜。更有個鑿壁偷光漢却向矢上加尖，且道那裏是兩顆鼠糞污處。"（《宗門拈古彙集》卷七）

> 問來答去涉多端，鑿壁偷光秖自瞞。若是英靈皮有血，機先已透萬重關。（《百癡禪師語錄》卷一四）

> 大抵學禪者，第一，不得鑿壁偷光。有等學人，專向古人公案上，穿鑿解説，以爲了當，殊不知，你雖説得滴水不漏，依舊是古人底，與諸人毫無干涉。（《永覺元賢禪師廣錄》卷四）

禪宗講究不立文字，明心悟道，參禪之人不該拘泥於經典説教。"鑿壁偷光""苦志專心"於佛法教義的參禪悟道方法並不被禪師提倡。"矢上加尖""兩顆鼠糞污處"更印證了"鑿壁偷光秖自瞞"，故永覺元賢禪師告誡學禪之人不得鑿壁偷光，專向古人公案求得禪法。

【侗儻】上它歷切，下它郎切，大節非常也。（卷一《雲門室中錄》）

《雲門匡真禪師廣錄》卷中："師示眾云：'西天二十八祖唐土六祖天下老和尚，總在拄杖頭上，直饒會得，侗儻分明，秖在半途。若不放過，盡是野狐精。'"

按：侗儻，有卓絶、不同尋常義。漢司馬遷《報任安書》："古者富貴而名摩滅，不可勝紀，惟侗儻非常之人稱。"與善卿所釋"大節非常"義同。禪籍中用來指透徹地領悟禪法。上文中的"侗儻分明"即徹底、明晰地領悟禪法。①

---

① 黃靈庚《〈五燈會元〉詞語札記》"侗儻"條：猶説非常，甚。副詞。"侗儻分明"，非常分別。侗儻，言分明也。《浙江師範大學學報》（社會科學版），1999 年第 3 期。段觀宋《禪籍俗語詞零札》"侗儻"條：透徹、明了。"侗儻分明"猶言了了分明、透徹分明。《俗語言研究》第 3 期，禪籍俗語言研究會編，日本京都禪文化研究所，1996 年，第 54 頁。

【瘶疣】羽求切，結病也。《釋名》曰："疣，丘也。出皮上聚高，如地之有丘。"（卷一《雲門録》上）

按：善卿釋義是，然未解釋該詞在禪籍中的用意。"疣"，《玉篇·疒部》："疣，結病也。"《廣韻·尤韻》："疣，《釋名》曰：'疣，丘也。出皮上聚高，如地之有丘也。'""瘶"，《玉篇·疒部》："瘶，瘶瘽也。""瘶""疣"皆爲"病"義。禪籍中多用其比喻佛教義理、語言文字對學人的纏縛。如《林泉老人評唱丹霞淳禪師頌古虛堂集》卷二："自古至今，妄想執著，迷已逐物，可惜遼天鼻孔被他輕輕扭轉，納敗闕道，如何是本來面目？會則言言般若，不會則句句瘶疣。"又卷四："吾佛所説，雖形於言而本非言，然詮於文而本忘詮。得之者，言言般若，失之者，句句瘶疣。"又《五燈會元》卷一三《撫州曹山羌慧智炬禪師》："師曰：'文字性异，法法體空，迷則句句瘶疣，悟則文文般若，苟無取捨，何害圓伊。'"

【莽鹵】上莫補切，下郎古切，不分明貌。（卷二《雪竇頌古》）

天奇本瑞注《雪竇顯和尚頌古》："一拽石，二搬土，撥機須是千鈞弩，象骨老師曾輥毬，爭似禾山解打鼓。報君知，莫莽鹵，甜者甜兮，苦者苦。"

按：該處"莽鹵"即"模模糊糊"義。善卿所言"不分明貌"甚是。筆者通過檢索禪録中"莽鹵"的用例，發現"莽鹵"有多項引申義。

首先，禪録中的"莽鹵"有"粗疏、粗略"義。例如：

五年分疏不下，一句元無縫罅，只知推過商量，誰信分明酬價，玲籠底相知，莽鹵底相訝。（《宏智禪師廣録》卷四）

父子背馳，面不相睹，直至如今成莽鹵。（《虛堂和尚語録》卷二）

第一例"玲籠"（精細）與"莽鹵"相對。第二例"直至如今成莽鹵"，無著道忠《虛堂録犁耕》："至今日成佛法粗略也。"[①]

其次，"莽鹵"引申有"輕率，草率"義。

---

① 無著道忠：《虛堂録犁耕》，日本花園大學禪文化研究所，1990年，第229頁。

放箭之徒莫莽鹵，若善能放箭，則不莽鹵；若不善放，則莽鹵可知。指白石爲玉，點黄金爲土，便恁麼會去？他家未相許，不相許莫莽鹵。（《佛果圜悟禪師碧岩録》卷六）

"莽鹵"又有"糊塗，馬虎"義。如：

莫將問來問，何故問在答處，答在問處。這僧擔一檐莽鹵，换一檐鶻突，致個問端，敗缺不少。（《佛果圜悟禪師碧岩録》卷九）

僧問："和尚當年見二尊宿，是肯伊不肯伊？"牙云："肯即肯，要且無祖師西來意？"師拈云："這漢參来莽鹵，學處顢頇。雖然顧後瞻前，争奈藏身露影。既是無祖師西來意，用肯作麼？"（《圜悟佛果禪師語録》卷一八）

先曹山云："俱胝承當處莽鹵，只認得一機一境。一等是拍手撫掌，見他西園奇怪。"玄覺又云："且道俱胝還悟也未，爲什麼承當處莽鹵？"（《佛果圜悟禪師碧岩録》卷二）

"鶻突"，糊塗。"顢頇"，糊塗而馬虎。二者均與"莽鹵"同義互文。

另外，"莽鹵"又作"莽魯"。"鹵"通"魯"。魯，遲鈍也。《論語·先進》："參也魯。"何晏集解："孔（安國）曰：'魯，鈍也。'""莽魯""莽鹵"，意爲昏鈍不明、愚昧。例如：

生公昔教汝，吾今擬椎破。一憎一愛之，且道誰福禍。了此得佛心，未會大莽魯。（《紫柏尊者全集》卷二五）

頌這僧後到雪峰面前，這僧依舊莽鹵。峰便據令而行，打三十棒趕出。（《佛果圜悟禪師碧岩録》卷七）

僧云："只如李相國參藥山，還的也無？"師云："莽鹵漢又恁麼去也？"僧云："喏，喏。"師云："邯鄲學唐步。"師乃云："休去，歇去。"（《宏智禪師廣録》卷四）

莽鹵漢，即昏鈍愚昧的人。[1] 按後文"邯鄲學唐步"，可知禪師指責那些只會一味參學，不能明心見悟的學人，李相國參問藥山，未能見悟，

---

[1] 雷漢卿釋"莽鹵漢"爲粗率馬虎的人。雷漢卿：《禪籍方俗詞研究》，巴蜀書社，2009年，第467頁。

故禪師説"莽鹵漢又恁麼去也",意在説李相國昏昧。

"莽鹵"亦作"鹵莽"。世俗文獻已見使用。宋寥瑩中《東雅堂昌黎集注》卷五"後日懸知漸莽鹵"注:"杭本作鹵莽,鹵莽,本《莊子》:'爲政焉,可莽鹵。'然唐人多倒用之。"禪籍中"莽鹵""鹵莽"並存。

> 然臨濟得之在痛快,而失之在鹵莽;曹洞得之在綿密,而失之在廉纖。至於鹵莽廉纖,而流風餘韻,幾乎息矣。(《永覺元賢禪師廣錄》卷一四)

> 所以先德付囑云:"若當相見,切須子細窮勘,不得鹵莽,恐誤後人之印可也。"(《人天眼目》卷二)

以上兩例"鹵莽"均爲"馬虎"義。

禪籍中"莽鹵"又可疊音爲"莽莽鹵鹵"。

> 上堂云:"落落魄魄,居村居郭;莽莽鹵鹵,何今何古。不重己靈,休話佛祖。"(《五燈會元》卷一七《兜率志恩禪師》)

> 上堂云:"一切法皆是佛法,瞞瞞頇頇非爲正觀。一切法即非一切法,莽莽鹵鹵還同天鼓。賞個名安個是立個非,向甚處見釋迦老子,還會麼?"(《明覺禪師語録》卷二)

> 莽莽鹵鹵,無規無矩;冒冒草草,非理非道;郎郎當當,不隱不藏;顢顢頇頇,無識無端。如斯之者,遠之又遠,不足可觀。(《建中靖國續燈録》卷二〇《湖州烏墩壽聖楚文禪師》)

莽莽鹵鹵,即糊里糊塗、馬馬虎虎。《禪籍方俗詞研究》釋爲"遼闊貌"[1],並以上述前兩例爲證,實有誤。上引第二個例句中的"莽莽鹵鹵,何今何古"爲糊里糊塗,不知是今還是古,第三個例句中的"莽莽鹵鹵"與"瞞瞞頇頇"同義連文,"瞞瞞頇頇"即"瞞頇"的疊音式。可見這兩例中"莽莽鹵鹵"應爲"糊里糊塗,馬馬虎虎"義。

【拯】蒸字,上聲呼,舉也。(卷四《雪竇祖英》下)

該詞見於《明覺禪師語録》:"辭海波瀾浩浩歟,違背此恩難拯拔。"

---

① 雷漢卿:《禪籍方俗詞研究》,巴蜀書社,2009年,第515頁。

《易·艮》："艮其腓，不拯其隨。"孔穎達疏："拯，舉也。"然上文取"拯"之"舉"義，未善。"拯"由"舉"義引申爲"救助，拯救"。"拯"，《廣韻·拯韻》："拯，救也，助也。"拯拔，同義復詞，即從困境中拯救或解脫。又《六度集經》卷一："菩薩問曰：'爾以何緣處地獄乎？'罪人曰：'吾昔處世，空家濟窮，拯拔眾厄，今受重辜處太山獄。'"①

【嗚咿】上於胡切，嘆辭也；下於祇切，喔咿，強笑噱也。（卷四《雪竇祖英》下）

該詞見於《明覺禪師語録》卷六："嘔啊唱與那嗚咿，百草拈來鬥不知。"

按：嗚、咿皆爲象聲詞。善卿釋義無誤，但該處"嗚咿"與"嘔啊"對文，當作"歌唱聲、吟唱聲"解。又如《白雲守端禪師廣録》："無限樹頭風過耳，牧牛童子又嗚咿。""忽然牛上亂嗚咿，自是難禁興發時。誰管行人聽不足，徘徊更把笛來吹。遇興高歌豈強爲，任教牛食著鞭稀。"《希叟紹曇禪師廣録》卷一："萬機休罷住雲間，門掩青蘿竟日閑。時聽嗚咿歌一曲，倒騎黃犢出松關。""嗚咿"又作"嗟嘆聲"解。《續古尊宿語要》卷四："我自江湖四十年，漸愧不入他保社。既不入他保社因甚今日，以此供養，遂以手搖曳云：'嗚咿！嗚咿！'此意分明説向誰。"《物初大觀禪師語録》："工夫純熟，皓素希奇，放行把住，復由誰？嗚咿！嗚咿！擲下拄杖云：'人牛俱不見，正是月明時。'"

【瞞頇】上册官切，下河干切，大面貌。（卷四《雪竇祖英》下）

《明覺禪師語録》卷六："賓主分不分，顢頇絶异聞。解布勞生手，寄言來白雲。"作"顢頇"，與善卿所見底本不同。按："顢"，《玉篇·頁部》："顢，顢頇，大面。"《廣韻·桓韻》："顢，顢頇，大面貌。"又"瞞"通"顢"，故"瞞頇"有"大面貌"義。然善卿釋義未善。"大面貌"則面大而肥，眉眼不分明，故"瞞頇""顢頇"引申爲"模糊不清，渾然不分"義。上文"顢頇"當用此義。又如《古尊宿語録》卷二九《舒州龍門佛眼和尚語録》："學者當善分別，勿生异見，不可瞞頇不分。""瞞頇不分"即

---

① 《漢語大詞典》以《宋書·范曄傳》爲書證，時代稍晚。

"渾然不分",又寫作"瞞肝"。《古尊宿語錄》卷三一《舒州龍門佛眼和尚語錄》:"上堂。瑞岩惺惺,薦福莫莫,瞞肝佛性,束之高閣,月碅別用的當一著。""顢頇"常與"儱侗"反義對舉。《續古尊宿語要》卷五:"一葉落便知秋,顢頇佛性;一塵起大地收,儱侗真如。若是衲僧門下客,不用更躊躇。"又"顢頇"有蒙昧無知義。《金剛三昧經通宗記》卷一:"頇,音憨。顢頇,蒙昧不明之狀。"如《大慧普覺禪師語錄》卷一〇:"南泉打破閑家具,浩浩諸方作話看。今日爲君重舉過,明明歷歷不顢頇。""明明歷歷",清醒明白貌,與"顢頇"相對照。又《圓悟佛果禪師語錄》卷一四:"有般拍盲底,隨語生解,便抑屈俱胝,以謂實然,殊不知,焦塼打著連底凍,到這裏直須子細,切忌顢頇。"《嘉泰普燈錄》卷一三《慶元府雪竇聞庵嗣宗禪師》:"切忌顢頇,若能步步不迷,即是吾家眷屬。"

禪籍又見"瞞(顢)肝(頇)"的疊音詞"瞞瞞(顢)肝肝(頇)",二者義同。《劍關子益禪師語錄》:"觀靜二維那至上堂,一槌便就,瞞瞞肝肝,不假一槌,無端無端。"《宏智禪師廣錄》卷五:"師云:'金水投合時作麼生?'僧云:'直得瞞瞞頇頇去也。'"《無準師範禪師語錄》卷二:"結制上堂,龍蛇混雜,凡聖交參,儱儱侗侗,顢顢頇頇。雖則顢頇於中,却有個分曉處。"

【懵懂】上莫孔切,下多動切,心亂也。(卷四《雪竇祖英》下)
【懵懂】上母總切,下音董。懵懂,心亂貌。(卷七《證道歌》)

上述兩條"懵懂"分別見於《明覺禪師語錄》:"如今懵懂癡禪和,謾道玄玄爲獨脚。"《永嘉證道歌》:"師子吼無畏説,深嗟懵懂頑皮靼。"按:懵,《玉篇·心部》:"懵,心亂,心迷也。"《廣韻·董韻》:"懵,心亂貌。"懂,《廣韻·董韻》:"懵懂,心亂。"善卿依字書、韻書釋義無誤,但上文中"懵懂"釋爲"心亂"義,與文意不契。《明覺禪師語錄》中的"懵懂"與"癡"同義連言。癡,呆傻,愚鈍。又《永嘉證道歌》中"懵懂"與"頑皮靼"同義連文。頑皮靼,形容根性遲鈍、不開竅的參學者。"懵懂"與"癡""頑皮靼"意義均同。"懵",《集韻·董韻》:"懵,《廣雅》:'闇也。'""懵"之"昏昧無知"義顯然。"懵懂"當爲"昏鈍、愚昧"義。又《佛果圜悟禪師碧巖錄》卷八:"僧云:'喫飯了也,懵懂漢元來不會.'霞云:'將飯與汝喫底人,還具眼麼?'僧無語."《景德傳燈録》卷二一《福州安國慧球禪師》:"問:'如何是靈山會上事?'師曰:'少得靈利底.'僧曰:'忽遇靈利底作麼生?'師曰:'遮懵懂.'""懵懂漢",昏昧無知的人."懵懂"與"靈利"相對.

【嚬呻】上毗真切,下失人切.敵翻自在無畏.(卷四《雪竇祖英》下)

【嚬呻】敵翻自在無畏.(卷五《懷禪師前録》)

該詞見於《明覺禪師語録》:"主中之賓,溫故知新.互換相照,師子嚬呻.""嚬呻"作"頻申",指伸展四肢,舒展身體使通達之狀.《續一切經音義》卷二:"頻申,謂以手足胸背左右上下或急躄或舒展,自解其勞倦也."又作"頻呻".如:

> 獸王師子晝爲食行,行已入窟,若欲眠時,足足相累,伸尾在後,右脅而臥,過夜平旦,回顧視身.若獸王師子身體不正,見已不喜;若獸王師子其身周正,見已便喜.彼若臥起,從窟而出,出已頻呻,頻呻已自觀身體,自觀身已四顧而望,四顧望已便再三吼,再三吼已便行求食,獸王師子臥法如是.(《中阿含經》卷八)

此段叙述了獅子行卧眠的習性."彼若臥起,從窟而出,出已頻呻"即獅子(師子)由洞内伏臥而後出洞伸展四肢之態.佛經文獻多見"師子(獅子)嚬呻".[①] 如:

> 我今發心,如師子王出窟,不求伴侶,不求護助,嚬呻哮吼,摧伏一切,定不爲彼弊魔惡黨之所退轉.(明妙叶集《寶王三昧念佛直指》卷下)

> 謂師子是獸王,動止有法.每於晨朝,日初出時,從穴而出,則頻呻哮吼,一切猛獸聞之,無不歸伏.(后唐景曾纂《四分律行事鈔簡正記》卷一六)

獅子"嚬呻"之态十分迅猛,故可"摧伏一切",使猛獸歸伏.佛經

---

① "頻申"又作"頻呻""頻伸""嚬呻",故本文所舉用例不作區分.

及禪籍文獻中多取其比喻義，用獅子（獸中之王）比喻法中之王，指釋迦牟尼或得道僧師。用“嚬呻”舒展通暢之狀比喻佛、菩薩説法時自由自在，無所畏懼而勇猛安穩之態。《華嚴懸談會玄記》卷七：“師子乃獸中之王，哮吼一聲，百獸腦裂，以喻法中王也。言頻呻者，展舒四體通暢之狀。此言猶通於人，如婆須密女，亦云見我頻呻也，言奮迅之義。就師子説者，即奮躍迅起，自在無畏，正就師子以義顯故約法，即用之體寂而造極，則差別萬殊，無非法界；即體之用不爲而普周，故大小相參，緣起無盡，名嚬呻，自在之義。”綜上，已明了善卿“敵翻自在無畏”①之義。又《續華嚴經略疏刊定記》卷一五：“如師子頻申，言頻申者，梵音訛略也。具正應云堅實禀多，此翻爲自在無畏。如師子王入出群獸之中，自在無畏無障礙也。”然徐健《〈五燈會元〉詞語釋義》一文釋“嚬呻”義猶哮吼、吼叫②，又《禪宗大詞典》釋作：“禪録用例多謂獅子、大象等吼叫，喻宗師説法具威懾力③，皆有不妥。西晉竺法護譯《度世品經》卷五則分述“菩薩頻申十事”“師子吼十事”，亦可參證。

【儱侗】上方董切，下它孔切。未成器也，又直也，一曰長大也。（卷四《雪竇祖英》下）

該詞見於《明覺禪師語録》卷六：“四大假合非虛妄，儱儱侗侗爲一相。東西南北不相知，留與衲僧作榜樣。”“儱儱侗侗”爲“儱侗”的疊音，此處當爲“模糊不清，渾然無別”義。按：“儱”，《廣韻·董韻》：“儱，儱侗，未成器。”“侗”，《集韻·東韻》：“侗，倥侗，童蒙也。”《玉篇·人部》：“侗，謂未成器之人。”又“侗”，《説文·人部》：“侗，大貌。”徐鉉繫傳引《字書》：“侗，長大也。”《廣韻·東韻》：“侗，大也。”《廣韻·董韻》：“侗，長也。”又“侗”，《廣韻·董韻》：“侗，直也。”《集韻·東韻》：“侗，胴直貌。”善卿據字書、韻書而舉“儱侗”的三個義項

① “敵翻”即等同於譯作。（元）普瑞集《華嚴懸談會玄記卷一五》：“鈔初，全縱者，約名敵翻，則四句皆敵。而古德以言綫爲敵，言經非敵，則古德之義如其所破。鈔二，半奪也者，若約義翻一敵三，非。而刊定，但言經綫皆敵，不言敵，是聖教，故半奪也。”

② 參徐健：《〈五燈會元〉詞語釋義》，《俗語言研究》第 2 期，禪籍俗語言研究會編，日本京都禪文化研究所，1995 年，第 31 頁。

③ 袁賓、康健：《禪宗大詞典》，崇文書局，2010 年，第 319 頁。

皆與上文文意不符。"未成器"本指年幼未成長，自然有不明事理、蒙昧無知、糊塗義。[1] 亦可引申爲"模糊不清，渾然無別"。

禪籍中又見"儱統"[2]"儱統""籠統""籠通"，均爲"儱侗"的同詞異寫，義同。如：

> 若也實得個安樂處，便須識得些子好惡。辨取些子邪正，不可瞞瞞肝肝，儱儱統統。（《古尊宿語錄》卷三一《舒州龍門佛眼和尚小參語錄》）

> 兔角無生歸斷見，虛空籠統亦非真。（《楞伽經纂》卷四）

> 《大鈔》引《毗尼母》云："得齋七反是也，不得籠通，要牒彼名也。"（《四分律隨機羯磨疏正源記》卷三）

前一例句中的"儱儱統統"爲"儱統"的疊音，與"瞞瞞肝肝"互文見義，皆爲糊塗、不明事理義。後兩個例句中則是"模糊不清，渾然不分"義。

【窠窟】上苦禾切，下枯骨切。（卷四《雪竇祖英》下）

該詞見於《明覺禪師語錄》卷六："隔身之句是程途，扣門之問非窠窟。"按：善卿注音未釋義。窠窟，同義並列複合詞，本指動物的栖息之地，這裏用以比喻陳舊的模式、門徑、規矩等。[3] 又如《虛堂和尚語錄》卷四："若夙有靈骨，不待揚眉瞬目，曲巧方便。直下蹈翻從上老凍膿窠窟，全身擔荷空手來空手去底一著子，豈不快哉？"《密庵和尚語錄》："從來不守舊窠窟，既不守舊窠窟，且作麼生浴？""窠窟""舊窠窟"即陳規俗套。禪籍中束縛人的陳規又可具體指凡情俗念、言語知解、佛教義理對學人的束縛。如：

> 外不見一切境界，內不見眼耳鼻舌身意，便能通同一切，説什麼結制解制，一鎚擊碎聖賢窠窟，一刀截斷生死根株。"（《圓悟佛果禪

---

① 參徐健：《〈五燈會元〉詞語釋義》，《俗語言研究》第 2 期，禪籍俗語言研究會編，日本京都禪文化研究所，1995 年，第 30 頁。

② 《祖庭事苑》卷一："戋統，當作儱侗。"

③ 徐時儀：《〈朱子語類〉詞彙研究》，上海古籍出版社，2013 年，第 422 頁。

師語録》卷九）

　　立地可成佛，殺人不眨眼，碎生死窠窟，要個偶儻漢。（《圓悟佛果禪師語録》卷二〇）

　　蓋亮公是個渾鋼打就生鐵鑄成底，故能千了百當，便跳出教乘玄妙窠窟。（《大慧普覺禪師語録》卷二四）

　　"聖賢窠窟""生死窠窟""教乘玄妙窠窟"皆可束縛學人，故有"一鎚擊碎""碎""跳出"之説。

　　【嘍囉】上郎侯切，下良何切，猶點慧也。（卷六《法眼》）

　　"嘍囉"，聰明，伶俐。善卿釋義甚是。《古尊宿語録》卷一二《池州南泉普願禪師語要》："法過眼耳鼻舌身意心，以無心意而現行。如今知解不是嘍囉漢，此物不是凡聖，不是愚智，強喚作愚智。"《元叟行端禪師語録》卷五："死却現行，滅却意根，全身放下，方有商量分，聰明智識，嘍囉巧點，豈能希冀萬一。"《愚庵智及禪師語録》卷九："嘍囉智者講天台，潦到盧公辯鏡臺。法法無差波即水，新新不住火成灰。"上例中的"嘍囉漢"即伶俐漢，指能迅速領悟禪機的學人。"嘍囉巧點"，同義連言。"嘍囉"又有"胡言亂語"之義。《建中靖國續燈録》卷二九《饒州薦福承古禪師》："三世諸佛鼻孔長，六代祖師眼皮薄。屎上加尖尖更尖，一任嘍囉空戲謔。"《普庵印肅禪師語録》卷二："十聖三賢不奈何，九節玲瓏通法界。不由篾篿自嘍囉，從百鍊，已經磨。"

　　按："嘍囉"爲"樓羅"的異形詞。"樓羅"即幹練而善於辦事的人。宋高承《事物紀原》卷十："樓羅，幹事之稱也。《演義》曰：'樓欖也，羅縮也，言人善當荷幹，辨於言者，能樓欖羅縮遂謂之樓羅。'""樓羅"又形容胡人説話聲。按《日知録》卷二四："《北史·王昕傳》：嘗有鮮卑聚語，崔昂戲問昕曰：'頗解此不？'昕曰：'樓羅，樓羅，實自難解。'"由"胡人説話聲"引申爲"胡言亂語"之義，故"嘍囉"有上述二義。

　　【輥】古本切，穀齊等也。（卷六《風穴眾吼集》）

　　"輥"見於《景德傳燈録》卷一三《汝州風穴延沼禪師》："問：'朗月當空時如何？'師曰：'不從天上輥，任向地中埋。'"按：善卿釋義與文意不契。"輥"，本義爲車轂勻整貌。《説文・車部》："輥，轂齊等貌。"上文當是動詞，釋爲轉動，滾動，與下文"埋"對舉。慧琳《一切經音義》卷一百"輥芥"："《韻詮》云：'手轉之令下也。或從手作掍，以手轉也。或作繯。'《考聲》云：'如車轂轉也。'"

【穿耳客】謂達摩祖師也。然穿耳非佛制，稱之，蓋表梵人之相。
（卷六《風穴衆吼集》）

該詞見於《天聖廣燈録》卷一五《汝州風穴山延昭禪師》："問：'問問盡是捏怪，請師直指根源。'師云：'罕逢穿耳客，多遇刻舟人。'"按：穿耳客，原指西域僧人，他們的習俗多爲穿耳系環。上文中的"穿耳客"不是專指達摩祖師，而是泛指靈悟者，具有上等根器的人。刻舟人，即刻板、拘泥而不知變通的人，與"穿耳客"對文。

【戴席帽】猢猻带席帽，不是作詩人。見《新金山胡陽集》。①
（卷六《風穴衆吼集》）

該詞見於《天聖廣燈録》卷一五《汝州風穴山延昭禪師》："問：'承聞汝水波瀾急，疾焰過風事若何？'師云：'猢猻戴席帽。'"按：善卿未釋義。猢猻，獼猴的一種，又泛指猴子。席帽，據五代馬縞《中華古今注》卷中："本古之圍帽也，男女通服之。以韋之四周垂絲網之，施以朱翠。丈夫去飾，至煬帝淫侈，欲見女子之容，詔去帽。戴襆頭巾子幗也，以皂羅爲之。丈夫藤席爲之，骨鞋以繒乃名席帽。至馬周以席帽油御雨從事。"又作"蓆帽"。宋高承《事物紀原》卷三："《實録》曰：'本羌人首服以羊毛爲之，謂之氈帽，即今氈笠也。秦漢競服之，後故以蓆爲骨而鞋之，謂之蓆帽。女人戴者，四緣垂下網子以自蔽，今世俗或然。'吳處厚《青箱雜記》曰：'王衍在蜀好私行，恐人識之，令民戴大帽，則世俗之戴蓆帽始於王衍也。'"猢猻仿人戴席帽，充人樣蓋源於"沐猴而冠"。《漢書》卷三一《陳勝項籍列傳第一》："韓生曰：'人謂楚人沐猴而冠果然。'"張晏注："沐猴，獼猴也。"師古注："言雖著人衣冠其心不類人也，果然如人之言也。"又翟灝《通俗編》卷二八："沐猴，楚人語也，實即猴耳。《禪

---

① 該書今已佚失。

宗語録》云："獼猻戴席帽，乃即因其說而質言之。"禪籍中用"獼猻戴席帽"隱喻反常識的多餘之舉。①《天聖廣燈録》卷一五《汝州風穴山延昭禪師》："問：'承聞汝水波瀾急，疾焰過風事若何？'師云：'獼猻戴席帽。'"《五燈會元》卷一二《越州石佛寺顯忠祖印禪師》："上堂，點時不到，皂白未分。到時不點，和泥合水。露柱踌跳入燈籠裏，即且從他。汝眉毛因甚麼却拖在脚跟下，直饒於此明得。也是獼猻戴席帽，於此未明，何異曲蟮穿靴。然雖如此，笑我者多，哂我者少。"曲蟮，蚯蚓，無足而穿靴，與"獼猻戴席帽"有異曲同工之妙。

【屪顏】上士山切，不齊也，見《西漢》注。（卷六《法眼》）

按："屪"，《玉篇·尨部》："屪，不齊也。"然禪籍中不用該義。"屪"通"巉"。"巉"，《廣韻·銜韻》："巉，險也。"《廣雅·釋詁四》："巉巇，高也。"故"屪"又有"高、險"義。屪顏，山高險峻之貌。《禪林寶訓順硃》："屪顏，山高貌。"用例如下：

瑤芝瓊筍拔地爭屪顏，上如帝網之交羅分。（《天如惟則禪師語録》卷五）

雪覆千山與萬山，孤峰迥迥露屪顏。（《爲霖道霈禪師秉拂語録》卷上）

【劢臏】上彌究切，下胡典切，肥也。（卷七《八方珠玉集》）

"劢臏"見於《拈八方珠玉集》："濟云：'頑嚚少智，劢臏多癡。'"按："臏"，《廣雅·釋訓》："臏臏，肥也。"善卿依辭書釋義，然該義與文意不符。此處當作"糊塗、懵懂"義。②又"劢臏"作"瞘睍"，重疊爲

---

①　參曲彥斌：《關於禪籍俗語言的民俗語源問題》，《俗語言研究》創刊號，禪籍俗語言研究會編，日本京都禪文化研究所，1995年，第103頁。

②　按雷漢卿所言："'劢臏'當即《尚書》中所說的'瞑眩'。又'媚癡''墨尿''眠娗''劢臏''瞑眩''懹㺼''乜斜'有著相同的語源，含有懵懂糊塗、猶豫不決等義素，在特定的上下文裏是同義詞。"詳參《禪籍詞語選釋》，《漢語史研究集刊》第八輯，巴蜀書社，2005年，第213～214頁。段觀宋《禪籍俗語詞靈札》"懹㺼"一條："心眼小，冥劣不開竅。"又言"聲轉爲'劢臏''劢睍'"，未論述聲轉之由，足不可信。參《俗語言研究》第3期，禪籍俗語言研究會編，日本京都禪文化研究所，1996年，第53頁。

"瞋瞋眇眇"，義同。《五燈會元》卷一六《廬山栖賢智遷禪師》："上堂：'是甚麼物，得恁頑頑嚚嚚，覷覷眇眇。'拊掌呵呵大笑曰：'今朝巴鼻，直是黃面瞿曇，通身是口，也分疏不下。'"

【冲天】音蟲。《説文》云："滔搖也。"（卷七《八方珠玉集》）

"冲天"見於《拈八方珠玉集》："山纔見，撫掌三下云：'猛虎當軒，誰人敢敵?'薿云：'俊鷂冲天，誰人捉得。'"按："冲"，《説文·水部》："涌搖也。""滔"當爲"涌"之誤字。善卿取"冲"之"涌搖"義，未善。該處"冲天"當爲直上雲空義。冲，直上，升。《篇海類篇·地理類·水部》："冲，飛也。"《字彙·水部》："冲，上飛也。"《韓非子·喻老》："三年不翅，將以長羽翼……雖無飛，飛必冲天。"《素問·解精微論》："夫志悲者惋，惋則冲陰。"王冰注："冲，猶升也。"

【厮兒】上音斯，從使者也。（卷七《八方珠玉集》）

《拈八方珠玉集》："洋竪起痒和子云：'江西還有這个麼?'僧托膝閉目。洋云：'東家厮兒，却向西家使唤。'"按："厮"，《廣雅·釋詁一》："使也。"善卿釋義是，但於文不契，禪籍中多指小孩。《祖堂集》卷三《慧忠國師》："時十月中旬，有諸座主來禮拜和尚。師問：'城外草作何色?'曰：'作黃色。'師遂唤少童子問：'城外草作何色?'對曰：'作黃色。'師曰：'座主解經解論，與此厮兒見解何殊?'"

【戽】荒故切，吹水器。（卷七《八方珠玉集》）

《拈八方珠玉集》："佛海云：'相戽相潑，總非外物。'"按："戽"，本義取水器，名詞。《玉篇·斗部》："戽，抒水器也。"《廣韻·暮韻》："戽斗，飲水器也。"善卿釋其本義，然與文意不符。上文"戽"與"潑"對文，當爲動詞。由舀水器引申爲動詞義"汲水"。《廣雅·釋詁二》："戽，抒也。"王念孫疏證："《大雅·生民》釋文引《倉頡篇》云：'抒，取出也。'"

【磉盤】上蘇朗切，柱下石。（卷七《八方珠玉集》）

《拈八方珠玉集》："僧問金峰：'如何是金峰正主?'峰云：'此去鎮縣

不遥，闍梨莫造次。'僧云：'何不道？'峰云：'你口是礤盤。'"按：礤，柱下石墩。《廣韻‧蕩韻》："柱下石也。"《正字通》："俗呼礎曰礤。"該處的"口是礤盤"即口重如柱下石墩，謂閉口不言狀。[1] 又作"口似礤盤""口如礤盤"。《嘉泰普燈錄》卷一八《福州東禪蒙庵思嶽禪師》："世尊面赤，不如語直，大小嶽上座，口似礤盤。"《無明慧經禪師語錄》卷二："及至達磨九年口如礤盤，壽昌恁麼舉，也是太無端。"

【成褫】音池，藉褥也。（卷七《八方珠玉集》）

《拈八方珠玉集》："侍者云：'和尚適來成褫伊？清云：'無。'者云：'無成褫伊。'清云：'無。'"按：善卿所釋當其本義。成褫，扶助，成就，引導。無著道忠《虛堂錄犁耕》："成褫，扶助人成其事，如藉褥承物也。"[2]《禪林寶訓合注》："褫，音池，成就也。"又《虛堂和尚語錄》卷六："時有僧出云：'只如諸方匡徒領眾，又作麼生？'云：'不道無禪，只是無師。'代僧云：'深荷成褫。'"《宏智禪師廣錄》卷五："香味觸法各各作佛事，如人六兄弟成褫一家業。"荷，受恩。《資治通鑒‧梁紀一》"兼荷兄恩意甚多"，胡三省注："受任爲荷，受恩爲荷，而感恩者亦曰荷。""深荷成褫"即深受扶助我成事之恩。"成褫家業"，成就扶持家業。"成褫"又作"成持"。《大光明藏》下卷《泉州瓦棺和尚》："德山曰：'汝成持取個不會好？'師曰：'不會又成持個甚麼？'德山曰：'汝大似個鐵橛子。'"

【頑皮靼】靼，之列切，柔熟皮也。《智論》云："譬如牛皮，未柔不可屈折，無信人亦如是；譬如牛皮，已柔隨用可作，有信人亦如是。"（卷七《證道歌》）

《永嘉證道歌》："師子吼無畏説，深嗟懵懂頑皮靼。祇知犯重障菩提，

---

① 關於該詞學者多有討論。如袁賓、康健：《禪宗大詞典》，崇文書局，2010年，第241頁；周俊勛、朱慶之：《中古漢語熟語略論》，《燕趙學術》，2010年春之卷。二者均釋爲閉口無言義。周學峰《禪宗著作詞語拾詁》一文認爲"口似礤盤"指答話者張口無言，答不上話來。《漢語史學報》第十二輯，上海教育出版社，2012年。王長林對周學峰的觀點提出質疑，他指出，"口似礤盤"當取喻於"桑盤"穩固不動的特性。詳參《"口似匾擔""口似礤盤"商詁》，《漢語史學報》第十六輯，上海教育出版社，2016年。

② 無著道忠：《虛堂錄犁耕》，日本花園大學禪文化研究所，1990年，第676頁。

不見如來開秘訣。"按："鞇"應作"鞇"。《正字通·革部》："鞇，鞇字之譌。""鞇"，指牛脖頸上又粗又硬的皮。宋知訥《證道歌注》："鞇，乃牛領上極粗皮也。"粗，粗糙，粗劣。《玉篇·粗部》："粗，不精也。"善卿釋字之本義，但與文義不協。頑皮，堅硬的外皮。皮日休《嘲歸仁紹龜詩》："硬骨殘形知幾秋，屍骸終不是風流。頑皮死後鑽須遍，都爲平生不出頭。""頑皮"與"鞇"同義連言，指堅硬、粗糙的表皮，用牛身上堅硬不易破的粗皮比喻人冥頑不化、混沌愚昧，禪籍中用來形容根性遲鈍、不開竅的參學者。元永盛《證道歌注》："頑皮鞇者，即牛領粗厚皮也，此喻小乘鈍根聞大不悟。"

第三節　注釋商略

本節主要對《祖庭事苑》中某些條目注釋不妥的地方進行商討，以期明確詞語在禪籍中的用義。

【性傃】傃當作傯，蘇到切，性疏貌。（卷一《雲門錄》上）

《雲門匡真禪師廣錄》卷上："上堂云：'盡乾坤一時將來著爾眼睫上，爾諸人聞與麼道，不敢望汝出來性燥，把老僧打一摑，且緩緩子細看，是有是無，是個什麼道理，直饒爾向這裏明得。'"作"性燥"。而善卿所見《雲門錄》作"傃"，其他禪錄亦可見"性傃"一詞。

> 然今學者尚看他底不破，只管落語言執解會，認光影做窠窟，好不性傃也。（《佛果克勤禪師心要》卷下《示元長禪人》）
> 師曰："大眾，龍牙山裏無眼毒龍，從前行腳，不曾性傃道得一句。及於住院，盡力只道得一半，山僧今日爲混沌畫眉去也。"（《嘉泰普燈錄》卷二六《雪峰祖燈璇禪師一則》）

善卿改"傃"爲"傯"，釋爲性情疏放義，不確。又《禪籍方俗詞研究》"性傯漢"一詞釋爲"果敢決斷的人"①，亦有不妥。禪錄又見"性

---

①　雷漢卿：《禪籍方俗詞研究》，巴蜀書社，2009 年，第 462 頁。

燥”一詞。如：

> 上堂。卓拄杖曰：“性燥漢只在一槌。”遂靠拄杖曰：“靈利人不勞再舉，而今莫有靈利底麼？”良久，比擬張麟，兔亦不遇。（《嘉泰普燈録》卷二一《福州乾元宗頴禪師》）

> 上曰：“古來悟得性燥者誰？”師云：“臨濟、水潦、德山、岩頭諸大老皆悟得性燥。”（《古尊宿語録》卷四八）

“燥”，《説文·火部》：“燥，乾也。”《玉篇·火部》：“燥，乾燥也。”《虚堂録犁耕》：“《篇海》一曰：‘燥，先到切，音噪，干燥也。忠謂燥謂物干則輕揚，不如濕物滯着也。蓋性燥，灵利俊快也。’”① 今按無著道忠所釋，“性燥”有靈利、爽快義，第一個例句中的“性燥汉”即迅疾領會禪義的靈利汉，爲褒義，與后文“靈利人”相呼應。第二個例句中的臨濟、水潦、德山、岩頭皆爲深諳道法的聰明伶俐的禪師，故可説“悟得性燥”。

“性燥”可作“性躁”。如：

> 又一日與峰遊龍眠，有兩路。峰問：“那個是龍眠路？”子以杖指之。峰曰：“東去西去。”子曰：“不快漆桶。”峰又問：“一槌便就時如何？”子曰：“不是性躁漢。”曰：“不假一槌時如何？”子曰：“不快漆桶。”……雪竇顯云：“然則一期折挫雪峰，且投子是作家鑪韝。我當時若作雪峰，待道不是性躁漢，只向伊云鉗槌在我手裏，諸上座合與投子著得個什麼語？若能道得，便乃性躁平生光揚宗眼；若也顢頇，頂上一槌，莫言不道。”（《宗門拈古彙集》卷二四）

“漆桶”與“性躁漢”形成鮮明對比。漆桶，裝漆的桶子。“不快漆桶”形容遲鈍的僧人，“性躁漢”則爲“聰明伶俐”之人，故可以“光揚宗眼”。

又作“性懆”，如：

> 諸尊宿雖然各出一隻手，並無一人性懆下得一槌，只是隨例扛

---

① 無著道忠：《虚堂録犁耕》，日本花園大學禪文化研究所，1990年，第29頁。

鼓。祥符直截與諸人道却，虛空爲鼓，須彌爲槌。漆桶參堂去。（《密庵和尚語録》）

垂示云："聲前一句，千聖不傳。未曾親覲，如隔大千。設使向聲前辨得，截斷天下人舌頭，亦未是性懆漢。"（《佛果圜悟禪師碧巖録》卷一）

"躁"，急躁。"懆"，忧愁不安。《说文·心部》："懆，愁不安也。""僺"，《集韵》："七肖切，佻僺，长貌。"以上词义相距较远，均为"燥"之借。"性躁""性懆""性僺"均爲"性燥"的异形词，爲"靈利、爽快"義。

【埴】側六切，塞也。（卷一《雲門録》上）

《雲門匡真禪師廣録》卷中："扇子勃跳上三十三天，築著帝釋鼻孔。東海鯉魚打一棒，雨似盆傾相似。"與善卿所見底本不同。

按：善卿以"埴"爲本字，釋爲"堵塞"，未妥。"築"通"埴"。"築"與"埴"的聲紐，前者爲如紐，後者爲莊紐，上古均屬端紐，韻又相同，故二字在口語方言中常相通。[1]"築"，《廣雅·釋詁一》："築，刺也。"由"刺"可引申爲"擊、打"義。[2]上文中的"築著鼻孔"的"築"當爲"擊、打"義。又《雲門匡真禪師廣録》卷下："雪峰和尚道：'開却路，達磨來也。我問爾作麽生？'僧云：'築著和尚鼻孔。'師云：'地神惡發，把須彌山一摑，勃跳上梵天，搋破帝釋鼻孔。爾爲什麽向日本國裏藏身？'僧云：'和尚莫瞞人好。'師云：'築著老僧鼻孔，又作麽生？'無對。"其中的"打一棒""搋破帝釋鼻孔"皆使"築"之"打"義更爲顯豁。[3]"埴"與"築"義同。《虛堂和尚語録》卷一："定云：'若不看者兩個老凍膿，面埴殺爾者尿床鬼子。'師云：'定上座雖則對物收稅，争奈雪峰岩頭何？'"《嘉泰普燈録》卷九《楊州光孝亢禪師》："僧問：'如何是和

---

① 參徐健《〈五燈會元〉詞語釋義》"築"條，《俗語言研究》第 2 期，禪籍俗語言研究會編，禪文化研究所發行，1995 年，第 33 頁。

② 袁賓、康健《禪宗大詞典》"搋"條釋爲"擊，打"義，崇文書局，2010 年，第 529 頁。

③ 徐健《〈五燈會元〉詞語釋義》"築"條，釋"埴""築"爲"堵塞"義。參《俗語言研究》第 2 期，禪籍俗語言研究會編，禪文化研究所發行，1995 年，第 33 頁。

尚家風?’師曰:‘七顛八倒。’曰:‘忽遇客來,如何祗待?’師曰:‘生鐵蒺藜劈口堼。’”

【舉覺】當作攉。《博雅》云:“揚攉,都凡也。”攉,音角。(卷一《雲門録》下)

“舉覺”一詞見於《雲門匡真禪師廣録》卷中:“一日,云:‘商量舉覺個什麼?’代云:‘鹽貴米賤。’”又同書卷下:“又見一老宿上堂云:‘若是商量舉覺,如當門利劍相似。’”善卿改“覺”爲“攉”,竊以爲不妥。“舉覺”乃禪宗行業語,實爲動補式複合詞,謂舉説以啓發學人而使其開悟。“覺”之啓發、使人覺悟義,不必論之。舉有舉説、複述義[1],可組成“舉古”“舉話”“舉問”等詞語。[2] 如《雲門匡真禪師廣録》卷中:“舉古云:‘聞聲悟道見色明心。’師云:‘作麼生是聞聲悟道,見色明心。’乃云:‘觀世音菩薩將錢來買餬餅。’”《虛堂和尚語録》卷二:“天平漪和尚行脚時,參西院,每云:‘莫道會佛法,覓個舉話底也無。’”《佛果圓悟禪師語録》卷一六:“後來法眼舉問覺鐵嘴:‘此意如何?’覺云:‘與和尚説個喻,如國家拜將相似。’”“舉古”“舉話”“舉問”均謂舉説公案,提出問題,是禪家説法問話常見的方式,目的在於啓發開悟參禪者。

除了上文所列“舉覺”與“商量”連用外,禪籍中還見“舉覺”與“提撕”“指示”連用。現分別舉例如下:

近世叢林,邪法橫生,瞎衆生眼者,不可勝數,若不以古人公案舉覺提撕,便如盲人放却手中杖子,一步也行不得。(《大慧普覺禪師語録》卷一九)

或自看經教話頭,或因人舉覺指示得滋味歡喜處。(《大慧普覺禪師語録》卷二九)

商量,謂禪家交流機語,切磋道法[3];提撕,即教導,提醒;指示,即指導,提示。三者均與“舉覺”近義連文,可爲“舉覺”旁證。

---

[1] 《祖堂集》卷一三:“福先招慶:‘二祖於達摩邊承領得個什摩事,還有人舉得麼?若有人舉得,出來舉看;若無人舉得,大衆側聆,待某甲爲衆舉當時事。’”

[2] 另外,禪籍亦見“舉唱”“舉似”“舉揚”等詞語。

[3] 袁賓、康健:《禪宗大詞典》,崇文書局,2010年,第368頁。

【覺城】當作福城。《華嚴·六十二》云："文殊師利勸諸比丘發菩提心已，漸次南行，經歷人間，至福城東，住莊嚴幢娑羅林中大塔廟處。"覺，當作角。梵云拘尸，此云角。以其城有三角，故名焉。然非善財見文殊處也。（卷一《雪竇洞庭録》）

按："覺城""福城"因譯人譯名不同所致，"覺城"與"福城"可互相替換，意義完全相同。試比較：

爾時，文殊師利菩薩建立彼諸比丘菩提心已，與其眷屬，漸遊南方。至覺城東，住莊嚴幢娑羅林中，大塔廟處，過去諸佛所遊止處，亦是過去諸佛為菩薩時修苦行處。（《大方廣佛華嚴經》卷四五《入法界品第三十四之二》，東晉天竺三藏佛馱跋陀羅譯）

爾時，文殊師利菩薩勸諸比丘發阿耨多羅三藐三菩提心已，漸次南行，經歷人間。至福城東，住莊嚴幢娑羅林中往昔諸佛曾所止住，教化眾生大塔廟處，亦是世尊於往昔時修菩薩行，能捨無量難捨之處。（《大方廣佛華嚴經》卷六二《入法界品第三十九之三》，唐于闐國三藏實叉難陀譯）

上兩例中，由於譯者不同，文字有異，但皆是記述文殊師利菩薩的遊歷行迹，"覺城"與"福城"意義相同，可不必改。又"覺"改作"角"，欠妥。"角城"乃"拘尸"的漢譯。《大般涅槃經疏》卷一："具存，應言拘尸那竭，此無翻，或翻為角城。有三角，《華嚴》云：'角城南者，即其城也。或云蕠草城。或言茅城，此城草覆因以名之。或云仙人城，昔仙人壽長，崇其人，以人名，名於住處。亦以名，名國，故言拘尸國。'"《止觀輔行傳弘决》卷一："拘尸那城，此云角城，其城三角故云角也。"

【攔面】正作闌，郎千切，遮也。（卷一《雪竇後録》）

《明覺禪師語録》卷一："僧云：'是什麼心行？'福云：'一杓屎攔面潑不知臭。'"

按："攔"無須改作"闌"。"攔"本為"阻擋，遮攔"義。《玉篇·手部》："攔，遮攔也。"禪籍中"攔面"的"攔"當爲"當着、正對着"義①，由動詞"遮"義演變爲介詞"對、向"義的方式與上文提到的"劈口"相同。② "攔"後除了可跟"面"外，還可和"胸、頭、口、腮"等其他身體部位詞搭配。如：

> 雪峰見這僧與麼道，便下座攔胸把住其僧云："速道！速道！"（《雲門匡真禪師廣録》卷下《遊方遺録》）

> 劈面三拳攔腮一掌。（《續傳燈録》卷三二《常州華藏蘊庵宗演禪師》）

"攔"又作"闌""欄"。《廣雅·釋詁二》："闌，遮也。"《廣雅·釋宮》"欄，牢也"條，王念孫疏證："欄之言遮闌也。"三者意思相同，禪籍中同有介詞用法。如：

> 僧云："更請舉看。"仰山復舉，被僧闌胸一蹹。（《虚堂和尚語録》卷四）

> 嵩頭見他來處分曉，便與他闌口一築。（《虚堂和尚語録》卷四）

> 欄腮一掌，免煩著齒粘唇。（《鎮州臨濟慧照禪師語録》）

> 示眾云："古佛不揚眉，高真解拱手。烏龜撞著蛇，欄腰咬一口。"（《錦江禪灯》卷一〇《武冈州云天山燕居申禪师》）

【貶剥】上方撿切，退也；下北角切，削也。（卷二《雪竇頌古》）

天奇本瑞注《雪竇顯和尚頌古》："古佛有家風，對揚遭貶剥。子母不相知，是誰同唓啄。"《宗鑑法林》卷四六《越州龍門鏡清道怤禪師》作"貶駁"。按：該處分釋"貶""剥"爲"退"和"削"義，未善。"剥"，通"駁"，辯解，駁斥。《漢書·薛宣傳》："宣謂修三年服少能行之者，兄弟相駁不可，修遂竟服，緣是兄弟不和。"顏師古注："駁者，執意不同，猶如色之間雜。"③《後漢書·胡廣傳》："若事下之後，議者剥异。"王先

---

① 《漢語大字典》"攔"之介詞義以《紅樓夢》爲例，時代過晚。
② 詹緒左、崔達送：《禪宗文獻中的同義介詞"擗""驀""攔"》，《古漢語研究》，2010 年第 3 期。
③ 《漢書·司馬遷傳》"貶諸侯"，顏師古注："貶，退也。"按該處用"退"義，與文意不符。

謙集解引沈欽韓曰："邵伯温《聞見錄》：'剥，當作駁。剥、駁古字通。'"
"貶"，與"褒"相對，給予低評價。《穀梁傳·莊公元年》："不言氏姓，
貶之也。""貶""駁"近義連言，貶斥批駁。[1] 二者禪籍通用。《古尊宿語
錄》卷四六《滁州瑯琊山覺和尚語錄》："梁山好一片真金，將作頑鐵賣
却。瑯琊即不然，南來者與三十棒，北來者與三十棒，從教天下衲僧貶
駁。"又《明覺禪師語錄》卷四："或云：'火待日熱，風待月凉，北斗南
星，句不要儞道，留與後人貶剥。'代云：'一言已出，駟馬難追。'"《宏
智禪師廣錄》卷三："如今眾中，隨言定旨。亂作貶剥，深屈古人。然則
相席打令，似有知音。鏤骨銘心，罕逢明鑒。"

【理能伏豹】伏豹當作伏佁，於教切，很戾也。見遠《浮山錄》。
（卷二《雪竇拈古》）

按：善卿改"豹"爲"佁"，蓋因見"理""豹"意不相屬，"理能伏
豹"於義不通，而《浮山錄》"理""佁"二字，義似相貫，《大慧普覺禪
師普說》中可見一例："所謂理能伏佁，纏到道理上，自然教你禮拜。"
理，道理。理能伏佁，即用道理説服執拗的人。然則善卿未明"理能伏
豹"之來源。

"理能伏豹"見於《明覺禪師語錄·拈古》："雲門云：'識得凳子，天
地懸殊。'師云：'澤廣藏山，理能伏豹。'"《嘉泰普燈錄》卷六作"狸能
伏豹"。又檢文獻可見"狸伏獅子"的記載。《博物志》卷一〇："魏武伐
蹋頓冒，經白狼山，逢師子，使格之，殺傷甚眾。忽見一物從林中出，如
狸，上帝車軌上，師子將至，便跳上師子頭。師子伏不敢起，遂殺之，得
師子。還至四十里，雞犬皆無鳴吠。"胡廣《胡文穆公文集》卷二〇《滕
縣隨獵觀犬嚙虎》："虎本啗犬，犬乃爾。駁食虎豹，狸伏師子，吁嗟！猛
悍不可恃，失水鱣鯨制螻螳。"獅子、豹同爲林中之猛獸，狸能伏獅子亦
能伏豹。《五家正宗贊助桀》卷六"理能伏豹"條下無著道忠改"理"爲

---

① 詹緒左、王閏吉、雷漢卿皆釋作貶斥、批駁，分別參見詹緒左：《〈祖堂集〉詞語研究》，上
海師範大學博士學位論文，2006年，第205頁；王閏吉：《〈祖堂集〉語言問題研究》，上海師範大學
博士學位論文，2010年，第78頁；雷漢卿：《近代俗語詞研究與禪宗文獻整理漫議》，《燕趙學術》，
2014年春之卷。

"狸"，並引《合璧集》："豹欲食狸，狸即上樹，豹不能上，於樹下伺之。狸欲伏豹，下樹，豹欲食之，狸亦上樹。如是一日之中數十度，則豹遂休去。"又舊解曰："或曰狸上樹，向下低頭，豹問云：'上樹之術如何？'狸答曰：'夫上樹倒上。'豹乃倒欲上，然不得上而辛苦，是能伏豹也。"上述狸伏獅子或豹皆爲以小勝大，以弱勝强之類。"伏"又作"縛"。《景德傳燈錄》卷二一《復州資福智遠禪師》："師曰：'斯則眾眼難謾。'順德曰：'理能縛豹。'"《天聖廣燈錄》卷一五《汝州風穴山延昭禪師》："師云：'澤廣藏山，理能縛豹。'清云：'捨罪放慈速，須禮拜出去。'師云：'出去即失。'"

由上可知，"理能伏豹"當作"狸能伏豹"，禪籍用爲比喻義。試看下則材料：

> 德山提起坐具云："和尚。"潙山擬取拂子，德山便喝。拂袖而出，可殺奇特。眾中多道："潙山怕他有甚交涉，潙山亦不忙。"所以道：智過於禽獲得禽，智過於獸獲得獸，智過於人獲得人，參得這般禪，盡大地森羅萬象，天堂地獄，草芥人畜，一時作，一喝來，他亦不管。掀倒禪床，喝散大眾，他亦不顧，如天之高，似地之厚。潙山若無坐斷天下人舌頭底手脚，時驗他也大難，若不是他一千五百人善知識，到這裏也分疏不下。潙山是運籌帷幄，決勝千里……潙山老漢不是好心，德山後來呵佛罵祖，打風打雨，依舊不出他窠窟，被這老漢見透平生伎倆，到這裏喚作潙山與他受記得麼？喚作澤廣藏山，理能伏豹得麼？若恁麼，且喜没交涉。（《佛果圓悟禪師碧巖錄》卷一）

上例爲德山挾複子在法堂與潙山鬥法的公案。"理能伏豹"形容潙山聰慧伶利，使德山"不出他窠窟"。"運籌帷幄，決勝千里""智過於禽獲得禽，智過於獸獲得獸，智過於人獲得人"均爲贊譽潙山之語。又"澤廣藏山"與"理能伏豹"對舉，"澤廣藏山"語出《莊子·大宗師》："夫藏舟於壑、藏山於澤謂之固矣，然而夜半有力者負之而走，昧者不知也。"把船藏在山裏，把山藏在海裏，但也能被力大者搬走。這裏取其表面意思，指浩大的海水亦能掩藏住大山。潙山對德山橫衝直撞的行爲予以包容，此種量大能容的胸襟"如天之高，似地之厚"。"澤廣藏山""理能伏豹"可以説"澤（潙山）廣藏山（德山）""理（潙山）能伏豹（德山）"。此則公案後世禪師多有拈提。如《宗門拈古彙集》卷二三："城山洽云：'二尊宿一出一入，各各胸藏韜略，力舉千鈞。多少鹵莽的盡謂潙山不及德山，有甚麽交涉，祇如潙山道此子已後，向孤峰頂上盤結草庵，呵佛罵祖去在，是何意旨？澤廣藏山，理能伏豹。"

【磊】郎猥切，衆石貌。（卷四《雪竇祖英》下）

該詞見於《明覺禪師語録》："乘時既磊落，照世非昏瞑。"

按："磊"，《説文·石部》："磊，衆石也。"善卿依字書釋義，然與文意不契。上文中"磊落"與"昏瞑"對舉，義爲明亮貌。

【困魚止箔】箔，簾也。《寶藏論》曰："夫進道之由，中有萬途，困魚止箔，病鳥栖蘆。"説者曰："此舉事以况漸，言學者進悟之由也，途道也。即八萬四千之法門，隨機各解，如困魚止小箔，病鳥栖蘆叢，雖各得所安，俱未至於大海、深林也。"（卷五《池陽問》）

按：善卿引《寶藏論》"困魚止箔"，釋"箔"爲"簾"，竊以爲不妥。檢《大正藏》本《寶藏論》作"困魚止泊"，禪籍又見"困魚止瀝""困魚止灤"，舉例如下：

《寶藏論》："夫進脩之由，中有萬途，困魚止泊，鈍鳥栖蘆。其二者不識於大海，不識於叢林。"（《從容庵録》卷四）

夫進道之由，中有萬途，困魚止瀝，病鳥栖蘆。其二者不識於大海，不識於叢林。（《寶藏論·廣照空有品第一》）

示衆云："海爲龍世界，隱顯優游，天是鶴家鄉，飛鳴自在，爲甚麽困魚止灤，鈍鳥栖蘆？還有計利害處麽？"（《從容庵録》卷二）

洎，《説文·水部》："洎，淺水也。"段玉裁注："洎，《説文》作'洎'，隸作'泊'，亦古今字也。""泊"爲"洎"之今字。又"泊""箔"均爲並母鐸韻入聲，二者可通借。"灤"，音讀匹各切，表"湖泊"義，俗作"泊"。《正字通·水部》："陂澤，山東名灤，幽州名淀，今東平州梁山灤，《集韻》作霈、溿，誤。俗作泊。又塞外水名有金沙灤二流。"又"灤"，滂母鐸韻；"瀝"，來母錫韻，兩者蓋音近或形近而訛。

以上三例中的"困魚止泊""困魚止灂""困鱼止灂"均與"病鳥栖蘆"連用,"大海"與"泊"或"灂"相對,"蘆"與"叢林"相對,可見"箔"當作"泊",爲"湖泊"義無疑。"困魚止泊",即疲倦的魚兒停留在湖泊中。善卿不辨"箔"之語源,徑釋爲"簾"(捕魚用的竹笆),確有疏忽。無著道忠指正曰:"睦庵不辨《寶藏》'箔'而改'灂',却以《寶藏》'灂'作'箔',下簾也訓,非也。"①

"困魚止泊",禪錄多用其比喻義,指學人求道學法半途終止,止步不前。善卿引說者曰:"此舉事以況漸,言學者進悟之由也。途道也,即八萬四千之法門,隨機各解。如困魚止小箔,病鳥栖蘆,雖各得所安,俱未至於大海、深林也。"甚確。悟道的途徑有多種,但如果中途停止不前,就不能真正走上佛法的大道。"病鳥栖蘆"與"困魚止灂"喻意相同。禪師又常連用二語告誡參禪者心中若有旁滯,修行就會半途而廢。如《古尊宿語録》卷四六《滁州瑯琊山覺和尚語録》:"若據教乘,自有科判,瑯琊者裏即不然,只者彈指也不消得。然雖如是,且莫困魚止灂,病鳥栖蘆。"《宏智禪師廣録》卷七:"了於無了安有塵,塵不自塵安用了。塵既消亡了也空,此時妙合圓常道:'大眾切莫似止灂困魚、栖蘆病鳥。'"

【老倒】當作潦倒。潦,老之貌也。(卷六《風穴眾吼集》)

該詞見於《天聖廣燈録》卷一五《汝州風穴延沼禪師》:"問:'干木奉文侯,知心有幾人?'師云:'打年曾決龍蛇陣,老倒還聽雉子歌。'"與善卿所見底本同。《從容庵録》卷一、《景德傳燈録》卷一三作"潦倒"。按:善卿單釋"潦"之"老"義,實則不明該詞義之來源。"潦倒"爲"老"的切字。宋孫奕《履齋示兒編·字説·集字二》:"《緗素雜記》云:'古語有二聲合爲一字者,如不可爲叵,何不爲盍,而犬爲奊,酷寵爲孔。'從西域二合之音,蓋切字之原也,學者不曉龍鍾潦倒之義,正如二合之音是也。龍鍾切爲'癃'字,潦倒切爲'老'字,謂人之老羸癃疾者,即以龍鍾潦倒用之,其義取此。"上文"潦倒"當作"衰老"義。又

---

① 無著道忠:《盌雲靈雨》卷五"困魚止箔"條,花園大學國際禪學研究所、禪文化研究複印本。

卷七"龍鐘"條，善卿改作"躘蹱"，行不進貌。"龍鍾"義同"潦倒"①，指身體衰老，行動不靈便。北齊杜弼《檄梁文》："委慈母似脫屣，弃龍弟如遺芥，龍鍾稚子，痛苦成行。"又韓愈《五百家注昌黎文集》卷九《送侯喜》"已作龍鍾後時者"。韓曰："《廣韻》龍鍾，竹名。世言龍鍾，蓋取此謂年老如竹之枝葉搖曳，有不能自恃也。""龍鐘"無須改作"潦倒"。

【蛙步驒泥】蛙當作洼，謂馬出於渥洼水也。漢武帝時，有暴利，長於渥洼水旁，見群野馬中有奇者來飲此水，因作土人持勒靽於水旁，馬習以爲常，遂以人代持勒靽，收得其馬，獻之。欲神異此馬，云從渥洼水出。風穴所謂驒者，以良馬出清水，而反驒卧於泥沙之中，是其意也。今録謂蛙者，蝦蟆也，豈能爲馬步而驒卧邪？驒，張扇切。（卷六《風穴衆吼集》）

按：善卿改"蛙"爲"洼"，又言"蛙"非"能爲馬步"而不用"驒"，竊以爲不妥。該詞見於《景德傳燈録》卷一三《汝州風穴延沼禪師》："時有盧陂長老出問：'學人有鐵牛之機，請師不搭印。'師云：'慣釣鯨鯢澄巨浸，却嗟蛙步驒泥沙。'"《圓悟佛果禪師語録》卷一六、《萬松老人評唱天童覺和尚頌古從容庵録》卷二、《古尊宿語録》卷七等亦作"蛙步驒泥"。蛙，蝦蟆；鯨鯢，泛指大魚，二者常常對舉。《古尊宿語録》卷一五《雲門匡真禪師廣録》："師云：'抛釣釣鯤鯨，釣得個蝦蟇。'"②又"蛙步驒泥"作"蝸步驒泥"。《二隱謐禪師語録》卷九："時有盧陂長老出，問：'學人有鐵牛之機，請師不搭印。'師曰：'慣釣鯨鯢沉巨浸，却嗟蝸步驒泥沙。'"

"驒"，本指馬卧在地上打滾。慧琳《一切經音義》卷八四引《埤蒼》："驒，馬卧土中驒也。"《廣韻·綫韻》："驒，馬土浴。"由馬在地上打滾又

---

① 按董志翹先生的觀點，"潦倒""龍鐘"皆聲爲 [l] －[t]，韻爲疊韻形式的同源詞，它們的引申路徑相同，均由本義"懸物貌"引申出"懸垂之物"，再引申出"長貌""破弊零掛貌""疲軟無力""失志蹭蹬""放浪不羈不務正業"。詳參董志翹《同源詞研究與語文辭書編纂——以"了」"、"闌單"、"郎當"、"龍鐘"、"潦倒"、"落拓"爲例》，《語言研究》，2010 年第 1 期。

② 又見《壇溪梓舟船禪師語録·序》："然則橫騎金翅，直取鯨鯢。若是巨鰲舞翼，仔細圈欒，倘或蛙步躔沙，且休驒跳。"《大覺普濟能仁琇國師語録》卷一："師以杖擊案，僧出。師云：'敲波驚鯨鯢，驚出個蝦蟆。'"

可泛指其他動物打滾。宋梅堯臣《江畔》："江畔菱蒲碧無主，吳牛夜驪江干歸。"《五燈會元》卷一二《石霜楚圓慈明禪師》："馬有垂繮之報，犬有驪草之恩。"此爲"牛""犬"用"驪"之例。"驪"亦作"輾""踂""碾"。《圓悟佛果禪師語錄》卷一九作"輾"，《了庵清欲禪師語錄》卷二作"踂"，《碧岩錄》卷四作"碾"。

"慣釣鯨鯢沉巨浸，却嗟蛙步驪泥沙"，按字面意思爲："我習慣用牛作餌，來釣深海中的大魚，可嘆只釣到在泥沙中翻騰的小蛙。"語出風穴延昭之口，用其比喻義。鯨鯢比喻具有上等根器之人，蛙步比喻瑣屑之人。盧陂長老自認爲有狀似鐵牛的心印，不需要祖師勘驗。風穴則用此語辛辣地諷刺盧陂長老妄自尊大的言行。此後禪師多用該語批判學僧不學無術，狂妄自大，告誡那些心高腹空的虛妄之徒。如《翼庵禪師語錄》卷二："師豎竹篦云：'直釣釣金鱗，曲釣釣跛鱉。山僧擲釣也，還有衝浪金鱗麼？'僧便喝。師云：'將謂鯨鯢澄巨浸，却嗟蛙步輾泥沙。'"

禪籍中也有類似表述，均與"慣釣鯨鯢沉巨浸，却嗟蛙步驪泥沙"義同。《鶴峰禪師語錄》："釣鯨鯢跨鐵牛，尋蹄角入泥泄。紅旗影動，白鐮橫抽。不把大功歸牧主，爭能頭尾一時收。""釣鯨鯢跨鐵牛，尋蹄角入泥泄"兩句結構相同，以釣得大魚喻獲得壯如鐵牛的祖師心印，實則所獲只是皮毛，如牛之蹄角一般。

【賞勞】郎到切，尉也。（卷六《風穴眾吼集》）

該詞見於《天聖廣燈錄》卷一五《汝州風穴山延昭禪師》："問：'九夏賞勞，請師言薦。'師云：'出袖拂開龍洞雨，泛杯波涌鉢囊華。'"按："尉"通"慰"，善卿言"勞"爲"尉"義，即"慰勞"義，未妥。賞勞，即獎賞坐夏有功者。"坐夏"又稱"結夏""安居"等，指從陰曆四月十五日（或說十六日）至七月十五日爲雨季，此期間出家人禁止外出，唯恐踩殺地面之蟲類及草樹之新芽，招引世訊，而聚居一處以致力修行。又一夏九旬，故稱九夏。《四分律刪繁補闕行事鈔》卷上《安居策修篇》："若四月十六日結者，至七月十五日夜分盡訖，名夏竟。至明相出，十六日後至八月十五日已來，名迦提月。《明了論》云：'本言迦絺那，爲存略故，但云迦提，此翻爲功德（以坐夏有功五利賞德也）。'"由此可知，坐夏之三月爲功德月，又可稱賞勞月。《盂蘭盆經疏鈔餘義》："開後一月：從七月十六至八月十五名迦提月，賞前安居之勞也。迦提月即賞勞月也。"學人在此三個月修行如何，則需師家勘驗，並獎賞犒勞學者中修行有功的人，故有"請師言薦"。禪籍中又多見"言薦賞勞"之説。《虛堂和尚語録》卷八："解夏小參，呼風嘯指，傍若無人，百數成群，不屬王化。及乎言薦賞勞，便如暗中取物。"又同上卷九："徑山今夏一眾。現大人相，各不相知。主賓彼此偷安，説甚明知故犯。及乎逗到言薦賞勞，直是無啓口處。""賞勞"在佛經文獻中當爲動賓式複合詞，義爲"獎賞坐夏的功勞"，與世俗文獻中的同義並列複合詞"賞勞"不同。善卿以"勞"郎到切，讀去聲，並釋爲"慰勞"，顯然未考慮"賞勞"所處的文化語境而誤解詞語。[1]"勞"，《廣韻》魯刀切，平聲，義爲"功勞""功績"。正如無著道忠所論："《事苑》爲去聲，郎到切，慰勞義。恐不知律文賞勞，只見外典賞勞字，漫下義乎！"[2]善卿未明此義，故而有誤。

【塔印】當作搭印，都合切，打也。（卷六《風穴眾吼集》）

《景德傳燈録》卷一三《汝州風穴延沼禪師》："昇座示眾云：'祖師心印，狀似鐵牛之機。去即印住，住即印破。祇如不去不住，印即是不印即是。還有人道得麼？'時有盧陂長老出問：'學人有鐵牛之機，請師不搭印。'師云：'慣釣鯨鯢澄巨浸，却嗟蛙步驟泥沙。'"

今按："塔"當是"搭"的訛字。此校甚確，然注音"都合切"，釋爲"打"義，未爲善詁。搭印，義謂禪師對學人的禪悟進行鑒定、證明。"搭"當讀作 tà，《廣韻》透母盍韻入聲，吐盍切。義謂手往下壓，印上。[3]印，喻指以心印心的禪法。"學人有鐵牛之機，請師不搭印。"是説我已經有了狀似鐵牛之機的心印，師傅可不必再驗證了。又《黃龍慧南禪師語録》："師乃云：'道無疑滯，法本隨緣。事豈强爲？蓋不爾而爾。在積翠即説積翠庵人，入黃龍便説黃龍長老，争知祖師心印，狀似鐵牛之

---

① 參王勇：《近代漢語方俗詞理據研究》，四川大學博士學位論文，2015 年。

② 無著道忠：《虛堂録犁耕》，日本花園大學禪文化研究所，1990 年，第 186 頁。

③ 《漢語大字典》"搭"讀"tà"，義項三：手指用力往下壓，印上。引例《清平山堂話本·快嘴李翠蓮》時代過晚。

機。去即印住，住即印破。只如不去不住，又作麽生搭印？"《宗門拈古彙集》卷三七《汝州風穴延沼禪師》："風穴壁立千仞，坐斷盧陂舌頭。盧陂若是個人，未到牧主檢責，纔見他道祖師心印狀似鐵牛之機。呵呵大笑。他若擬議，拍一拍便行。無端請師不搭印，倚他門户旁他牆。剛被時人喚作郎，如今有人與風穴作主。"

【騰古】徒燈切，傳也。（卷七《蓮華峰語録》）

按："騰"作"傳"義，不妥。騰，超，過也。慧琳《一切經音義》卷六九："騰，《考聲》：'超也。'集作騰，俗字也。"《楚辭·離騷》："路脩遠以多艱兮，騰眾車使徑待。"王逸注："騰，過也。"騰古，即越古，超越古代。明群珍《西洋番國志·自序》："製作謀謨，騰古邁今。"

第四節　語源試探

無著道忠在《虛堂録犂耕》手稿本《總論》中説："凡解文字有雖不得典故而義通者……或有元有典故而不曉之妄下臆解大謬義意者……或有所引典故相違而強解不快暢者。"後兩種情況在《祖庭事苑》的詞語校釋中亦有發生，故辟一節專論，對該書中所述詞語來源有誤的地方進行辨析。如：

【五色索】僧問投子："丹霄獨步時如何？"子云："脚下一條索。"（卷一《雪竇后録》）

按：禪僧與投子的對話非"五色索"的真正來源。"五色索"出自唐伽梵達摩譯《千手千眼觀世音菩薩廣大圓滿無礙大悲心陀羅尼經》："誦此咒五遍，取五色綫作索，咒二十一遍，結作二十一結，繫項。"

【揭石】《大涅槃經》云："佛言：'我欲涅槃。始初發足向拘尸那城。五百力士於其中路平治掃灑，中有一石，眾欲舉弃，盡力不能。我時憐愍，即起慈心。彼諸力士尋即見我以足拇指舉此大石，擲弃虛空，還以手接，安置右掌，吹令碎末，復還合聚，令彼力士貢高心

息，即爲略説種種法要。'"（卷二《雪竇瀑泉》）

按：五百力士移山的故事已見於西晉竺法護譯《佛説力士移山經》，《祖庭事苑》引《大涅槃經》，時代稍晚。

【全象】《六度經》云："鏡面王令引群盲摸象。王問之曰：'汝曹見象乎？'對曰：'我曹俱見。'王曰：'象何類乎？'持足者對曰：'明王，象如漆桶。'持尾者，象如帚掃；持尾本者，言如杖；持腹者，言如鼓；持脇者，言如壁；持背者，言如高坑；持身者，言如簸箕；持頭者，言如魁；持牙者，言如角；持鼻者，言如大索。復於王前共訟言：'大王，象真如我言。'時王大笑之曰：'瞽乎！瞽乎！汝猶不見。'便作偈言：'今爲無眼會，空諍自謂諦。睹一云餘非，坐一象相怨。'"（卷二《雪竇頌古》）

禪籍中的"全象"當來源於佛經中的"盲人摸象"這一典故。然善卿所引《六度集經》並非"盲人摸象"故事的最早源頭。該故事語出三國吳支謙譯《佛説義足經·鏡面王經第五》卷上：

佛言："是曹梵志，非一世癡冥。過去久遠，是閻浮利地，有王，名曰鏡面。"時敕使者："令行我國界無眼人，悉將來至殿下。"使者受敕即行，將諸無眼人到殿下，以白王。王敕大臣："悉將是人去，示其象。"臣即將到象厩，一一示之。令捉象，有捉足者、尾者、尾本者、腹者、脇者、背者、耳者、頭者、牙者、鼻者，悉示已，便將詣王所。王悉問："汝曹審見象不？"對言："我悉見。"王言："何類？"中有得足者言："明王，象如柱。"得尾者曰："如掃篲。"得尾本者言："如杖。"得腹者言："如埵。"得脇者言："如壁。"得背者言："如高岸。"得耳者言："如大箕。"得頭者言："如臼。"得牙者言："如角。"得鼻者言："如索。"便復於王前，共諍訟象，諦如我言。王是時説偈言："今爲無眼會，空諍自謂諦。見一言餘非，坐一象相怨。"①

相較於吳康僧會譯《六度集經》（251—280 年）時間略早。② 此故事用來告誡眾徒要全面理解教義，不能持片面之解，妄加評說。

【三獸】一、兔；二、馬；三、象。兔之渡水，趣自渡耳；馬雖善猛，猶不知水之深淺；白象之渡，盡其源底。聲聞、緣覺其猶兔、馬，雖渡生死，不達法本；菩薩大乘譬如白象，解暢三界十二緣起，了之本無，一切救護莫不蒙濟。見《智論》。（卷五《池陽問》）

善卿言"三獸"引自《智度論》。據引文內容可知當爲"三獸渡河"之典故，該典故並非出自《智度論》，而是《普曜經》（西晉法護譯）。《普曜經》卷一："世有三獸：一兔，二馬，三白象。兔之渡水，趣自渡耳；馬雖差猛，猶不知水之深淺也；白象之渡盡其源底。聲聞緣覺其猶兔馬，雖度生死不達法本；菩薩大乘譬若白象，解暢三界十二緣起，了之本無，救護一切莫不蒙濟。"③《智度論》中亦有"三獸"的叙述，卷三一："爲求佛道者，説六波羅蜜及法空；爲求辟支佛者，説十二因緣及獨行法；爲求聲聞者，説眾生空及四真諦法。聲聞畏惡生死，聞眾生空，及四真諦，無常、苦、空、無我，不戲論諸法，如圍中有鹿，既被毒箭，一向求脱，更無他念。辟支佛雖厭老、病、死，猶能少觀甚深因緣，亦能少度眾生，譬如犀在圍中，雖被毒箭，猶能顧戀其子。菩薩雖厭老、病、死，能觀諸法實相，究盡深入十二因緣，通達法空，入無量法性，譬如白香象王在獵

---

① 劉凌雲：《試析佛經文獻在辭書書證溯源上的價值——以"盲人摸象"等佛源成語爲例》，參溫端政、吳建生、馬貝加主編《漢語語彙學》（二），商務印書館，2011 年，第 244 頁。季琴《支謙譯經與三則習語溯源》亦有"盲人摸象"出自支謙譯《佛説義足經》的表述，參《中國典籍及文化》，2005 年第 2 期。

② 支謙譯《佛説義足經》的時間在 223 年至 253 年間。又《漢語大詞典》（漢語大詞典出版社，1986 年）、丁福保《佛學大辭典》（上海書店出版社，2011 年）、《俗語佛源》（中國佛教文化研究所編，上海人民出版社，1993 年）、李明權《佛學典故彙釋》（浙江古籍出版社，1990 年）均認爲"盲人摸象"語出《大般涅槃經》，時代更晚。

③ 劉凌雲《試析佛經文獻在辭書書證溯源上的價值——以"盲人摸象"等佛源成語爲例》一文言"香象渡河"一詞語出符秦僧伽跋澄譯《鞞婆沙論》卷四，詳參溫端政、吳建生、馬貝加主編《漢語語彙學》（二），商務印書館，2011 年，第 246 頁。按筆者所説出自西晉竺法護譯《普曜經》，時代又早於符秦僧伽跋澄譯《鞞婆沙論》（公元 383 年）。又蓋善卿之不審，改"救護一切"爲"一切救護"。

圍中，雖被箭射，顧視獵者心無所畏，及將營從安步而去。"此三獸"鹿、犀、象"分別用來比喻聲聞、辟支佛、菩薩。與《普曜經》之"三獸"不同。"三獸渡河"比喻小乘、中乘、大乘這"三乘"證道程度的淺深。①《阿彌陀經通贊疏·序》："三乘證理不同，如三獸之度河淺深別。"又《妙法蓮華經玄贊》卷五："《優婆塞經》說三獸渡河，喻理同證异。《智度論》中說三獸被圍，喻三乘眾在生死圍，用力出圍有其大小。"

【一則】宗門因緣不言一節一段，而言一則者，蓋則以制字，從貝、從刀。貝，人所寶也；刀，人所利也。所發之語，若刀之制物，以有則也，故人皆寶之，以爲終身之利焉。是知謂一則者，不無深意也。（卷七《八方珠玉集》）

按："則"，金文從刀，從鼎，謂宰割鼎肉。因鼎與貝古文中形近，遂篆文將鼎訛作貝。《説文·刀部》："則，等畫物也。從刀，從貝。籀文則從鼎。"善卿忽視"則"字原形而談禪宗因緣事用"一則"的原因，疑不妥。則，法則、準則。《詩·大雅·烝民》："天生烝民，有物有則。"《管子·形勢》："天不變其常，地不易其則。"又《玉篇》："則，法也。"《增修互注禮部韻略》："則，凡制度品式之有法者皆曰則。"禪宗雖提倡"不立文字，以心傳心"，却用大量的公案、典故及師生間的機鋒對答教化學人，久而久之，這些公案、典故、機鋒對答也就成了法則，以供學人學習。佛教用"一則"更是如此。無著道忠曰："以佛祖語爲法則故言也，如言一條亦是一條章義。"②

【機關木人】《大般若》四百五十六云："如巧工匠，或彼弟子有所爲故，造諸機關，或女或男，或象馬等，此諸機關雖有所作，而於彼事無所分別。何以故？機關法爾，無分別故，甚深般若波羅蜜多亦復如是。有所爲故，而成立之。既成立已，雖能成辨，所作所說，而於其中都無分別，法爾無分別故。"（卷七《證道歌》）

按：善卿立《大般若》作爲"機關木人"的語源出處，時代過晚。西

---

① 《俗語佛源》，天津人民出版社，2008年，第155頁。

② 無著道忠：《大慧普覺禪師栲栳珠》，花園大學禪文化研究所、禪文化研究複印本。

晋竺法護譯《生經》卷三《佛説國王五人經》已有用例："王有五子：第
一智慧、第二工巧、第三端正、第四精進、第五福德，各自嗟嘆己之所
長。……第二者，嗟嘆工巧，以偈頌曰：工巧有技術，多所能成就。機關
作木人，正能似人形。舉動而屈伸，觀者莫不欣。皆共歸遺之，所技可
依因。"

第五章 《祖庭事苑》與古籍整理

《祖庭事苑》注釋的內容大都來自禪宗文獻典籍，雖然只是某幾部禪錄，猶如斷璣碎璧，但在古籍整理研究中亦有重要的學術價值，其中有的可與現存的傳本互補對勘，有的今已失傳而爲其獨有，更顯珍貴。

第一節　文本校勘

《祖庭事苑》一書利用版本、异文校勘底本，這些校勘成果在今天依然實用。利用其中的材料可以校正現行傳本的訛誤，同時現行版本內容亦可證明善卿校改的正確性。這裏需要説明的是第二章"《祖庭事苑》文字研究"的文字校改內容屬於文字學上的問題，與善卿强烈的文字觀有必然的聯繫。故本章所述《祖庭事苑》的校勘內容主要利用异文、版本對底本進行訂正，條目中多見"見××"的字樣。

【庚峯】當作庚峰。（卷一《雲門録》上）

今按：《大正藏》本《雲門匡真禪師廣録》卷上："問：'如何是雲門山？'師云：'庚峯定穴。'"已作"庚峯"。又《古尊宿語録》卷一五、《五燈會元》卷一五亦作"庚峯"。蓋"庚"與"庚"形近，"庚"訛作"庚"，善卿該校甚是。

【同一眼】當作開一眼。《雲門・對機録》後附普安道禪師所作一十二頌，自三句三頌之題出於德山，餘之九題兼頌皆道自作也，並見《廣燈録》。（卷一《雲門録》上）

《大正藏》本《雲門匡真禪師廣録》卷下："得用由來處處通，臨機施設認家風。揚眉瞬目同一眼，竪拂敲床爲耳聾。"此處仍作"同一眼"。

按：上文中"同一眼"與前面"揚眉瞬目"文意不協，又《天聖廣燈錄》卷二一《鼎州普安道禪師》作"開一眼"，故改作"開一眼"，甚是。

【鹽軍】當作監軍。監軍，唐官也，皆中貴爲之，如魚朝恩至德中監軍事是也。（卷一《雲門室中錄》）

按：《大正藏》本《雲門匡真禪師廣錄》卷中："舉韋監軍見帳子畫牛抵樹。問僧：'牛抵樹，樹抵牛。'無對。"已作"監軍"。善卿校釋甚是。監軍，管理軍隊的官員。"鹽軍"不明其義。"鹽"，《說文·鹽部》："鹽，鹹也。從鹵，監聲。""監"，《說文·臥部》："監，臨下也。""鹽"當爲"監"之形近訛字。

【寶凡】當作寶几。（卷二《雪竇瀑泉》）

按：《大正藏》本《明覺禪師語錄》卷四："寶几乍凭華巾非結，以焰續焰話月指月。"與善卿所改同。"凡"當爲"几"之誤字。又其他禪錄中亦有"几"誤作"凡"的用例。如《嘉泰普燈錄》卷一《金山瑞新禪師》"猛虎不顧凡上肉"，《五燈會元》卷一五作"猛虎不顧几上肉"。

"寶几"爲"七寶几"之略稱。"七寶"一詞來源於佛經文獻。丁福寶《佛學大辭典》"七寶"條："（名數）諸經論所説稍異。《法華經受記品》曰：'金、銀、琉璃、硨磲、瑪瑙、真珠、玫瑰七寶合成。'《無量壽經·上》就樹説七寶：'金、銀、琉璃、玻璃、珊瑚、瑪瑙、硨磲。'《智度論·十》曰：'有七種寶：金、銀、毗琉璃、頗梨、車渠、馬瑙、赤真珠（此珠极贵，非珊瑚也）。'……《般若經》以金、銀、琉璃、硨磲、瑪瑙、虎珀、珊瑚为七寶。"[①] "几"，古人坐時憑依或擱置物件的小桌。[②] "七寶几"爲七種珍寶鑲嵌製成的小桌，常置於法座前。《大寶積經》卷六二："化作六十那由他師子之座，七寶合成。以諸天人阿修羅衣彌覆其上，或敷迦旃陵伽衣，或敷憍奢耶衣。其座兩頭置朱色枕，彼諸座前有七寶几。几上有於六億阿修羅王種種衣服。"可知"七寶几"放於師子座前。"七寶

---

① 丁福寶：《佛學大辭典》，上海書店出版社，2011年，第58頁。
② 《漢語大詞典》（第2冊），漢語大詞典出版社，1988年，第281頁。

几"又省作"寶几",禪籍中亦多見。如《五燈會元》卷一三《瑞州洞山良價悟本禪師》:"以有下劣,寶几珍御,以有驚異,狸奴白牯。"

【春米】當作舂,書容切。(卷三《雪竇祖英》上)

按:《大正藏》本《明覺禪師語錄》卷五:"老盧只解長舂米,何得黃梅萬古傳。"與善卿所改同。舂米,用杵臼搗去穀物皮殼。"舂",《説文‧臼部》:"擣粟也。从廾,持杵臨臼上。午,杵省也。古者雝父初作舂。""春"當爲"舂"的形近訛字。

【道遠乎哉】觸事而真,意旨如何?第七板第四行上脱八字。(卷一《雪竇洞庭録》)

《大正藏》本《明覺禪師語錄》卷一:"問:'道遠乎哉?'師云:'青山夾亂流。'"與善卿所見底本同。善卿認爲上述問答的完整内容應加入脱落的八個字,當作:問:"'道遠乎哉?觸事而真。'意旨如何?"師云:"青山夾亂流。"

按:"道遠乎哉?觸事而真"一句語出後秦僧肇《肇論‧不真空論》:"故經云:'甚奇,世尊!不動真際爲諸法立處。'非離真而立處,立處即真也。然則道遠乎哉?觸事而真。聖遠乎哉?體之即神!"禪籍中亦多見禪者用"道遠乎哉?觸事而真",或問師,或答徒。如《景德傳燈録》卷二五《金陵章義道欽禪師》:"師上堂曰:'道遠乎哉?觸事而真。聖遠乎哉?體之則神。我尋常示汝,何不向衣鉢下坐地,直下參取,要須上來討個什麽?'"又《古尊宿語録》卷二七《舒州龍門佛眼和尚語録》:"僧問:'道遠乎哉?觸事而真。如何是道?'師云:'頂上八尺五。'"綜上可知,"道遠乎哉?觸事而真"有據可依。上文的問句中增補上"意旨如何"才能與雪竇的回答"青山夾亂流"相對應。尤其是若將雪竇的回答"青山夾亂流"與添補的"觸事而真"一句相對,以"青山"喻"道","亂流"喻"事",問答之間所對應的内容就更相符了。[1]利用善卿所補脱字,亦可對現存的《明覺禪師語録》進行校勘。

---

① 黃繹勳:《宋代禪宗辭書〈祖庭事苑〉之研究》,佛光出版社,2011年,第148頁。

【舉無業】此節乃録者之不工，當云：舉："僧問無業：'如何是佛？'云：'莫妄想。'師云：'塞却鼻孔。'"又舉："僧問馬祖：'如何是佛？'云：'即心是佛。'師云：'拄却舌頭。'"無業嗣馬祖，謚大達國師。（卷二《雪竇瀑泉》）

《明覺禪師語録》卷三："舉無業馬祖。僧問：'如何是佛？'云：'莫妄想。'師云：'塞却鼻孔。'又問：'如何是佛？'云：'即心是佛。'師云：'拄却舌頭。'"與善卿所見底本同，可據《祖庭事苑》校改。

無業即汾陽無業禪師，馬祖即馬祖道一。所舉爲無業與馬祖的公案。該段問答中，僧人問話有兩處，禪師的回答亦有兩處，但皆不曉何爲無業的回答，何爲馬祖的回答；抑或是無業問，馬祖答。善卿認爲乃節録者刻工不整所致。依善卿所改，則文意豁然顯明，前部分問答爲僧與無業的對話，后部分爲僧與馬祖的對話。《古林清茂禪師語録》卷三、《了庵清欲禪師語録》卷四皆與善卿所改相符，亦可參證。

【清税】當作清鋭，見《傳燈録》。（卷二《雪竇瀑泉》）

《大正藏》本《明覺禪師語録》卷四："僧問曹山：'清税孤貧，請師拯濟。'山云：'税闍梨應諾。'山云：'清源白家酒，三盞猶道未霑唇。'別云：'税闍梨應諾，是什麼心行。'"《撫州曹山本寂禪師語録》皆作"清税"。

今按：善卿此改甚是。"清鋭"爲僧人的名號。《景德傳燈録》卷一七《撫州曹山本寂禪師》作"清鋭"。又《禪宗頌古聯珠通集》卷二九："僧清鋭問（今訛作清税者，非）：'清鋭孤負，乞師拯濟。'師曰：'鋭闍黎近前來。'鋭近前。師曰：'泉州白家酒，三盞猶道，未霑唇。'"《五燈會元》訛作："'清税孤貧，乞師賑濟。'師召税闍黎，税應諾。師曰：'清源白家酒，三盞喫了，猶道未霑唇。'"可作旁證。綜上，"税"當爲"鋭"之形訛字。

【山河爾】爾當作固，蓋見它本。（卷二《雪竇瀑泉》）

《大正藏》本《明覺禪師語録》卷四《石頭大師參同契》："進步非近遠，迷隔山河爾。謹白參玄人，光陰莫虛度。"與善卿所見底本同。

按：《景德傳燈録》卷三○《南嶽石頭和尚參同契》、《聯燈會要》卷三○、《五燈會元》卷五《南嶽石頭希遷禪師》皆作"山河固"。利用善卿所校，可訂《明覺禪師語録》之誤。

【示眾云】俱胝和上。第十六板十二行中脱四字。（卷二《雪竇瀑泉》）

按該詞於《祖庭事苑》詞目中的順序，其所在文句見於《大正藏》本《明覺禪師語録》卷四："舉德山圓明。示眾云：'但有問答，只竪一指頭，寒則普天普地寒。'師云：'什麽處見俱胝老，熱則普天普地熱。'"

依善卿所校，"但有一問"前應加上稱呼語"俱胝和上"，即"俱胝和上，但有一問"。從下句雪竇禪師回答"什麽處見俱胝老"句可知上句當與"俱胝和尚"有關，善卿言"示眾云"后脱"俱胝和上"，甚確。又《佛果擊節録》卷下、《正法眼藏》卷三皆作"俱胝和尚，但有問答，只竪一指"。皆可助證。

【獨運孤明】第三板十三行脱運字。（卷三《雪竇祖英》上）

《大正藏》本《明覺禪師語録》卷五："一華開五葉兮不相似，獨孤明夸還自知，還自知。"與善卿所用底本皆未見"運"字。

按：《五家正宗贊》卷四："一花五葉兮不相似，獨運孤明兮還自知。""一花五葉"和"獨運孤明"相對應，可知上文當補"運"字。

【未迹】當作末迹。（卷三《雪竇祖英》上）

按：《大正藏》本《明覺禪師語録》卷五："勝遊生末迹，杳自狎時群。"已作"末迹"，"末"作"未"當爲筆誤所致。善卿此改甚是。

【疊閭】當作疊閭，見《廣燈》。疊閭連里，言其多也。疊，許覬切，非義。（卷六《風穴眾吼集》）

《卍續藏》本《天聖廣燈録》卷一五《汝州風穴山延昭禪師》："問：'如何是汝州境?'師云：'盜竊祖師張行滿，疊閭連里置囊家。'"與善卿所見《天聖廣燈録》版本同。

按："疊閭連里"同義並舉，指家家户户，與"囊家"相呼應。"疊閭"不明其義，"疊"當爲"疊"字之誤。善卿用《天聖廣燈録》參校，甚確。

【鞭征】當作邊征，見《廣燈》。（卷六《風穴衆吼集》）

《卍續藏》本《天聖廣燈録》卷一五《汝州風穴山延昭禪師》："金星照野饒鋩角，鐵騎邊征大殺傷。"與善卿所見《天聖廣燈録》版本同。

今按："邊征"，即邊疆征戰，與"鐵騎""殺傷"前後呼應。"鐵騎鞭征"的"鞭"費解。善卿用《天聖廣燈録》參校，甚是。

【大川】有僧到來，當作有江陵僧到。（卷七《八方珠玉集》）

《卍續藏》本《拈八方珠玉集》："舉大川。有僧到來。川云：'幾時發足江陵府？'僧提起坐具。川云：'特謝遠來。'"

按：上文中"有僧到來"，不知爲何人。善卿於該處明確指出是江陵僧，爲潭州大川禪師與江陵僧的對話。又《景德傳燈録》卷一四作"有江陵僧新到"，《五燈會元》卷五《潭州大川禪師》作"江陵僧參"。《宗門拈古彙集》卷一四作"因江陵僧來參"。雖文字稍有差异，但皆指明"江陵僧"。

【羚羊話】中有僧云："直得恁麼難會。"此節誤收也。按《傳燈·雲居傳》："新羅僧問：'是甚麼得與麼難道？'居云：'有甚麼難道？'曰：'便請和上道。'居曰：'新羅！新羅！'"此板自僧云至新羅，衍二十六字。（卷七《八方珠玉集》）

《卍續藏》本《拈八方珠玉集》："其僧舉似趙州。州云：'雲居師兄猶在。'僧便問：'羚羊未挂角時如何？'州云：'九九八十一。'僧云：'直得恁麼難會。'州云：'有什麼難會？'僧云：'請師説。'州云：'新羅。新羅。'"與善卿所見底本同。

按：善卿所言，此處"僧云：'直得恁麼難會。'州云：'有什麼難會？'僧云：'請師説。'州云：'新羅。新羅。'"當是衍文。《景德傳燈録》卷一七《洪州雲居山道膺禪師》此段爲道膺禪師與新羅僧的對話。《八方珠玉集》誤收作趙州禪師與僧人的對話，當改。

【鎮縣】不遥。第二十四板六行下少不字。（卷七《八方珠玉集》）

按：《卍續藏》本《拈八方珠玉集》："僧問金峰：'如何是金峰正主？'峰云：'此去鎮縣不遙，闍梨莫造次。'"已有"不"字。又《景德傳燈錄》卷二〇、《永覺元賢禪師廣錄》卷二八亦作"此去鎮縣不遙"，可見善卿對其所用底本校改精當。

【狌狌】當作山山。此緣與《傳燈》不同。《傳燈》云："仰山問中邑：'如何得見性？'邑云：'譬如有屋，屋有六窗，內有一獼猴，東邊喚山山，山山應，如是六窗俱喚俱應。'仰山禮謝起，云：'只如內獼猴困睡，外獼猴欲與相見，如何？'師下繩床。執仰山手作舞，云：'山山與汝相見了，譬如蟭螟蟲在蚊子眼睫上作窠，向十字街頭叫喚云：土曠人稀，相逢者少。'"中邑即朗州也。師名洪恩，嗣馬祖。（卷七《八方珠玉集》）

按：大正藏本《景德傳燈錄》卷六《朗州中邑洪恩禪師》作"山山"。與善卿所見《景德傳燈錄》版本同。善卿據《景德傳燈錄》改"狌狌"爲"山山"，甚是。《景德傳燈錄》卷六中的此段對話前還有一段洪恩禪師與仰山的對話，現摘錄如下："仰山初領新戒到謝戒。師見來，於禪床上拍手云：'和。和。'仰山即東邊立，又西邊立，又於中心立，然後謝戒了却退後立。師云：'什麼處得此三昧？'仰云：'於曹谿脱印子學來。'師云：'汝道曹谿用此三昧接什麼人？'仰云：'接一宿覺用此三昧。'仰云：'和尚什麼處得此三昧來？'師云：'某甲於馬大師處學此三昧。'"由此可見，仰山用不同的站立位置來闡釋佛法，中邑通曉了仰山之義，故有了"獼猴"之譬喻。"山山"當指"仰山"。

第二節　文獻輯佚

《祖庭事苑》中保存了一些今已失傳或他書未詳的文獻資料，現分別介紹如下。

《祖庭事苑》卷四《雪竇拾遺》的內容據善卿所言來源於"四明寫本，或諸方石刻，及禪人所藏手澤"，包括上堂1篇、小參1篇、代別1篇、

行録 5 篇、疏古 1 篇、偶作 1 篇、寄贈 3 篇、餞送 7 篇、吊悼 4 篇、真贊 5 篇和示寂偈 1 篇，共 11 類，30 篇。現摘録如下：

上 堂

上堂云：要會與麽，兔馬有角。古路坦平，忽爾遭撲。復問如何？千錯萬錯，會不與麽。牛羊無角，古殿苔滑。誰敢措脚，王者不來。清風索索，隨聲便喝。

小 參

舉法爾不爾。云：不假功成將何法爾，法爾不爾俱爲唇齒。不假三寸，衲僧又奚爲開口，除却二聽，且作麽作採取。乃成頌曰：乾城高鑠月，夏雲欲爲雨。若謂非全功，子細看規矩。故經云：汝試於中。次第標指此是文殊、此富樓那、此目犍連、此須菩提、此舍利弗。但如鏡中無別分析，復成頌曰：夏雲多奇峰，乾城冷相映。借問諸禪僧，那個堪憑定。故經云：汝今諦觀，法法何狀。若離色空，動靜通塞。合離生滅，越此諸相。終無所得，生則色空。諸法等生，滅則色空。諸法等滅，作何形相。相狀不有，界云何立。

代 別

舉王常侍一日訪臨濟，同於僧堂看。侍云："一堂僧還看經麽？"濟云："不看經。"侍云："還參禪麽？"濟云："不參禪。"侍云："經又不看，禪又不參，畢竟作甚麽？"濟云："總教成佛作祖去。"侍云："金屑雖貴，落眼成翳。又作麽生？"濟云："我將謂是個俗漢。"師代別云："強將手下無弱兵，直饒臨濟全機，也較三千里。"

行 録

師行脚時，問大龍和上："語者默者不是，非語非默更非。總是總不是拈却，大用現前，時人知有，未審大龍如何？"龍云："子有如是見解。"師云："者老漢瓦解冰銷。"龍云："放你三十棒。"師禮拜歸衆。大龍却喚適來問話底僧。師便出衆。龍云："老僧因甚麽瓦解冰銷？"師云："轉見敗闕。"龍作色云："叵耐。叵耐。"師便休去。南嶽雅和上聞舉。云："大龍何不與本分草料。"師云："和上更須行脚。"

師問廬山羅漢和上云："法爾不爾，如何指南？"漢云："實謂法爾不爾。"師云："且聽諸方斷看。"漢云："道者更須子細。"師云："嗒。嗒。"

師到舒州四面和上處，才相見，便問："古人道：千里無來却肯伊。即今和上還肯却無。"面云："識取來意好。"師云："暫時不在。"面云："知即得。"師云："大眾一時記取。"

師到蘄州迴峰和上處，相見便問："舊時朋友忌諱總無，今日主賓若爲區別。"峰云："老兄遠來不易。"師云："將謂和上忘却。"峰云："放一綫道。"師云："不與麼却與麼。"峰云："且坐喫茶。"師云："喫茶。喫茶。"

師問慧日和上："明知生不生相爲生之所流即不問，頗有不知生不生相爲生之所流也無。"日云："還見兩畔僧麼？"師云："三十年後，此話大行。"日云："且禮拜著。"來日，師上問訊次。日云："上座問底話甚奇怪。"師云："也是尋常。"日云："老僧未明，上座問端。"師云："某甲觸忤和上。"日云："住持事繁。"師遂辭去。日云："上座諸處去來，何不且住？"師云："恩大難酬。"日云："前去善自保愛。"師云："嗒。嗒。"

疏古

寶冠戢戢寒映水，陌路相逢呈卍字。七十九年無處尋，夜來相憶不相似。

偶作

莫學牧童兒，騎牛無準則。莫學取魚父，志筌要多得。三個兩個知是誰，風雨忽來天地黑。

寄贈

追南嶽舊遊杼歌紀贈首座素禪客

瀟湘稱絕曾遊歷，五十年來常記憶。錦霞片段分水光，藍岫憑凌鎖寒碧。

藏靈掩粹存奧區，雪山草盛滄溟珠。品流誕寄非閑境，泠澹誰論蟾影孤。

素禪客兮聽斯語，道無根兮應自許，五天正令頻頻舉。

寄水陽張居士

水陽禪者張居士，龐公淨名可爲侶。衰岸休云觀落花，離城豈有意中語。

春風高兮掃雪岩，寒雲影斷見霄月。月中亦有雙桂樹，三老對誰共攀折。

古今今兮難不難，西江吐盡滄海乾。一言爲報宣城客，歸去應知天地寬。

石城病中寄謝王延評見訪

江城秋病客，門拚晝慵開。鵲報禪家喜，風清國士來。光塵迎不及，靜語愧難陪。一日存輕策，重期謁象雷。

餞　送

送一禪者歸越

禪者名思一，遁迹會稽華嚴，居常杜門，性介寡合。予嘗往見之，時年七十有五，出示北頌。頌尾題云：慶曆八祀正月，乳峰隱之病中書。誰觀春草青，誰對春雲白。若耶溪上寺，去去曾吾宅。

送祥禪者

禪客秋思生，攜筇復卷衲。或問何所來，不知若爲答。十萬迢迢非古今，一言會與風雲合。

賦松拂送僧

落落歲寒枝，蒼蒼愧春色。對揚曾有規，助語忽無迹。殷勤將贈行，知意不知極。

送曉嚴禪者之瑯琊

滁上有宗師，域中隱善賈。烏兔懸高明，風雲擬何藉。卞和未鑒玉，伯樂非辨馬。羨君遠去尋，斯意斯人也。

送瓊禪者

野水輕舟，乘興分流。秋光不盡，誰也爭求。握松爲柄未極，析柳贈行豈休。休！休！百川駭浪兮空悠悠。

送　僧

萬里迢迢離蜀國，四明得得訪禪家。林間相見又相別，蕙祓亂颺松桂花。

小師元聳再歸省覲以頌送之

黃金列國無影樹，曾泛龍舟振高古。我是耽源來豫章，西江吸盡對吾祖。

斯之歸兮非如斯，寒空片段雲垂垂。十萬九萬復何者，一千一櫓休相隨。

噫！爭之潮落潮生未遠朝。

吊 悼

悼武威評事

極數非論亦可論，半爲知幸半銷魂。雖無爵祿資名位，況有鸞凰作子孫。

鄞水好辭星未捃，越山孤廣月應昏。我慚老病松岩下，空對悲風詠德門。

悼河間評事

隨喪人物百千重，彈指郊原事已空。唯有新栽小松栢，爲君遐古動悲風。

門亦高門好子孫，孝誠風雨雜愁雲。靈兮後夜應生夢，吾愛論文不在文。

休嘆光陰不可追，冥搜何必在清奇。道存交臂新新意，曾許亡兮作者知。

真 贊

瑞光月禪師并序

師雄峰斷際之宏冑也。昔與我結象外之友，萍依殊流，匪謂無定，但二十年夐指霄極。一日，有熙禪者自姑蘇而至，以師真儀相示，復請爲贊：

古岩蕭蕭，若歆善應。因抽毫勉意，式用增仰。道兮孤絕，人將枉駕。再生馬駒，踏殺天下。二輪千輻，古今絶回。飛電擊電，烈風迅雷。東西南北競頭走，相對不知何處來。秋空廓微兮雲崩騰，滄海鼓蕩兮波澄澄。瑞光之師兮無盡燈。

四明僧正定慧大師

太虛不雲，巨溟有月。善應誰分，纖塵乃絕。良工妙傳，神姿炳著。定慧大師，像齡調御。俯也仰也，爲權爲衡。德迥嶽峙，辯列河傾。天人聚中，凜然風清。

堯峰寶雲禪師

雕檀不彰，肖像何土。悲興遽圓，是謂方起。起必潛殊，二分乃圖。塵消海嶠，翳絶天衢。寶雲禪師，寒蟾影孤。

示寂偈

白雲本無羈，明月照寰宇。吾今七十三，天地誰爲侶。

經筆者考察，"小參"中所述的"法爾不爾"的内容可見於《景德傳燈録》卷二九《漳州羅漢桂琛和尚明道頌》；所引"經"的内容指《首楞嚴經》；兩首頌可見於《大正藏》本《明覺禪師語録》卷五《法爾不爾》，已合爲一首。"代别"中，雪竇舉王常侍與臨濟問答之古則可見於《禪宗頌古聯珠集》。"行録"中雪竇與大龍和尚的問答可見於《宗門拈古彙集》《佛古擊節録》。"餞送"中"送瓘禪者"一首可見於《嘉泰普燈録》卷二《紹興府天衣義懷禪師》。其餘内容皆不見於其他禪録。有關5篇"行録"的内容，據黄繹勛的觀點，當是記録了雪竇於智門光祚得法後，大約在39歲到杭州靈隱寺之前行脚雲遊的内容，分别爲與大龍和尚、南嶽雅和尚、廬山羅漢和尚、舒州四面和尚、蘄州回峰和尚和慧日和尚的問答。"寄贈"和"餞送"裏的10篇爲雪竇送特定禪者或居士之詩文，其中的《追南嶽舊遊杼歌紀贈首座素禪客》可推斷爲雪竇晚年之作，乃追記約50年前遊今湖南南嶽和瀟湘等地之風景以贈首座素禪客。《送一禪者歸越》則作於慶曆八年（1048），大約爲雪竇69歲之時。這些失載的文獻資料對後來學者了解雪竇的教法與修行生活，分析雪竇上堂示衆的内容及如何使用偈頌來啓發弟子都有重要的作用。現代學者在討論雪竇禪師時應當對此部分文獻引起重視。

又《祖庭事苑》卷一《雲門室中録》有一個詞目爲"拾遺"，其内容如下：

> 舉："雪峰云：'我且作死馬醫，一口吞盡乾坤。'"師云：'山河大地何處得來？直饒者裏倜儻分明，特舍兒七十棒反成一百四十。'"
>
> 師舉："西禪東平共官人坐次，西禪云：'風作何色？'官人無對。

禪却問僧：'風作何色？'僧拈起衲衣云：'在府中鋪。'禪云：'用多少帛子？'僧云：'勿交涉。'禪無語。"師代云："咄！者話墮阿師。"

師因炙茄次。問僧："喫得多少茄子？"僧云："和上試道看。"師云："你問我，與你道。"僧便問，師云："消不得。"

上述三則内容均爲雲門與弟子之間的機緣對答，僅最後一則可見於現有禪籍。《大正藏》本《雲門匡真禪師廣録》："因入厨，問茶頭云：'鍋裏多少茄子？'無對。師云：'爾問我，與爾道。'僧便問。師云：'消不得。'"另外兩則皆不見於其他禪宗典籍，故學者欲研究雲門完整的思想時，應注意參考《祖庭事苑》"拾遺"的材料。

另外，《祖庭事苑》注釋的部分内容雖算不上完全輯佚，但這些零碎資料亦十分重要。如卷一的"入水見長人"一條：

按《耀禪師録》：唐武後召嵩山老安、北宗神秀入禁中供養，因澡浴，以宮姬給侍，獨安怡然無它。后嘆曰："入水始知有長人。"

按：雲門宗文偃法嗣有康國耀和尚和開先清耀禪師，此處的耀禪師不知爲哪一個。又《景德傳燈録》卷二三的《信州康國耀和尚》和《廬山開先清耀禪師》中均未見到善卿所述内容，但與其他禪籍相比較，亦可見所述内容的真實性。唐武則天詔見道安、神秀入宮供養之事可見於《歷代法寶記》卷一："久視年，使荆州玉泉寺請秀禪師，安州受山寺請玄迹禪師，隨州大雲寺請玄約禪師，洛州嵩山會善寺請老安禪師，則天内道場供養。"又武則天爲兩位禪師賜浴的記載在《祖堂集》卷一八《仰山和尚》中已簡略提及："溈山云：'汝莫口解脱，汝不聞，安、秀二禪師，被則天一試下水，始知有長人。到這裏，鐵佛亦須汗流。汝大須修行，莫終日口密密底。'"可見《祖庭事苑》這段叙述彌足珍貴。

又善卿在卷一"文殊解脱"條下注有《古清凉傳》，卷三"前三三"條下注有《廣清凉傳》，卷五"打文殊"條下注有《清凉傳》（指《古清凉傳》），這些均爲《清凉傳》著録情況的考察提供了綫索。現在我們所説的《清凉傳》是《古清凉傳》《廣清凉傳》《續清凉傳》的合集，又稱爲《清凉三傳》。《古清凉傳》爲唐代釋慧祥所撰，《廣清凉傳》是宋代釋延一所撰，《續清凉傳》乃宋代無盡居士張商英所撰。

　　值得一提的是，《祖庭事苑》中有關《雲門錄》匡正脱落字句，糾正訛誤的條目也是對《雲門匡真禪師廣録》各版本内容的輯佚，這些今已佚失的内容經過整理，可以進一步梳理《雲門匡真禪師廣録》的版本源流。近代學者對此已有共識。首先，關注較早的是日本學者永井政之，他在1971 年發表於《宗學研究》的《云门の语録の成立に关する一考察》一文中推測雲門文偃禪師的《雲門廣録》至少有兩個版本：一爲《祖堂集》與《祖庭事苑》所涉及的雲門語録版本，二爲宋守堅編的《雲門廣録》及宗演校勘的《雲門廣録》一系。其后又發表了《祖庭事苑の基礎的研究》，把五山版作爲底本的《雲門廣録》與《祖庭事苑》注釋的《雲門語録》作了細緻的比較，指出《祖庭事苑》對語録定型化所起的作用。[①] 另外，曹瑞鋒的博士學位論文《〈雲門匡真禪師廣録〉研究》亦對《祖庭事苑》所校釋的《雲門録》進行了分析，認爲《雲門廣録》早期的版本有五個：北宋仁宗皇祐五年本（1053 年天衣序本）、北宋神宗熙寧九年本（1076 年苏澥序刊本）、《事苑付注項目》（《祖庭事苑》注釋底本 1108 年）[②]、南宋高宗绍興十三年至十五年本（1143—1145 年圆觉宗演校勘本）和南宋孝宗淳熙五年序本（1178 年）。[③]

　　按：睦庵善卿在《祖庭事苑》第一卷中將《雲門廣録》分爲三個部分：《雲門録》上、《雲門録》下、《雲門室中録》。下面通過列舉《祖庭事苑》輯佚的校勘内容來説明《雲門廣録》的版本情況。

　　【認認詛詛】按天衣古本作悾悾愡愡。音孔愡，事多也。（卷一《雲門録》上）

　　【鐘聲】按天衣古本作鐘聲裏披七條。（卷一《雲門録》上）

　　【是分不分】當作不可不分也，見懷和上本。（卷一《雲門室中録》）

　　【本来法】賞個名，唤作本来法。第六板第十三行上少八字，見懷和上本。（卷一《雲門室中録》）

---

　　① 永井政之：《祖庭事苑の基礎的研究》，《駒沢大学仏教学部論集》第 4 號，1973 年。
　　② 椎名宏雄《云门广録とその抄録本の系統》一文把《事苑付注項目》作爲《雲門廣録》最早現存本。《宗学研究》，1982 年，第 196 頁。
　　③ 曹瑞鋒：《〈雲門匡真禪師廣録〉研究》，上海大學博士學位論文，2011 年。

【師云】一切法皆是佛法，繩床露柱是一切法，還我佛法來。僧無對。師又問僧："經中道。"第六板第十八行少三十字，見懷和尚本。（卷一《雲門室中録》）

【者裏】乃喝云："長連床上飽喫飯了説葛藤。"第十二板第十二行下少十四字。見懷和尚本。（卷一《雲門室中録》）

【説法】身説，即是應化身説。十七板二十二行上脱九字，見懷和尚本。（卷一《雲門室中録》）

【舉僧問】舉僧問雲居："湛湛時如何？"居云："不流，説甚麼湛湛。"師云："此是嚼鐵之言。"已上三節，見懷和尚本。（卷一《雲門室中録》）

【向繩墨】當作打梡子。第二十板二十二行中，見懷本。（卷一《雲門室中録》）

【便打】師舉："僧問睦州：'以一重去一重即不問，不以一重不去一重時如何？'州云：'昨日戈茄子，今日種冬芥。'"第十三板三行後脱此一節。古本云："不以一重不去一重。"今學者多不舉不字，而或妄以爲圍頭之緣者，誤矣。（卷一《雲門室中録》）

【風作何色】西禪東平與官員坐次。西禪云："風作何色？"官無語。禪却問僧，僧拈起衲衣云："在府中鋪。"禪云："用多少帛子？"僧云："勿交涉。"禪無語。雲門代云："咄！者話墮阿師。"見懷和上《雲門·室録》。（卷三《雪竇祖英》上）

【透法身】嘗讀《雲門古録》："僧問：'如何是透法身句？'師拈起拄杖云：'會麼？'僧云：'不會。'師云：'北斗裏藏身。'今脱拈拄杖一節，似失當時宗旨。"（卷一《雲門録》上）

【舉法身説法】舉："法身説法，青青翠竹總是法身，未是提掇時節。"有爲無三世，是有爲法，何處得三世來？無爲有三世，不是守寂處法。此是實學葛藤言語，未是提掇時節，於拈提猶在半途。已上一節，印本分作三段，而又語言顛錯。故録此以證之。（卷一《雲門室中録》）

【舉三種人】師舉："三人，一人因説得悟，一人因舉得悟，一人才見舉便却回去。你道却回者意旨如何？師云：'直饒與麼，也好與

185

三十棒。'"與印本不同，而又旨意顯焕，故用録之爾。

【舉光明寂照】因僧舉：光明寂照遍河沙。師云："豈不是張拙秀才語？"僧云："是。"師云："話墮也。"此緣印本語意倒錯，而或謂張拙爲相公，因録其緣以示學者。拙，唐人也，因訪石霜，霜問曰："公何姓？"曰："姓張。""何名？"曰："名拙。"霜曰："覓巧了不可得，拙自何來？"公於言下有省，乃述悟道頌曰："光明寂照遍河沙，凡聖含靈共我家。一念不生全體見，六根才動被雲遮。斷除煩惱重增病，趣向真如總是邪。隨順眾緣無罣礙，涅槃生死是空花。"

上述各條校勘内容所涉及的版本名稱有"天衣古本""懷和上本""懷和尚本""懷本""古本""雲門古録""印本"。曹瑞鋒將"天衣古本""古本""懷和上本""懷和尚本""懷本"均歸入天衣義懷刻本，至於印本，則推斷與天衣義懷删補的《云門録》是一個版本，其根據爲善卿在"七十二棒"詞條下的説明："見懷禪師《重修云門録》，與今摹印者頗殊。"該處提到的"摹印"與其後三處提到的印本是一樣的，此印本的缺陷爲"语言顛错""语意倒错"。① 至於《云門古録》，《祖庭事苑》僅見一條，未能很好地辨別該版本。另外，《祖庭事苑》校勘所用的底本，按《祖庭事苑》第一卷開頭所收的"師資""喻筏""止啼"……"涉瀝" 23 條詞語均未見於《大正藏》本《雲門匡真禪師廣録》、《卍續藏》本《古尊宿語録》。又《祖庭事苑》卷三《雪竇祖英》上"曹溪流"，善卿言"見《雲門録序》'曹溪'"，而上述 23 個詞語中正有一個"曹溪"，"涉瀝"之後的"昇堂""三藏""五乘""四時"等詞語均依次可在《大正藏》本《雲門匡正禪師廣録》中找到。因此可以推斷善卿編纂《祖庭事苑》時所用的底本當是今已逸失的帶有"序言"的《雲門録》。

由此可見，《祖庭事苑》中的這些校勘内容爲研究《雲門匡真禪師廣録》的版本源流提供了寶貴的資料。

---

① 詳參曹瑞鋒：《〈雲門匡真禪師廣録〉研究》，上海大學博士學位論文，2011 年，第 26 頁、30 頁。

第六章 《祖庭事苑》之不足

如前所述，《祖庭事苑》在學術研究上有非常重要的價值，但也存在一定的不足。除第二章、第四章談到的文字及訓釋不足外，本章主要探討《祖庭事苑》在編纂上存在的問題。

第一節 立目隨意

立目隨意是指未依原文收詞。《祖庭事苑》的收詞範圍是書目中所列的十八種禪宗典籍，並依照詞目在所釋禪宗典籍中的先後爲序，但是，將該詞目歸入現存所屬禪籍的原文中後，可以發現善卿並沒有完全按照文句的內容收釋詞語，而是有所改動。如：

【骼䶩】上音格，刀入骨聲，又枯骨曰骼；下疾智切，骨有肉也。又鳥獸殘骨，又刀入肉聲。《月令》掩骼，薶䶩。（卷一《雲門録》上）

《大正藏》本《雲門匡真禪師廣録》卷上、《古尊宿語録》卷一五《雲門匡真禪師廣録上》："問：'如何是吹毛劍？'師云：'骼。'又云：'䶩。'""骼""䶩"當爲善卿從文句中抽取並立爲一條。

【瘖疣】羽求切，結病也。《釋名》曰："疣，丘也。出皮上聚高，如地之有丘。"（卷一《雲門録》上）

按該詞在《祖庭事苑》詞目中出現的順序，未能在《大正藏》本《雲門匡真禪師廣録》卷上中找到原詞。但通過"瘖疣"前後的條目，可推知該詞的位置在《雲門匡真禪師廣録》卷上："舉一則語，教汝直下承當，早是撒屎著爾頭上也，直饒拈一毛頭，盡大地一時明得，也是剜肉作瘡。"然原詞爲"剜肉作瘡"，善卿所立未依原文。

【指鹿】秦趙高欲爲亂，群臣不聽，乃先設驗，以蒲爲脯，以鹿爲馬，獻於二世。群臣言蒲言鹿者，皆陰誅之矣。（卷二《雪竇瀑泉》）

《大正藏》本《明覺禪師語錄》卷四："指鹿爲馬將日作月，罪兮彌天焉可分説。"可知"指鹿爲馬"當爲一個成語，典出《史記·秦始皇本紀》。善卿僅立"指鹿"，當是簡稱。

【落落碌碌】碌，當作琭，玉也。碌，石也。非義。老氏曰："不琭琭如玉，落落如石。"説者曰："玉琭琭，貴而已矣，不能賤也；石落落，賤而已矣，不能貴也。"（卷三《雪竇祖英》上）

《大正藏》本《明覺禪師語錄》卷五："石本落落玉自碌碌，古之今之一何誓速。""落落碌碌"非詞。

【或處】音杵，止也。（卷四《雪竇祖英》下）

《大正藏》本《明覺禪師語錄》："予天禧中，寓迹靈隱，與寶真禪者爲友，或遊或處。""處"與"遊"相對照，停留暫居義。"或處"非詞。

【干木文侯】文侯過段干木之閭而軾之。從者曰："君何軾之乎？"文侯曰："此非干木之閭。"……見魏國史。（卷六《風穴眾吼集》）

《景德傳燈錄》卷一三《汝州風穴延沼禪師》："問：'干木奉文侯，知心有幾人。'師曰：'少年曾決龍蛇陣，潦倒遷聽稚子歌。'""干木文侯"當爲縮略而成。

【宗説俱通】清凉云："宗通自修行，説通示未悟。"（卷七《證道歌》）

《大正藏》本《永嘉證道歌》："宗亦通説亦通，定慧圓明不滯空。""宗説俱通"當爲縮略。

第二節　割裂詞語

"割裂詞語"是説善卿將相鄰的兩個詞割裂開來，立爲一個詞目，若不將這些詞條放入原文，我們就無法真正理解詞義。如：

【破凡】上破，音潑。（卷一《雲門室中録》）

《雲門匡真禪師廣録·室中語要》："師拈拄杖指燈籠云：'還見麽？若言見，是破凡夫；若言不見，有一雙眼在。爾作麽生會？'良久復拈拄杖云：'盡大地不是浪。'"

按：善卿擇"破凡"作爲詞目，欠妥。"破凡夫"又見於其他禪籍。請看下面的用例：

達磨灼然是甚老臊胡，十地菩薩是擔糞漢，等妙二覺是破凡夫，菩提涅槃是繋驢橛。（《大慧普覺禪師語録》卷一六）

客吟燈殘，猿啼月落。衲帔蒙頭，千巖萬壑。指破凡夫爲等覺妙覺，齊大小乘於錢索井索。縱大辯於談笑，寄虛懷於冥莫。（《北磵居簡禪師語録》）

後來泐潭真净和尚撰皆證論，論内痛罵圭峰，謂之破凡夫臊臭漢。（《大慧普覺禪師語録》卷三〇）

上引第一個例句中的"老臊胡""擔糞漢""破凡夫""繋驢橛"並列連用，均爲呵佛罵祖的粗俗語。破凡夫，比喻根性愚鈍的凡夫。第三個例句中的"臊臭漢"比喻地位低賤的人。[①] 與"破凡夫"近義連言。

"破凡"語義不相聯屬。又見"凡夫"一詞。《鎮州臨濟慧照禪師語録》："爾取這一般，老師口裏語爲是真道，是善知識，不思議。我是凡夫心，不敢測度他老宿。"《圓悟佛果禪師語録》卷九："上不見諸聖，下不見凡夫，外不見一切境界，内不見眼耳鼻舌身意，便能通同一切。"凡夫，即平庸的、普通的人。《字彙》："今人鄙人爲凡夫，輕稱也。"上述兩例

---

① 雷漢卿：《禪籍方俗詞研究》，巴蜀書社，2009 年，第 468 頁。

"凡夫"當指未能領悟禪法的淺識愚鈍之人。

"破",善卿注"潑"音。又無著道忠曰:"世本見《事苑》以潑爲普活切,遂破凡夫,破爲普活切,非也。按《餘冬序録》曰:'雲間志方言謂醜惡爲潑賴。'注潑音如派,乃知破凡夫者,潑賴凡夫也。破、潑音通,故潑作破。"① 可知無著道忠以"潑"之"潑賴"義,"破""潑"音通爲由否定善卿注音。破,《廣韻》滂母過韻去聲,普過切;潑,《集韻》滂母活韻入聲,普活切。二字音不全同,故"破"不可用"潑"直接注音。無著言"破爲普活切,非也",甚是。然"破"在唐代已有輕賤罵詈之義。② 何光遠《鑒誡録》卷五《因詩辱》:"忽一日,於江干飲酣,仰視白鹽,斜睨滟澦:'剛有破(普忽反)措大欲於此死。'遂令壯士拽劉離席,囚縛於砂石上,烈日曬之。"

綜上可知,"破凡夫"的結構當爲"破+凡夫"。"破"是對淺陋愚昧學人的罵詞。善卿立"破凡"這一形式作詞目,而不收正確形式"破凡夫",正是未深究詞義,不分析短語結構所致。

【斬之白乳】《四諦論》云:"菩薩行慈,血變成乳。如慈母育子,以慈愛心故。生子有乳,乳自然出。(卷一《雪竇洞庭録》)

《大正藏》本《明覺禪師語録》卷一:"王曰:'可施我頭。'尊者曰:'身非我有,豈況於頭?'王遂斬之,白乳高丈餘。王臂自落。"若爲"斬之白乳","之"爲介詞,與文意相悖。"之"當爲指示代詞,指代尊者,"斬之"即"斬尊者"。當在"之"后標句讀,此當是善卿未達文意所致。

【眸眨】上莫浮切,目瞳子也。下側夾切,目動也。天目本不瞬,目動即衰也。(卷六《風穴衆吼集》)

《大正藏》本《天聖廣燈録》卷一五《汝州風穴山延昭禪師》:"師云:'五頂華冠脆,雙眸眨不禁。'"可知"雙眸"與前句"五頂"相呼應,指雙眼,爲一個詞。"眨不禁"爲"雙眸"的賓語,意謂"雙目不停地眨動"。

---

① 無著道忠《盌雲靈雨》卷二"破凡夫"條,花園大學國際禪學研究所、禪文化研究複印本。
② 參江藍生、曹廣順:《唐五代語言詞典》,上海教育出版社,1997年,第286頁。

【去遵】近前把住。它本無此四字。（卷七《八方珠玉集》）

《大正藏》本《拈八方珠玉集》："山以手指云：'嗚那青青黯黯處去。'遵近前把住云：'久響韶山，莫便是否？'"可知"去遵"非詞，"去"乃韶山之句的語尾詞。"遵"爲僧人"遵布衲"的簡稱。

【居牡】當从爿，作壯。（卷七《八方珠玉集》）

《大正藏》本《拈八方珠玉集》："僧云：'不睹王居壯，焉知天子尊。'國師云：'貪觀天上月，失却手中橈。'""王居"與後文"天子"相對，指帝王的居所，"壯"與"尊"相對，用來修飾帝王的居所。"居壯"非詞。

第三節　體例疏漏

《祖庭事苑》在引用他書時往往未標出引文出處，對這些引文的內容如果不加辨別，就會誤將其當作善卿的解釋。如：

【象王嚬呻】《毛詩·傳》："嚬，急也。申，舒也。"謂有勞倦者，以手足胸背左右上下，或急努，或舒展，自解其勞倦。今字從口。（卷二《雪竇頌古》）

上述釋義中的"謂有勞倦者，以手足胸背左右上下，或急努，或舒展，自解其勞倦"當引自《續一切經音義》卷二"嚬申"條的注釋內容。

【玉毫】如來額廣平正相中有三相，一者所謂白毛相。佛初生時，王與夫人將太子詣阿私陀仙，令相太子。仙人初見太子眉間白毛旋生，於白毫邊有諸輪郭隨白毛旋相。師見毛長大，即取其尺，度量長短，足滿五尺，如琉璃筩。又云眉間白毫相光，流出眾光，作百寶色。（卷四《雪竇祖英》下）

上述釋文"又云"之前當引自《佛說觀佛三昧海經》卷一，"又云"之後當引自宋沮渠京聲譯《佛說觀彌勒菩薩上生兜率天經》。

【花冠】花冠頷謂花萎也。天人五衰：一曰衣裳垢膩；二曰頭上

花菱；三曰身體臭穢；四曰腋下汗出；五曰不樂本座。（卷六《風穴眾吼集》）

花冠，五衰相之一。據説諸天臨終時將出現"五衰相"。善卿所説的"五衰相"當引自《涅槃經》卷一五。

【大千】謂大千世界也。一四洲爲一小世界。千四洲，千六欲天，千梵天，名一小千世界；一千小千世界，一千二禪天，名中千界；一千中千界，一千三禪天，名大千界。（卷七《證道歌》）

善卿所注當引自慧寶注《北山録》卷一："是謂一小世界（一四洲也），千小世界謂之小千（一千四洲，一千六欲天，一千個梵世，名一小千界）千倍，小千名。一中千（一千個小千界，一千個二禪，名中千界），千倍中千爲一大千（一千個中千界，一千個三禪，名一大千界也）。""大千世界"爲佛教語"三千大千世界"之省稱，是古印度的宇宙觀，后成爲佛教的宇宙觀。此説以須彌山爲中心，以鐵圍山爲外郭，同一日月所照之空間稱爲"小世界"。一千個小世界爲小千世界，一千個小千世界爲中千世界，一千個中千世界爲大千世界，因小、中、大三種千世界組成了一個大千世界，故爲"三千大千世界"，后亦指廣闊無邊的世界。

【大嚮】當作大饗。《周禮》："掌客，主合諸侯，而饗則具十二牢，具百物。"諸侯爲賓，大饗尚眅脩而已矣。謂不享味也。（卷三《雪竇祖英》上）①

按：善卿所注非直接引用《周禮》原文。當引自唐《白氏六帖事類集》卷一七："《周禮》掌客，王合諸侯，而饗則具十二牢，具百物。諸侯爲賓，大饗尚眅脩而已矣。不享味也。"

---

① 按《周禮》："掌客，掌四方賓客之牢禮、饔獻、飲食之等數，與其政治。王合諸侯，而饗禮則具十有二牢，庶具百物。""主合諸侯"當作"王合諸侯"。

第四節　言論主觀

《祖庭事苑》不是嚴格意義上的辭書，在解詞釋義時難免帶有很強的主觀色彩，或語出有誤，或斷言"它經無所出"，或引文僅憑記憶所及，難免造成失誤。我們在利用《祖庭事苑》時如果不加考辨，就難以發現其中的問題，從而以訛傳訛，貽誤後學。如：

> 【摩竭掩室】梵云摩竭陀，此云文物國。掩室，言世尊禪定於普光法堂也。《西域記》云："昔如來於摩竭陀國初成正覺，梵王建七寶堂，帝釋建七寶座，佛坐其上，於七日中思惟是事。"義同掩室也。（卷一《雲門錄》上）

釋迦掩室於摩羯本出《諸佛要集經》卷上："一時佛遊摩竭國奈叢樹間，於其鄉土北有山，名因沙舊。與大比丘眾俱，比丘五千，菩薩二萬，皆不退轉不起法忍，身口意定總攝三世，獨步三界開化眾生，應病與藥各令得所。文殊師利、彌勒菩薩等。復有諸天八萬四千悉志佛道，爾時四部各往詣佛，雖欲聽經不能專精厭所講法，各各匆匆多所務求，追逐五濁以爲事業。佛心念言：眾人患厭所宣道教，不肯復來諮受法言，不見如來，不聞正典，不入心耳，心不思惟，不能修立。佛自念言。吾欲示現如像燕處，不自現形到他方佛土，與諸佛俱宣講諸佛之要集。佛復觀之，諸佛世尊會於何方？輒睹東方，去是八萬四千億諸佛世界，國名普光，佛號天王如來，至真等正覺。現在說法，諸佛會彼。佛告阿難，如來當入因沙舊室，燕坐三月。諸天龍神、阿須倫迦、留羅真陀羅、摩休勒人與非人，若有來者解喻其意，勿令入室。……復告阿難：'汝詣石室，當爲如來布其座席，唯用芻草。'如來坐上三月燕處。阿難白佛：'當施床榻布令細濡，用芻草爲。'佛告阿難：'且止！且止！諸過去佛如來至真等正覺皆用芻草以爲座席，不以柔濡文飾重座爲佳快也……'佛從座起，入帝樹石室，無量妓樂不鼓自鳴天雨眾華，大千世界積至於膝。佛這燕坐三昧正受，化其石室，皆如水精，三千世界諸有眾生德本純淑。悉見如來坐於石室，猶如明鏡見其面像。"① 無著道忠對此已有辯正，《盌雲靈雨》卷一二："忠依此按：釋尊見眾生懈怠相，入石室隱形不說法，令生難遭之想，而非初成道觀樹，思惟事。"善卿誤引普光堂三七日思惟事，以證摩竭掩室，則有主觀臆斷之嫌。② 摩竭掩室，净名杜口，均指法之玄妙不可言說。

【曹溪】《寶林傳》：唐儀鳳中，居人曹叔良施地六祖大師，居之地有雙峰、大溪，因曹侯之姓曰曹溪。天下參祖道者，枝分派列皆其流裔。（卷一《雲門錄》上）

按：善卿釋"曹溪"引《寶林傳》"唐儀鳳中，居人曹叔良施地六祖大師"而認爲曹叔良與六祖乃同時人，實則有誤。同書《曹溪中興錄·上》有所記載："其道場自梁神僧智藥三藏從西天汎海而來，携菩提樹於五羊之法性寺。讖云：百六十年有肉身菩薩於此出家度人無量，將入嶺過曹溪水口，掬水飲之而甘且香，乃曰：'此我西天水也，原上必有聖地因溯流而上，至觀其山似形。曰：'此山宛似我西天寶林山也。'乃謂居人曹叔良曰：'此山宜建梵刹，百六十年後當有肉身菩薩於此說法。'叔良即白州牧某，具奏梁武帝，遂命建寺。額曰：'寶窰林乃開山之始也。'至唐龍朔間有新州盧道者，得黃梅衣鉢，號爲六祖。回至曹溪時，窰林已廢。"又《天聖廣燈錄》卷七《第三十三祖惠能大師》："《南越記》云：'晋初，海内崩裂，各據兵權，署曹叔良爲鎮南將軍，知平南總管事。晋剋復之後，以王爵封叔良。此地本山双峰間，叔良有別墅，捨其地爲双峰曹溪。曹溪由是名著。'寶林寺者，梁天監中，有僧經始之刻石。曰：'却後一百七十年，有大權菩薩說法度人，傳化四方，學徒霧集，宜以寶林題之。'州將具奏，仍御書其額。"可知曹叔良乃晋時鎮南將軍，六祖乃唐鳳儀間來，時隔逾一百七十年，故曹叔良所處時代先於六祖。

【入京】雲門入京，即五代東漢劉氏之世乾祐四年。或謂廣南偏霸劉龑，非也。（卷一《雲門錄》下）

---

① 無著道忠《盌雲靈雨》的表述與《諸佛要集經》略有差异，故直接援引《諸佛要集經》原文，見《大正藏》，第17冊。

② 參柳田圣山：《無著道忠的學術貢獻》，《俗語言研究》創刊號，禪籍俗語言研究會編，日本京都禪文化研究所，1994年，第87頁。

按：該詞見於《雲門匡真禪師廣録》卷下："師以乾和七年己酉四月十日順寂。"乾和七年即南漢洪熙乾和七年，此正值後漢高祖乾祐二年（949）。善卿所言"乾祐四年"，蓋"四"爲"二"字之訛。

【須菩提岩中】須菩提岩中宴坐，説法雨花子，遍考衆經，即無此緣。岩中宴坐，即分別功德論。佛謂蓮花色比丘尼言：須菩提於岩中補衣，最先見我，且無宴坐之緣。雨花，即《大般若》八十四：須菩提謂憍尸迦，花非生花，亦非心樹生，且無贊嘆之緣，未曾説一字。即《大般若》八十一：善現告諸天子言，我曾於此不説一字，汝亦不聞，當何所解，以此考之。衆經雖共有此意而無此緣，實恐後世宗匠借爲此説也。（卷一《雪竇後録》）

按：善卿於該目下言"須菩提説法雨花子"無語源，誤。吳支謙譯《大明度經》卷二："釋心念：'尊者善業雨法寶，我寧可化作花以散其上。'便化作甘香花以散佛及善業、諸比丘上，花至其膝。善業即知言：'是華不出於忉利天上，釋所散花，出於幻耳。'釋言：'是花非從樹出。如賢者善業所可説，斯事本寂，自幻樹出矣。'釋言：'是花從幻樹出也，不從樹出者爲非是，非是者爲非花。'"又後秦僧肇《肇論》："須菩提唱無説以顯道，釋梵約聽而雨華。"元文才《肇論新疏》卷下："釋梵等者，大品般若自天主品以來，須菩提依幻化喻，廣説甚深般若無説無聽之理。至散花品釋提桓因及三千大千世界中四天王等，化作天花散佛及大衆上等。意云：'須菩提以説聽空，故説而無説，以顯實相，諸天解空聽而無聽，爲供深法故散花也。'"綜上可知，善卿未覽經書而言無緣，又折中《般若經》之義，確有不妥。

【蓋國】祖源云："《史書》普通但至七年，皇祐長曆甲子推則有八年，今撿《南史》有八年，其年三月甲戌改大通。達摩九月至，以達摩至時已無八年也。"又云："廣州太守蕭昂奏聞。昂，蕭梁宗室，本傳不見守是州，傳載二侄，曰勱，曰勃，嘗作廣州刺史。昂嘗徵爲瑯琊、彭城二郡太守。"（卷二《雪竇頌古》）

按：善卿於該目下誤沿用《傳法正宗記》中祖源所作的校釋，以蕭昂不曾做過廣州刺史，而爲其侄蕭勱。《梁書·列傳第十八》："（蕭昂）復以輕車將軍出爲廣州刺史，普通三年爲散騎常侍。"可知，善卿當是未檢《梁書》而致誤。

【謫仙拏月】李白，字太白。十歲通詩書。既長，隱泯山。州舉有道，不應。天寶初，南入會稽，與吳筠善，筠被詔，故白亦至長安。往見賀知章，知章見其父。嘆曰："子，謫仙人也！"言於玄宗，召見金鑾殿，論當世事，奏頌一篇。帝賜食，親爲調羹，有詔供奉翰林，猶與酒徒醉於市。帝坐沉香子亭，意有所感，欲得白爲樂章，召入，而自已醉，左右以水靧面，稍解，授筆成文，婉麗精切，無留思。帝愛其才，數宴見。白嘗侍帝，醉，使高力士脫靴。力士素貴，耻之，摘其詩以激楊貴妃，帝欲官白，妃輒沮止。白自知不爲親近所容，益傲放，不自修。懇求還山，帝賜金放還。白浮遊四方，嘗乘月與崔宗之自采石至金陵，著宮錦袍坐舟中，旁若無人。代宗立，以左拾遺召，白已卒，年六十餘。或言拏月沉江，未見所出。（卷五《懷禪師前録》）

善卿於該目下詳細介紹了李白富於傳奇色彩的一生，但言"李白捉月"這一傳說"未見所出"，則不符合文學史實。據日本學者松蒲友久研究，清人王琦注《李太白集》時，曾徵引五代王定保《唐言》，云："李白著宮錦袍，遊采石江中，傲然自得，旁若無人，因醉入水中，捉月而死。"但在今通行本中並無此段文字。不過松蒲氏又徵引了北宋梅堯臣的相關詩作進行分析，可知此傳說至遲在五代宋初就開始流行了。①

【天王】今有狀毗沙門天王像，必右手擎寶塔。然它經無所出，而風穴正用此緣也。予嘗讀贊寧《僧史》云："唐天寶元年，西蕃五國來寇安西。二月十一日，奏請兵解援，發師黃里，累月方到。近臣奏：'且詔不空三藏入內持念。'玄宗秉香爐，不空誦仁王護國陀羅尼方二七遍，帝忽見神人可五百員，帶甲荷戈在殿前。帝問不空，對曰：'此毗沙門天王第二子獨健，副陛下心，往救安西也。'其年四月

---

① 松蒲友久：《李白詩歌抒情藝術研究》，劉維治譯，上海古籍出版社，1996年，第185～187頁。

奏：'二月十一日巳時，後城東北三十里，雲霧冥晦，中有神，可長丈餘，皆被金甲。至酉時，鼓角大鳴，地動山搖。經二日，蕃寇奔潰。斯須城樓上有光明，天王現形。謹圖樣，隨表進呈。'因敕諸道州府於西北隅各置天王形像，於佛寺亦敕別院安置。"蓋當時所現之像，手擎浮圖，今相習盡塑於州邑之城上，或伽藍營壘之間是也。（卷六《風穴眾吼集》）

善卿所言"毗沙門天王像，必右手擎寶塔"該句"它經無所出"，又猜測《大宋僧史略》"天王現形"爲"手擎浮圖"之像，均有不妥。"毗沙門天王像，右手擎寶塔"文獻已有記載。《陀羅尼集經》卷一一《四天王像法》："毗沙門天王像，法其像，大小衣服准前。左手同前，執稍挂地，右手屈肘擎於佛塔。"善卿未覽佛經而臆斷，無著道忠亦駁之曰："睦庵言蓋當時所現之像，手擎浮圖，是非安西所奏語。睦庵暗度作此言乎，然毗沙門擎塔出於藏中，睦庵失考證。"[①]

【信位行位】《傳燈》："信位即得，行位即未。"《金剛三昧經》："佛言：'從闡提心乃至如來，如來實相住五等位：一者信位，信此身中真如種子爲妄所翳，捨離妄心，淨心清白，知諸境界，意言分別；二者思位，思者觀諸境界，唯是意言分別，隨意顯現，所見境界，非我本識，知此本識，非法非義、非所取非能取；三者修位，修者常起能起，起同時故，先以智導，排諸障難，出離蓋纏；四者行位，行者離諸行地，心無所捨，極淨根利，不動心如，決定實性，大般涅槃，唯性空大；五者捨位，捨者不住性空，正智流易，大悲如相，相不住如，三藐三菩提虛空不證，心無邊際，不見處所，是至如來。善男子，五位一覺，從本利入；若化眾生，從本來處。'"（卷八《語緣》）

善卿將其所見《景德傳燈錄》中的"信位行位"等同於《金剛三昧經》中的"信位行位"，欠妥。《大正藏》本《景德傳燈錄》卷一一《袁州仰山慧寂禪師》："僧問：'禪宗頓悟畢竟入門的意如何？'師曰：'此意極難。若是祖宗門下上根上智，一聞千悟得大總持。此根人難得，其有根微

---

① 　無著道忠：《盌雲靈雨》，花園大學國際禪學研究所、禪文化研究複印本。

智劣，所以古德道：若不安禪靜慮到遮裏總須茫然。'僧曰：'除此格外，還別有方便，令學人得入也無？'師曰：'別有別無，令汝心不安。汝是什麼處人？'曰：'幽州人。'師曰：'汝還思彼處否？'曰：'常思。'師曰：'彼處樓臺林苑人馬駢闐，汝返思底還有許多般也無？'僧曰：'某甲到遮裏一切不見有。'師曰：'汝解猶在境，信位即是，人位即不是。據汝所解只得一玄，得坐披衣向後自看。'"可知《大正藏》本《景德傳燈錄》作"信位人位"與善卿所見的《傳燈》中的"信位行位"不同。這種不同當是版本差異所致。《從容庵錄》卷二："潙云：'若恁麼具足是心境法，爭得道無？'仰山見這僧有這個在，依理判斷道：'信位即是，人位未是。'別本云：'信位即得，行位即未多。'舉《金剛三昧經》：'信位，思位，修位，行位，捨位。'今言'信位人位'未必全同。"《景德傳燈錄》中的"信位人位"或"信位行位"與佛經中的"信位行位"不同。《景德傳燈錄》"信位人位"中的"信位"指超越知解的境界。"人位"與"信位"相對，即向下救濟眾生。《永覺元賢禪師廣錄》卷三〇："僧云：'某甲到這裏，總不見有？'山云：'汝見猶在心，信位即是，人位未是。愚謂仰山如此開示，非特爲這僧發藥。一切人見道不真，皆落在此。蓋見有見無，皆是以心對境，如隔江望山，謂之信位則可。謂之人位則不可，以人位須忘能所，心不見心，如鏡不自炤也。'"《金剛三昧經》中的"信位行位"爲如來實相五等位中的兩位。善卿不明兩者之別，據《金剛三昧經》"信位行位"而臆改《景德傳燈錄》"信位人位"。正如無著道忠所説："睦庵瞎禿，引《金剛三昧》五位之'信位'來解，何謬妄之甚！又改《傳燈》'人位'作'信位'而合《金剛三昧》'行位'，不免輕法墮獄報，如仰山'信位人位'必非教中名目矣。"①

【上堂】或問：每質諸佛經，所集四眾，未嘗不坐。今禪門上堂必立而聽法，何謂也？曰：此百丈禪師之深意也。且佛會説法，四眾雲萃。所説法義，不局性相，所會時節，未知久暫。今禪門自佛教東流後六百年，達摩祖師方至漢地，不立文字，單傳心印，直指人心，見性成佛，所接學者倬於一言之下頓證無生，所聚之眾非久而暫，故

---

① 　無著道忠：《盋雲靈雨》，花園大學國際禪學研究所、禪文化研究複印本。

不待坐而立也。百丈曰："上堂升座，主事、徒眾雁立側聆，賓主問酬，激揚宗要，示依法而住。"此其深意也。（卷八《雜誌》）

據釋文可知，善卿把"上堂立聽"看作是百丈之創意，未善。立聽爲佛制，而非百丈創立。《大智度論》卷一〇："佛法中諸外道出家，及一切白衣來到佛所，皆坐。外道他法，輕佛故坐；白衣如客，是故坐。一切五眾身心屬佛，是故立。若得道諸阿羅漢，如舍利弗、目蓮、須菩提等，所作已辦，是故聽坐。餘雖得三道，亦不聽坐，大事未辦，結賊未破故。譬如王臣，大有功勛故得坐。是諸菩薩中，雖有白衣，以從遠來供養佛，故立。"

又立聽佛法乃恭敬供養法。《大智度論》卷一〇："爲來故不應行，爲恭敬供養故不應臥，此事易明，何足問耶？應問或坐，或立。坐者，於供養不重；立者，恭敬供養法。"立聽當閉合手掌於胸前站立。《大方廣佛華嚴經》卷六四："善財童子頂禮其足，合掌而立。"又同書卷六五："善財既見具足優婆夷已，頂禮其足，恭敬圍遶，合掌而立。"

無著道忠亦否定了善卿的這種説法。其書《盈雲靈雨》卷一三曰："出家五眾，除得道外，不許坐而聽法者，西竺古製，龍樹之論如揭日也。非百丈深意，爲説不多、集不久，創立此規。睦庵不能援《智度》而酬問，臆斷爲百丈新立，可謂誣妄矣。"可知睦庵的錯誤在於未精讀經律而主觀議論。[①]

【小參】禪門詰旦升堂謂之早參，日晡念誦謂之晚參，非時説法謂之小參。夫是皆以謂之參者，何乎？曰：參之爲言其廣且大矣。謂幽顯皆集，神龍並臻，既無間於聖凡，豈輒分於僧俗，是以謂之參也。其主法者，以平等一心，應勤植萬類，令法久住，豈曰小補？或以小參爲家訓，愚未之前聞。（卷八《雜誌》）

按：小參，不定時垂説，善卿謂之"非時説法謂之小參"，甚確。然善卿所言"或以小參爲家訓，愚未之前聞"却有不妥。小參多垂説家風，

---

① 詳參柳田圣山：《無著道忠的學術貢獻》，《俗語言研究》創刊號，禪籍俗語言研究會編，日本京都禪文化研究所，1994 年，第 88 頁。

故可稱"家教、家訓"。禪籍文獻已見該詞釋義。《敕修百丈清規》卷二"小參"："而謂之小參，可以叙世禮，曰家教者是也。"《死心悟新禪師語錄》："夫小參者，謂之家教。何謂家教？譬如人家有三個五個兒子。大底今日幹甚事，小底今日幹甚事。是與不是，晚間歸來，父母一一處斷。叢林中亦復如是。院門中，今日有甚事，是與不是，住持人當一一處斷。"又百丈禪師稱爲"家訓"。《禪林備用清規》卷二："百丈謂之家訓。古法只就寝堂箴誨，垂示，委曲提撕。"至於善卿致誤的原因，無著亦有表述："然備用已言百丈謂之家訓，蓋其目在古清規而睦庵偶不見也。"①

【方便】《演義》云："方謂方法，便謂便宜。"（卷五《懷禪師后錄》）

按：方便，即用善巧的方式説法②，佛經裏有"方便門"之説。善卿語"方謂方法，便謂便宜"句出自《演義》，誤。考佛經文獻，《大方廣佛華嚴經疏》卷八："方便者，即善巧也。方謂方法，便謂便宜。"可知該句的來源。

---

① 參無著道忠：《盌雲靈雨》"小參家訓"條，日本花園大學國際禪學研究所、禪文化研究複印本。

② 蔣禮鴻《敦煌變文字義通釋》"方便"一條釋爲"採用不正當的手段，虛妄"。又言"和佛家講'方便法門有所不同'，但根源是一樣的，即都是不依常道，不走正道的意思"。上海古籍出版社，1997年，第308頁。蔣紹愚對此釋義有所修正，指出"方便"作手段講，並不偏指不正當。參蔣紹愚：《〈祖堂集〉詞語試釋》，《中國語文》，1985年第2期。

結　語

　　睦庵善卿所著的《祖庭事苑》以唐、北宋的十八種著作爲收録範圍，共收釋了 2400 多條詞語，可以説是中國第一部禪宗辭書。本書以探究《祖庭事苑》的成就與不足爲旨歸，圍繞這一歸結點，主要做了以下幾項工作：窮盡性地考察了《祖庭事苑》的反切注音，整理並分析《祖庭事苑》的反切内容，從而得出《祖庭事苑》的反切來源；結合《祖庭事苑》所校文字的禪籍出處，分條辨析了《祖庭事苑》的用字情况；着重對《祖庭事苑》訓詁内容作詳細研究，總結《祖庭事苑》在訓詁方面的成就與不足；最後從文獻學的角度歸納《祖庭事苑》在古籍整理方面的價值。

　　本書的創新點如下：

　　第一，學術界對禪宗語言的關注度較低，《祖庭事苑》尚未能引起學術界的重視。本書首次對《祖庭事苑》的内容作了較爲全面的研究，客觀地展示了《祖庭事苑》的面貌及特徵，一定程度上彌補了《祖庭事苑》在文字、音韻、詞彙、詞義等方面研究的不足，可爲進一步深入研究《祖庭事苑》、正確認識善卿及《祖庭事苑》在禪宗語言史上的地位、拓展《祖庭事苑》的研究視野提供一些經過整理的實證材料。

　　第二，着重對《祖庭事苑》的訓釋内容展開研究，不僅明確了詞語在所屬禪録中的意義，並結合其他禪宗文獻用例，探討了該詞在禪宗典籍中的通用意義。

　　第三，禪宗文獻口語詞相對較多，這些口語詞在禪文化語境中容易沾染禪義，但要探究它們的禪義却十分困難。本書對《祖庭事苑》所收録的俗語詞仔細爬梳，挖掘它們在禪籍中的用義，一定程度上彌補了學術界對禪宗語言研究的不足。

　　第四，"重語"這一術語，學術界一般認爲是用雙音詞指稱事物或兩個相同語素合成的雙音詞，而《祖庭事苑》中所用的"古之重語"另有他指。經過對《祖庭事苑》"古之重語"用例的分析，可以發現該書的"古之重語"與唐代李賢作注的《後漢書》所提到的"古書之重語"一脉相承，是以辭書、字書釋義爲依托的等義並列複合詞。

至此，本書仍然有很多不够成熟的地方，值得提出，以俟日後進一步思考與補充。

第一，有關詞語釋義問題，《祖庭事苑》還有部分方俗口語詞的詞義有待深入挖掘，如"編逼""頂罩燒鐘""折半列三""出袖"等。限於筆者能力，書中均未涉及。另外，《祖庭事苑》中亦解釋了大量的佛經語詞，但書中關注得較少，以後可進一步研究。

第二，《祖庭事苑》中"解疑析錯"的條目共有 70 多條，本書只擇取了 20 多條，日後可在語料充足的情況下深入研究。

第三，由於《法眼》《懷禪師録》《池陽百問》《蓮華峰録》今皆不存，現存的其他禪録中亦未見到相關語録，故《祖庭事苑》中有關這些禪録的詞語釋義無從考證，本書對該內容也盡量迴避，但《祖庭事苑》該部分的釋義可作爲研究各位禪師語録的補充材料。

附表 《祖庭事苑》反切來源

通過對《祖庭事苑》和《廣韻》《集韻》《玉篇》《類篇》的反切比照，可见發現《祖庭事苑》所引用的《廣韻》注音有 344 條，《集韻》注音有 26 條，《玉篇》注音有 12 條，《類篇》注音有 40 條。[①]

《祖庭事苑》	《廣韻》	《集韻》	《玉篇》	《類篇》
筏（卷一、卷四）	房越切			
熏（卷一）	許云切			
摳（卷一）	恪侯切			
詀[②]（卷一、卷三）	傫陷切			
盍（卷一）	胡臘切			
瑿（卷一）	於計切			
焞（卷一）			蒲没切	
瘖（卷一）	所景切			
溺（卷一）	奴力切			
朧（卷一）	盧紅切			
漚（卷一）	烏侯切			
欤（卷一）				口溉切
唧（卷一）				子悉切
空（卷一）	苦貢切			
筋（卷一）	舉欣切			
抆（卷一）	於文切			

---

① 該注音既包括詞條的注音，亦包括引文中詞語的注音。
② 卷五"賺舉"條：賺當作詀，直陷切。

續表

《祖庭事苑》	《廣韻》	《集韻》	《玉篇》	《類篇》
棚（卷一）	薄萌切			
睿（卷一）	以睿切			
皚（卷一）	五來切			
恢（卷一、卷二、卷三）	苦回切			
紆（卷一）	憶俱切			
混（卷一）	胡本切			
沌（卷一）	徒損切			
蝕（卷一）	乘力切			
阮（卷一）		丘庚切		
粤（卷二）	玉伐切			
輟（卷二）	陟劣切			
隙（卷一）		乞逆切		
蹙（卷一、卷三、卷六）	子六切			
愬（卷一、卷三）				色責切
黎（卷二）	郎奚切			
庶（卷二）	商署切			
漪（卷二）	於離切			
漣（卷二）	力延切			
舀（卷二）	以紹切			
冤（卷二）	於袁切			
怨（卷二）	於願切			
潤（卷二）	利潤切			
抵（卷二）	都禮切			
遽（卷二）	其據切			
稱（卷二）	昌孕切			
冶（卷二）	羊者切			
參（卷二）	楚簪切			
差（卷二）	楚宜切			

續表

《祖庭事苑》	《廣韻》	《集韻》	《玉篇》	《類篇》
凳（卷二）	都鄧切			
籤（卷二）	七廉切			
簣（卷二）	求位切			
搦（卷二）	尼角切			
憚①（卷二）	徒桉切			
規（卷二）				居隨切
憤（卷二）			扶粉切	
㑇（卷二）				於教切
俳（卷二）			孚匪切	
墼（卷二）	古歷切			
橈（卷二）	如招切			
朕（卷二、卷三）	直引切			
麔（卷二）	非雨切			
翯（卷二）	敷勿切			
粹（卷二）	雖遂切			
挺（卷二）	徒鼎切			
裕（卷二）	羊戍切			
俾（卷二）	並弭切			
窒（卷二）	陟栗切			
泥（卷二）	奴計切			
澆（卷二）	古堯切			
揭（卷二）	渠列切			
繕（卷二）	時戰切			
朕（卷二）	直稔切			
名（卷二、卷六）	彌正切			
攣（卷二）	吕員切			

---

① 《祖庭事苑》卷四"憚"，徒案切。"桉""案"異體字。

續表

《祖庭事苑》	《廣韻》	《集韻》	《玉篇》	《類篇》
著（卷二）	知略切			
虜（卷二）	郎古切			
挾（卷二）	胡頰切			
幞（卷二）	房玉切			
鷓（卷二）	之夜切			
劈（卷二）	普擊切			
匡（卷二）	去王切			
寰（卷二）	戶關切			
楔（卷二）	先結切			
拗（卷二）	於絞切			
剝（卷二）	方斂切			
勦（卷二）	子小切			
鬣（卷二）				良涉切
鏃（卷二）	作木切			
攸（卷二）	以周切			
珊（卷二）	蘇干切			
圂（卷二）		去爰切		
盼（卷二）	普莧切			
莽（卷二）	莫補切			
鹵（卷二）	郎古切			
扭（卷二）	女久切			
弔（卷二）	多嘯切			
曝（卷二）	薄報切			
腮（卷二）	蘇來切			
憲（卷二）	許建切			
恕（卷二）	商署切			
愕（卷二）	五各切			
展（卷二）	施智切			

《祖庭事苑》	《廣韻》	《集韻》	《玉篇》	《類篇》
較（卷二）	古孝切			
扞（卷二）				古旱切
帚（卷二）		止酉切		
瑳（卷二）				倉何切
攃（卷二）				七丸切
孩（卷二）		何開切		
贙（卷三）	徐刃切			
索（卷三）				昔各切
貽（卷三）	與之切			
碻（卷三）	苦角切			
炎（卷三）	於廉切			
彤（卷三）	徒宗切			
黛（卷三）	徒耐切			
嶠（卷三）	渠廟切			
藩（卷三）	甫煩切			
緯（卷三）	於貴切			
排（卷三）	步皆切			
塞（卷三）	蘇則切			
枿（卷三）	五割切			
蟾（卷三）	時廉切			
蹈（卷三）	徒到切			
曙（卷三）	常恕切			
靡（卷三）		母彼切		
平（卷三）	房連切			
弁（卷三）	皮變切			
兕（卷三）	徐姊切			
纍（卷三）	力追切			
甸（卷三）	堂練切			

續表

《祖庭事苑》	《廣韻》	《集韻》	《玉篇》	《類篇》
綱（卷三）	古郎切			
荄（卷三）	古哀切			
矚（卷三）	之欲切			
羈（卷三）	居宜切			
態（卷三）	他代切			
噫（卷三）	於其切			
訛（卷三）	五禾切			
萏（卷三）	徒感切			
卉（卷三）	許貴切			
皺（卷三）	側救切			
藹（卷三）	於蓋切			
鱣（卷三）	張連切			
鮪（卷三）	羽軌切			
瞖（卷三）	於計切			
甄（卷三）	居延切			
別（卷三）	筆列切			
祴（卷三）	古得切			
韜（卷三）	它刀切			
帔（卷三）	披義切			
剔（卷三）	它歷切			
冀（卷三）	几利切			
抗（卷三）	可浪切			
茵（卷三）	於真切			
頹（卷三）	杜回切			
襲（卷三）	似入切			
瓊（卷三）	渠營切			
玖（卷三）	舉有切			
睥（卷三）	匹詣切			

續表

《祖庭事苑》	《廣韻》	《集韻》	《玉篇》	《類篇》
崝（卷三）	士耕切			
嶸（卷三）	户萌切			
間（卷三）	古莧切			
杲（卷三）	古老切			
遺（卷三）	余貴切			
鑠（卷三）	書藥切			
番（卷三）	孚飯切			
踟（卷三）	直離切			
躅（卷三）	直誅切			
毳（卷三）	楚稅切			
齧（卷三）	五結切			
捋（卷三）	郎括切			
瀑（卷三）	蒲木切			
靠（卷三）	若到切			
蠢（卷三）	尺尹切			
狎（卷三）	胡甲切			
鶚（卷三）	五各切			
壞（卷三）	魚蹇切			
賦（卷三）	方遇切			
灣（卷三）	烏關切			
霽（卷三）	子計切			
狖（卷三）	余救切			
革（卷三）	古核切			
轍（卷三）	直列切			
懲（卷三）	直陵切			
啾（卷三）	即由切			
磷（卷三）	力珍切			
槁（卷三）	苦皓切			

續表

《祖庭事苑》	《廣韻》	《集韻》	《玉篇》	《類篇》
昳（卷三）	徒結切			
雨（卷三）	王遇切			
悠（卷三）		夷周切		
崔（卷三）				徂回切
嵬（卷三）				吾回切
斐（卷四）	敷尾切			
否（卷四）		部鄙切		
浹（卷四）		即協切		
斥（卷四）	昌石切			
喇（卷四）			力葛切	
蕖（卷四）	强魚切			
熒（卷四）	戶肩切			
嚬①（卷四）	毗真切			
激（卷四）	古歷切			
咿（卷四）			於祇切	
諨（卷四）	戶八切			
瑁（卷四）	莫代切			
螉（卷四）			於公切	
賾（卷四）				士革切
闋（卷四）	苦穴切			
岌②（卷四）	魚及切			
翮（卷四）	下革切			
泠（卷四）	郎丁切			
羸（卷四）	力爲切			
藻（卷四）	子皓切			

---

① 卷六"嚬眉"條：弼真切。
② 卷五"破峇"條：當作岌扱，逆及切。

《祖庭事苑》	《廣韻》	《集韻》	《玉篇》	《類篇》
籟（卷四、卷六）	落蓋切			
扃（卷四）	古營切			
磊（卷四）	郎猥切			
佇（卷四）	直呂切			
邃（卷四）	雖遂切			
瞞（卷四）	母官切			
呻（卷四）	失人切			
濺（卷四）	作甸切			
冠（卷四）	古玩切			
賁（卷四）	彼義切			
舶（卷四）	傍陌切			
懵（卷四）	莫孔切			
懂（卷四）	多動切			
冉（卷四）	而琰切			
艇（卷四）	徒鼎切			
鯤（卷四）	古渾切			
鯨（卷四）	渠京切			
嗚（卷四）	於胡切			
枉（卷四）	紆往切			
蕪（卷四）	於無切			
葭（卷四）	古牙切			
窠（卷四）	苦禾切			
屨（卷四）	九遇切			
侃（卷四）	空旱切			
嘲（卷四）	陟交切			
彙（卷四）	於貴切			
苧（卷四）	直呂切			
坳（卷四）	於交切			

續表

《祖庭事苑》	《廣韻》	《集韻》	《玉篇》	《類篇》
拗（卷四）	於絞切			
腐（卷四）	扶雨切			
睽（卷四）	苦圭切			
炭（卷四）	魚及切			
倧（卷四）	作冬切			
涪（卷四）	縛謀切			
抉（卷四）	於決切			
勦（卷四）	子小切			
爵（卷四）	即略切			
蠹（卷四）	當故切			
蠛（卷四）	烏結切			
澈（卷四）	直列切			
慨（卷四）	苦蓋切			
慵（卷四）	蜀庸切			
悌（卷四）	特計切			
臆（卷四）	於力切			
銘（卷四）	莫經切			
警（卷四）	居影切			
蹲（卷四）	徂尊切			
淮（卷四）	戶乖切			
鈞（卷四）	居匀切			
錚（卷四）	楚耕切			
鏗（卷四）	口莖切			
構（卷四、卷七）	古候切			
遵（卷四）	將倫切			
羽（卷四）	王遇切			
焠（卷四）	七内切			
詀（卷五）				直陷切

《祖庭事苑》	《廣韻》	《集韻》	《玉篇》	《類篇》
拈（卷五）	奴兼切			
箧（卷五）	苦協切			
衍（卷五）	以淺切			
吹（卷五）	尺僞切			
羃（卷五）	莫狄切			
桎（卷五）	之日切			
梏（卷五）	古沃切			
揆（卷五）	求癸切			
蹊（卷五）	胡雞切			
觶（卷五）	丁可切			
贠（卷五）	翼真切			
璀（卷五）	七罪切			
璨（卷五）	七旦切			
驪（卷五）	郎奚切			
繽（卷五）	匹賓切			
烌（卷五）	呼格切			
妖（卷五）	於喬切			
孽（卷五）	魚列切			
曄（卷五）	筠輒切			
胞（卷五）	陟交切			
晉（卷五）	作滕切			
剚（卷五）	魚器切			
聊（卷五）	力延切			
胤（卷五）	羊晋切			
罩（卷五）				陟教切
鄲（卷五）		直連切		
瞳（卷五）				充之切
罩（卷五）				陟教切

續表

《祖庭事苑》	《廣韻》	《集韻》	《玉篇》	《類篇》
鷃（卷五）				都括切
刜（卷五）			符沸切	
轟（卷六）	呼宏切			
覬（卷六）	幾力切			
鳳（卷六）	施智切			
顐（卷六）	匹米切			
挨（卷六）	乙諧切			
輥（卷六）	古本切			
矛（卷六）	莫浮切			
盾（卷六）	食尹切			
迄（卷六）	許訖切			
翥（卷六）	章恕切			
壍（卷六）	七艷切			
攄（卷六）	楚御切			
嘯（卷六）	蘇弔切			
揍（卷六）	千候切			
篘（卷六）	初救切			
舸（卷六）	古我切			
遞（卷六）	特計切			
眹（卷六）	直稔切			
輠（卷六）	胡瓦切			
鞅（卷六）	於兩切			
犍（卷六）	居言切			
瞪（卷六）	丈證切			
勞（卷六）	郎到切			
呿（卷六）	丘伽切			
泥（卷六）	乃計切			
猱（卷六）	奴刀切			

續表

《祖庭事苑》	《廣韻》	《集韻》	《玉篇》	《類篇》
隟（卷六）	綺戟切			
爆（卷六）	北教切			
兕（卷六）	徐姊切			
斵（卷六）	杜管切			
酋（卷六）	自秋切			
扃（卷六）	古螢切			
鐍（卷六）	古穴切			
借（卷六）	子夜切			
湯（卷六）	吐郎切			
犪（卷六）	渠追切			
掐（卷六）	苦洽切			
傀（卷六）	口猥切			
儡（卷六）	落猥切			
腤（卷六）	烏答切			
罨（卷六）	烏答切			
聱（卷六）	五交切			
菽（卷六）	式竹切			
僬（卷六）	粗兗切			
葷（卷六）	許云切			
茹（卷六）	如預切			
曏（卷六）	式亮切			
弭（卷六）	綿婢切			
紕（卷六）	匹夷切			
訛（卷六）	吳禾切			
晶（卷六）	子盈切			
羈（卷六）	居宜切			
藹（卷六）	於蓋切			
屛（卷六）	士山切			

續表

《祖庭事苑》	《廣韻》	《集韻》	《玉篇》	《類篇》
措（卷六）	倉故切			
芰（卷六）	奇寄切			
瀑（卷六）	步水切			
眚（卷六）	所景切			
窈（卷六）	烏皎切			
緇（卷六）	側持切			
殄（卷六）	徒典切			
稟（卷六）	筆錦切			
嶠（卷六）	渠廟切			
虯（卷六）	渠幽切			
紈（卷六）	胡官切			
篔（卷六）	於倫切			
壤（卷六）	汝兩切			
墅（卷六）	上與切			
貽（卷六）	盈之切			
酣（卷六）	胡甘切			
艷（卷六）	以贍切			
馨（卷六）	呼刑切			
玷（卷六）	都念切			
捷（卷六）	疾葉切			
侈（卷六）	敞爾切			
籟（卷六）	落蓋切			
簧（卷六）	胡光切			
泬（卷六）	呼決切			
繕（卷六）	時戰切			
迥（卷六）	戶頂切			
涵（卷六）	胡南切			
顒（卷六）	魚容切			

《祖庭事苑》	《廣韻》	《集韻》	《玉篇》	《類篇》
遺（卷六）	以醉切			
頳（卷六）	丑貞切			
憧（卷六）	尺容切			
窈（卷六）				於兆切
謎（卷六）		彌計切		
嫋（卷六）				乃了切
侜（卷六）		張流切		
柱（卷六）				展呂切
刊（卷六）				丘寒切
貽（卷六）				盈之切
堵（卷六）				董五切
稔（卷六）				忍甚切
晬（卷六）				雖遂切
辦（卷六）		皮莧切		
馴（卷六）				松倫切
菌（卷六）		渠殞切		
斀（卷六）				敕角切
倉（卷六）		千剛切		
哮（卷六）				虚交切
佊（卷六）		敞爾切		
濬（卷六）				須閏切
瀛（卷六）				怡成切
髯（卷六）				如占切
搶（卷六）			初庚切	
縷（卷六）		隴主切		
叏（卷六）				女教切
忿（卷六）		撫吻切		
鴟（卷六）				稱脂切

續表

《祖庭事苑》	《廣韻》	《集韻》	《玉篇》	《類篇》
枭（卷六）		想止切		
㒿（卷六）				郎可切
貂（卷六）	丁聊切			
梟（卷六）				堅堯切
齧（卷六）	倪結切			
㭠（卷七）	子末切			
攫（卷七）			九縛切	
攙（卷七）	初銜切			
頴（卷七）			奴頂切	
呢（卷七）				乃倚切
㹭（卷七）			許交切	
牡（卷七）				莫后切
歘（卷七）				許鑒切
蹌（卷七）				七亮切
泯（卷七）	弭盡切			
岑（卷七）	鉏簪切			
崢（卷七）	鉏耕切			
珂（卷七）	丘何切			

參考文獻

一、工具書

陳彭年等：《鉅宋廣韻》，上海古籍出版社，1983 年版。

丁度等：《集韻》，上海古籍出版社，1985 年版。

丁福寶：《佛學大辭典》，上海書店出版社，2011 年版。

段玉裁：《說文解字注》，上海古籍出版社，1981 年版。

顧野王：《宋本玉篇》，中國書店出版社，1983 年版。

郭錫良：《漢字古音手冊》（增訂本），商務印書館，2011 年版。

許寶華、宮田一郎：《漢語方言大詞典》，中華書局，1999 年版。

黃征：《敦煌俗字典》，上海教育出版社，2005 年版。

江藍生、曹廣順：《唐五代語言詞典》，上海教育出版社，1997 年版。

蔣禮鴻：《敦煌文獻語言詞典》，杭州大學出版社，1994 年版。

寬忍：《佛學辭典》，中國國際廣播出版社，1993 年版。

龍潛庵：《宋元語言詞典》，上海辭書出版社，1985 年版。

羅竹鳳：《漢語大詞典》，漢語大詞典出版社，1986—1994 年版。

司馬光：《類篇》，中華書局，1984 年版。

王艾錄：《漢語理據詞典》，電子科技大學出版社，2014 年版。

王力：《同源字典》，商務印書館，1997 年版。

無著道忠：《禪林方語》，日本花園大學禪文化研究所，1991 年版。

無著道忠：《禪林象器箋》，《佛光大藏經·禪藏·雜集部》，佛光大藏經編修委員會，1994 年版。

無著道忠：《葛藤語箋》，日本花園大學禪文化研究所，1992 年版。

無著道忠：《五家正宗贊助桀》，日本花園大學禪文化研究所，1991

年版。

　　無著道忠：《虛堂録犁耕》，日本花園大學禪文化研究所，1990 年版。

　　徐中舒：《漢語大字典》，湖北辭書出版社、四川辭書出版社，1986—1990 年版。

　　楊劍橋：《實用古漢語知識寶典》，復旦大學出版社，2003 年版。

　　袁賓、康健：《禪宗大詞典》，崇文書局，2010 年版。

　　鄭權中：《通借字萃編》，天津古籍出版社，1990 年版。

　　宗福邦、陳世饒、蕭海波：《故訓彙纂》，商務印書館，2003 年版。

二、專著

　　陳炳迢：《辭書編纂學概論》，復旦大學出版社，1991 年版。

　　陳敏：《宋代筆記在漢語詞彙學理論研究中的價值》，光明日報出版社，2011 年版。

　　陳明娥：《朱熹口語文獻詞彙研究》，廈門大學出版社，2011 年版。

　　陳秀蘭：《敦煌變文詞彙研究》，四川民族出版社，2002 年版。

　　池昌海：《〈史記〉同義詞研究》，上海古籍出版社，2002 年版。

　　董同龢：《漢語音韻學》，中華書局，2001 年版。

　　董志翹：《訓詁類稿》，四川大學出版社，1999 年版。

　　段亞廣：《中原官話音韻研究》，中國社會科學出版社，2012 年版。

　　方一新：《東漢魏晋南北朝史書詞語箋釋》，黄山書社，1997 年版。

　　方一新：《中古近代漢語詞彙學》，商務印書館，2010 年版。

　　馮青：《〈朱子語類〉詞彙研究》，社會科學文獻出版社，2014 年版。

　　顧學頡、王學奇：《元曲釋詞》，中國社會科學出版社，1983—1990 年版。

　　顧炎武：《日知録》，商務印書館，1929 年版。

　　何九盈：《中國古代語言學史》，商務印書館，2013 年版。

　　洪誠：《訓詁學》，江蘇古籍出版社，1984 年版。

　　洪帥：《敦煌詩歌詞彙研究》，光明日報出版社，2013 年版。

　　黄淬伯：《慧琳一切經音義反切考》，中華書局，2010 年版。

　　黄淬伯：《唐代關中方言音系》，江蘇古籍出版社，1988 年版。

黃侃述，黃焯：《文字聲韻訓詁筆記》，上海古籍出版社，1983 年版。

黃繹勛：《宋代禪宗辭書〈祖庭事苑〉之研究》，佛光出版社，2011 年版。

黃征、張涌泉：《敦煌變文校注》，中華書局，1997 年版。

黃征：《敦煌俗字典》，上海教育出版社，2005 年版。

江藍生：《近代漢語探源》，商務印書館，2000 年版。

江藍生：《近代漢語研究新論》，商務印書館，2013 年版。

姜亮夫：《昭通方言疏證》，雲南人民出版社，2002 年版。

蔣冀騁、吳福祥：《近代漢語綱要》，湖南教育出版社，1997 年版。

蔣驥騁：《敦煌文獻研究》，湖南師範大學出版社，2005 年版。

蔣禮鴻：《敦煌變文字義通釋》，上海古籍出版社，1981 年版。

蔣紹愚：《古漢語詞彙綱要》，商務印書館，2007 年版。

蔣紹愚：《近代漢語研究綱要》，北京大學出版社，2005 年版。

蔣宗福：《四川方言詞語考釋》，巴蜀書社，2002 年版。

雷漢卿：《禪籍方俗詞研究》，巴蜀書社，2010 年版。

雷漢卿：《近代方俗詞叢考》，巴蜀書社，2006 年版。

李葆嘉：《當代中國音韻學》，廣東教育出版社，1998 年版。

李範文：《宋代西北方音》，中國社會科學出版社，1994 年版。

李明權：《佛學典故彙釋》，浙江古籍出版社，1990 年版。

李申：《金瓶梅方言俗語彙釋》，北京師範學院出版社，1992 年版。

李文澤：《宋代語言研究》，綫裝書局，2001 年版。

李新魁：《李新魁音韻學論集》，汕頭大學出版社，1997 年版。

李珍華：《漢字古今音表》，中華書局，1999 年版。

梁曉虹、徐時儀、陳五雲：《佛經音義與漢語詞彙研究》，商務印書館，2005 年版。

梁曉虹：《佛教與漢語史研究——以日本資料爲中心》，上海古籍出版社，2008 年版。

劉叔新：《漢語描寫詞彙學》，商務印書館，2005 年版。

魯國堯：《魯國堯語言學論文集》，江蘇教育出版社，2003 年版。

陸澹安：《戲曲詞語彙釋》，上海古籍出版社，1981 年版。

陸志韋：《陸志韋語言學著作集》，中華書局，1985 年版。

梅祖麟：《梅祖麟語言學論文集》，商務印書館，2000 年版。

敏春芳：《敦煌願文詞彙研究》，民族出版社，2013 年版。

錢學烈：《學海拾零——語言文學論集》，中央文獻出版社，2007 年版。

裘錫圭：《文字學概要》，商務印書館，1988 年版。

邵榮芬：《切韻研究》，中國社會科學出版社，1982 年版。

邵榮芬：《邵榮芬語言學論文集》，商務印書館，2009 年版。

石鋟：《〈元曲選〉狀態詞用法詞典》，中國社會科學出版社，2013 年版。

松浦友久：《李白詩歌抒情藝術研究》，劉維治譯，上海古籍出版社，1996 年版。

孫洪德：《漢語俗語詞典》（增訂本），商務印書館，2011 年版。

孫景濤：《古漢語重疊構詞法研究》，上海教育出版社，2008 年版。

索緒爾：《普通語言學教程》，商務印書館，2009 年版。

譚偉：《〈祖堂集〉文獻語言研究》，巴蜀書社，2005 年版。

田中良昭：《田中良昭博士古稀紀念論集》，大東出版社，2003 年版。

王艾錄：《漢語理據詞典》，電子科技大學出版社，2014 年版。

王念孫：《讀書雜誌》，江西古籍出版社，1985 年版。

王寧：《訓詁學原理》，中國國際廣播出版社，1996 年版。

王紹峰：《初唐佛典詞彙研究》，安徽教育出版社，2004 年版。

王學奇、王静竹：《宋金元明清曲辭通釋》，語文出版社，2002 年版。

王雪梅：《內蒙古晉語涼城話及其變异研究》，中國文史出版社，2013 年版。

王勇：《聲符示源與詞族構建研究》，花木蘭文化出版社，2014 年版。

王雲路：《漢魏六朝詩歌語言論稿》，陝西人民教育出版社，1997 年版。

王雲路：《六朝詩歌語詞研究》，黑龍江教育出版社，1999 年版。

王雲路：《中古漢語詞彙史》，商務印書館，2010 年版。

溫端政、吳建生、馬貝加：《漢語語彙學》（二），商務印書館，2011

年版。

無著道忠：《大慧普覺禪師栲栳珠》，日本花園大學禪文化研究所、禪文化研究複印本。

無著道忠：《盌雲靈雨》，日本花園大學禪文化研究所、禪文化研究複印本。

伍鐵平：《比較詞源研究》，上海外語教育出版社，2011 年版。

項楚：《寒山詩注》，中華書局，2000 年版。

項楚：《王梵志詩校注》，上海古籍出版社，2010 年版。

邢向東、王臨惠、張維佳等：《秦晋兩省沿河方言比較研究》，商務印書館，2012 年版。

徐時儀：《〈朱子語類〉詞彙研究》，上海古籍出版社，2013 年版。

徐時儀：《古白話詞彙研究論稿》，上海教育出版社，2000 年版。

徐時儀：《玄應和慧琳〈一切經音義〉研究》，上海世紀出版集團，2009 年版。

顏洽茂：《佛教語言闡釋——中古佛經詞彙研究》，杭州大學出版社，1997 年版。

楊劍橋：《漢語現代音韻學》，復旦大學出版社，1996 年版。

俞樾：《古書疑義舉例》，上海世紀出版集團，2007 年版。

袁賓：《禪宗語言和文獻》，江西人民出版社，1995 年版。

袁賓：《禪宗著作詞語彙釋》，江蘇古籍出版社，1990 年版。

袁賓：《近代漢語概論》，上海教育出版社，1992 年版。

曾良：《俗字及古籍文字通例研究》，百花洲文藝出版社，2006 年版。

曾昭聰：《漢語詞彙訓詁專題研究導論》，暨南大學出版社，2010 年版。

曾昭聰：《魏晋南北朝隋唐五代詞源研究史略》，語文出版社，2010 年版。

章太炎：《國故論衡·語言緣起説》，上海古籍出版社，2006 年版。

張美蘭：《禪宗語言概論》，五南圖書出版公司，1998 年版。

張世禄：《張世禄語言學論文集》，學林出版社，1984 年版。

張相：《詩詞曲語辭彙釋》，中華書局，1979 年版。

張永言：《詞彙學簡論》，華中工學院出版社，1982 年版。

張永言：《語文學論集》（增補本），語文出版社，1999 年版。

張涌泉：《敦煌俗字研究》，上海教育出版社，1994 年版。

張涌泉：《敦煌俗字研究導論》，新文豐出版公司，1996 年版。

張志毅、張慶雲：《詞彙語義學》（第三版），商務印書館，2012 年版。

張志毅：《詞和詞典》，中國廣播電視出版社，1994 年版。

趙振鐸：《中國語言學史》，河北教育出版社，2000 年版。

中國佛教文化研究所：《俗語佛源》，上海人民出版社，1993 年版。

周裕鍇：《禪宗語言》，浙江人民出版社，1999 年版。

周裕鍇：《禪宗語言研究入門》，復旦大學出版社，2009 年版。

周祖謨：《問學集》，中華書局，1981 年版。

朱慶之：《佛典與中古漢語研究》，文津出版社，1996 年版。

竺家寧：《聲韻學》，五南圖書出版公司，1991 年版。

三、論文

曹潔：《裴務齊正字本〈刊謬補缺切韻〉的特殊"音注"與"字形"考》，《中國文字研究》，2014 年第 19 輯。

曹瑞鋒：《〈雲門匡真禪師廣録〉研究》，上海大學博士學位論文，2011 年。

曾良：《漢字俗寫規律在古籍整理中的利用》，《漢語史研究集刊》第十八輯，巴蜀書社，2014 年版。

曾昭聰：《近代漢語異形詞的來源》，《安徽理工大學學報》（社會科學版），2013 年第 2 期。

曾昭聰：《近代漢語異形詞來源釋例》，《漢語史學報》第十三輯，上海教育出版社，2013 年版。

陳國燦：《關於唐丘玄素撰〈天王道悟禪師碑〉》，《魏晉南北朝隋唐史資料》，1997 年第 00 期。

鄧海榮：《禪宗語録詞語札記二則》，《西南民族大學學報》（人文社會科學版），2004 年第 3 期。

鄧强：《〈通鑑釋文〉的語音史研究價值和研究現狀》，《西南學刊》，2012 年第 2 期。

董志翹：《〈五燈會元〉詞語考釋》，《訓詁類稿》，四川大學出版社，1999 年版。

董志翹：《敦煌社會經濟文獻詞語略考》，《語文研究》，2002 年第 3 期。

董志翹：《漢文佛典文獻語言研究與訓詁學》，《漢語史研究集刊》第八輯，巴蜀書社，2005 年版。

董志翹：《同源詞研究與語文辭書編纂——以"了𡃤"、"闌單"、"郎當"、"龍鐘"、"潦倒"、"落拓"爲例》，《語言研究》，2010 年第 1 期。

杜瑞平：《〈清凉三傳〉文本論析》，《文史雜輯》，2012 年第 2 期。

段觀宋：《〈五燈會元〉俗語言詞選釋》，《俗語言研究》創刊號，禪籍俗語言研究會編，日本京都禪文化研究所，1994 年版。

段觀宋：《禪籍俗語詞靈札》，《俗語言研究》第 3 期，禪籍俗語言研究會編，日本京都禪文化研究所，1996 年版。

段觀宋：《禪宗語錄疑難詞語考釋》，《東莞理工學院學報》，2001 年第 1 期。

范春媛：《禪籍諺語研究》，南京師範大學博士學位論文，2007 年。

顧軍：《釋"徛死"》，《合肥師範學院學報》，2012 年第 5 期。

何小宛：　《禪宗語錄詞語研究》，上海師範大學博士學位論文，2009 年。

黃靈庚：《〈五燈會元〉詞語札記》，《浙江師範大學學報》（社會科學版），1999 年第 3 期。

黃繹勳：《禪宗典籍中的華嚴思想——以〈祖庭事苑〉爲中心》，《新世紀宗教研究》第八卷，2010 年第 4 期。

黃繹勳：《論〈祖庭事苑〉之成書、版本與體例——以卷一之〈雲門錄〉爲例》，《佛學研究中心學報》，2006 年第 12 期。

季琴：《支謙譯經與三則習語溯源》，《中國典籍及文化》，2005 年第 2 期。

賈璐：《朱熹訓詁研究》，復旦大學博士學位論文，2011 年。

蔣冀騁：《近代漢語詞義雜考》，《古漢語研究》，1989 年第 4 期。

鞠彩萍：《〈祖堂集〉謂語動詞研究》，上海師範大學博士學位論文，2006 年。

鞠彩萍：《禪宗職事稱謂及其文化印記》，《常州工學院學報》（社會科學版），2013 年第 6 期。

鞠彩萍：《淺談禪宗稱謂中的借稱》，《佛教文史》，2012 年第 2 期。

康健：《關於禪宗文獻語言詞典的幾點認識》，《編輯之友》，2011 年第 10 期。

雷漢卿：《禪籍詞語選釋》，《漢語史研究集刊》第八輯，巴蜀書社，2005 年版。

雷漢卿：《禪籍口語同義詞略説》，《中國俗文化研究》，2003 年第 1 輯。

雷漢卿：《禪籍俗語詞選釋》，《語言科學》，2006 年第 4 期。

雷漢卿：《近代俗語詞研究與禪宗文獻整理漫議》，《燕趙學術》，2014 年春之卷。

雷漢卿：《日本無著道忠禪學研究著作整理與研究芻議》，《漢語史研究集刊》第十六輯，巴蜀書社，2013 年版。

雷漢卿：《試論禪宗語言比較研究的價值——以詞彙研究爲例》，《語言科學》，2011 年第 5 期。

雷漢卿：《語文辭書收詞釋義漏略禪籍新義例釋》，《合肥師範學院學報》，2009 年第 2 期。

李豔琴：《禪宗語言專題研究》，四川大學博士學位論文，2012 年。

李壯鷹：《禪語解讀——"頭白"與"頭黑"》，《北京師範大學學報》（社會科學版），1996 年第 2 期。

劉愛玲：《禪籍諺語研究》，南京師範大學碩士學位論文，2006 年。

劉凌雲：《試析佛經文獻在辭書書證溯源上的價值——以"盲人摸象"等佛源成語爲例》，《漢語語彙學》（二），商務印書館，2011 年版。

柳田聖山：《無著道忠的學術貢獻》，《俗語言研究》創刊號，禪籍俗語言研究會編，日本京都禪文化研究所，1994 年版。

盧烈紅：《禪宗語録詞義劄記》，《中古典籍與文化》，2005 年第 1 期。

呂幼夫：《〈祖堂集〉詞語選釋》，《遼寧大學學報》，1992 年第 2 期。

曲彥斌：《關於禪籍俗語源的民俗語源問題》，《俗語言研究》創刊號，禪籍俗語言研究會編，日本京都禪文化研究所，1994 年版。

瞿勇：《雪竇重顯禪師研究》，四川省社會科學院碩士學位論文，2008 年。

入矢義高：《禪語散論》，《俗語言研究》第 2 期，禪籍俗語言研究會編，日本京都禪文化研究所，1995 年。

入矢義高：《無著道忠的禪學》，邢東風譯，《佛學研究》，1998 年第 7 期。

邵紅艷：《〈白虎通疏證〉研究》，浙江大學博士學位論文，2014 年。

滕志賢：《〈五燈會元〉詞語考釋》，《古漢語研究》，1995 年第 4 期。

滕志賢：《試釋"看樓打樓"》，《俗語言研究》創刊號，日本禪籍俗語言研究會，1994 年。

汪化雲：《"垃圾"的讀音》，《語言研究》，2013 年第 2 期。

汪維輝：《試釋"席帽""棺木裏瞪眼""調直"》，《俗語言研究》創刊號，禪籍俗語言研究會編，日本京都禪文化研究所，1994 年版。

王華權：《〈一切經音義〉文字研究》，上海師範大學博士學位論文，2012 年。

王進安：《字書韻書編纂中"篇韻"並行的模式探索》，廈門大學中文系，中國音韻學會編：《中國音韻學暨黃典誠學術思想國際學術研討會論文集》，2014 年。

王閏吉：《〈祖堂集〉語言問題研究》，上海師範大學博士學位論文，2010 年。

王閏吉：《唐宋禪錄疑難詞語考釋四則》，《語言研究》，2013 年第 3 期。

王鍈：《讀〈葛藤語箋〉隨札》，《俗語言研究》，1995 年第 2 期。

王鍈：《近代漢語詞彙研究與中古漢語》，《貴州大學學報》，2003 年第 4 期。

王勇：《"垃圾"來源再探——基於歷史文獻和現代方言的擬測》，待刊。

王勇：《禪籍方俗詞溯源》，《漢語史研究集刊》第十七輯，巴蜀書社，
2014 年版。

王勇：　《近代漢語方俗詞理據研究》，四川大學博士學位論文，
2015 年。

徐复：《敦煌變文詞義研究》，《中國語文》，1961 年第 8 期。

徐健：《〈五燈會元〉語詞釋義》，《俗語言研究》，1995 年第 2 期。

徐琳：《唐宋禪籍俗語研究》，四川大學博士學位論文，2012 年。

徐時儀：《玄應音義研究》，上海師範大學博士學位論文，2003 年。

楊澤林：《淺談名物命名之源》，《河北北方學院學報》，2006 年第
4 期。

衣川賢次：《禪籍の校讎學》，《田中良昭博士古稀紀念論集》，大東出
版社，2003 年版。

永井政之：《祖庭事苑の基礎的研究》，《駒沢大学仏教学部論集》第
4 號，1973 年。

袁賓：《〈五燈會元〉口語詞探義》，《天津師範大學學報》，1987 年第
2 期。

袁賓：《〈五燈會元〉語詞續釋》，《語言研究》，1987 年第 2 期。

袁賓：《禪宗著作詞語釋義》，《中國語言學報》，1991 年第 4 期。

袁津琥：《〈祖堂集〉釋詞》，《古漢語研究》，2001 年第 4 期。

袁津琥：《〈祖堂集〉中的俗語詞》，　《綿陽師專學報》，1999 年第
2 期。

袁津琥：《〈祖堂集〉中的俗語詞（續）》，《綿陽師專學報》，1999 年
第 6 期。

詹緒左、崔達送：《禪宗文獻中的同義介詞“擗”“驀”“攔”》，《古漢
語研究》，2010 年第 3 期。

詹緒左：　《〈祖堂集〉詞語研究》，上海師範大學博士學位論文，
2006 年。

詹緒左：《禪籍疑難詞語考（下）》，《漢語史研究集刊》第十八輯，巴
蜀書社，2014 年版。

張聯榮：《漢魏六朝佛經釋詞》，《北京大學學報》（哲學社會科學版），

1998 年。

張錫德：《〈五燈會元〉詞語拾零》，《温州師院學報》（社會科學版），1987 年第 4 期。

張永言、董志翹：《〈唐五代語言詞典〉讀後》，《中國語文》，1999 年第 3 期。

張永言：《關於詞的"内部形式"》，《語言研究》，1981 年創刊號。

張涌泉：《試論漢語俗字研究的意義》，《著名中年語言學家自選集》（張涌泉卷），上海教育出版社，2011 年版。

張育英：《談禪宗語言的模糊性》，《蘇州大學學報》，1995 年第 3 期。

周學峰：《禪宗著作詞語拾詁》，《漢語史學報》第十二輯，上海教育出版社，2012 年版。

周裕鍇：《禪籍俗諺管窺》，《江西社會科學》，2004 年第 2 期。

朱慶之：《佛教混合漢語初論》，《語言學論叢》第十三輯，商務印書館，2004 年版。

椎名宏雄：《云门广録とその抄録本の系统》，《宗学研究》，1982 年。